读懂
未来中国经济
"十四五"到2035

蔡昉◎著

图书在版编目（CIP）数据

读懂未来中国经济："十四五"到 2035 / 蔡昉著
. -- 北京：中信出版社，2021.8（2024.10重印）
ISBN 978-7-5217-3235-1

Ⅰ.①读… Ⅱ.①蔡… Ⅲ.①中国经济—经济发展—研究 Ⅳ.① F124

中国版本图书馆 CIP 数据核字（2021）第 127439 号

读懂未来中国经济："十四五"到 2035

著　　者：蔡昉
出版发行：中信出版集团股份有限公司
　　　　　（北京市朝阳区东三环北路27号嘉铭中心　邮编 100020）
承　印　者：嘉业印刷（天津）有限公司

开　　本：787mm×1092mm　1/16　　印　　张：19.5　　字　　数：227千字
版　　次：2021 年 8 月第 1 版　　　　印　　次：2024 年 10 月第 11 次印刷
书　　号：ISBN 978-7-5217-3235-1
定　　价：69.00 元

版权所有·侵权必究
如有印刷、装订问题，本公司负责调换。
服务热线：400-600-8099
投稿邮箱：author@citicpub.com

目 录

引 言 VII

第一部分
"十四五"规划和2035年远景目标

第一章 迈进新发展阶段 003
　　从历史比较看经济发展成就
　　摆脱贫困：成色十足的全面小康
　　14亿人共同富裕的现代化
　　中国新发展阶段对世界的意义
　　大国现代化的特殊挑战
　　"四新"是一个有机整体

第二章 确立新发展目标 023
　　经济发展是基础和关键
　　进入高收入国家行列与达到中等发达国家水平
　　成为世界第一大经济体
　　实现中长期目标的底气

第三章 贯彻新发展理念 039

创新发展的激励与助动力

以新型城镇化引领协调发展

"30·60目标"的承诺与挑战

更高水平的对外开放

公平与效率统一的公共服务供给

统筹发展和安全

第四章 构建新发展格局 061

高水平的自立自强

畅通而统一的国内市场

挖掘和拓展比较优势

"三套车"扬鞭奋蹄

第二部分
变化的国际国内发展环境

第五章 世界经济：长期停滞和全球化逆流 081

金融危机以来的世界经济

长期停滞："日本病"与"日本化"

全球化：终结还是逆流

新冠大流行后各国的内顾倾向

全球供应链如何遭到扭曲

第六章　人口转折点与发展阶段变化　　........099

　　人口老龄化：一般规律和中国独特性

　　保持人口均衡发展的必要性

　　一个过程，两个引爆点

　　新常态缘于供给侧变化

　　新发展阶段谨防需求侧冲击

第七章　不进则退：发展的关键与关口　　........115

　　新征程上应有的忧患意识

　　是"中等收入陷阱"还是"门槛效应"

　　发展中的问题和"成长中的烦恼"

　　区域经济发展及其特征化事实

　　跨越关口的三个必要"变革"

第三部分
应对增长挑战，抓住发展机遇

第八章　如何提高潜在增长率　　........137

　　传统增长动能的式微

　　劳动生产率与全要素生产率的关系

　　资源配置的僵化与退化

　　从人口红利到改革红利

第九章 如何实现潜在增长率 153
  投资需求、储蓄和资本形成
  "投资中国"与"中国投资"
  "中国制造"与"中国消费"
  打破抑制消费的老龄化效应

第十章 善用均衡与不均衡的辩证法 169
  重读和重解"胡焕庸线"
  创新打造东北版雁阵模型
  如何处理聚集效应与合理规模的关系
  沿海地区发展的"虎头豹尾"效应
  大湾区的经济学逻辑

第十一章 用好用足改革这个关键一招 187
  寻求市场和政府的最佳结合点
  坚持市场配置资源的主体地位
  更好发挥政府作用
  报酬递增的改革
  红利丰厚的关键改革领域

第四部分
创新经济政策和社会政策

第十二章　决策的人民中心和发展导向　……213
　　"稳中求进"导航中国经济
　　以人民为中心的改革哲学
　　充实和创新政策工具箱
　　如何把就业置于宏观政策层面
　　公平与效率统一的产业政策

第十三章　以社会政策支撑生产率提高　……239
　　优胜劣汰中的"创造"与"破坏"
　　政策托底与生产率提高
　　数字经济必须具有分享性
　　着手建立中国特色福利国家

第十四章　培育和扩大中等收入群体　……261
　　定义中等收入群体
　　居民收入增长与经济增长同步
　　缩小收入差距：初次分配与再分配
　　基本公共服务：缩小差距与扩大供给
　　中等收入群体"倍增计划"

第十五章 积极应对人口老龄化 283

  与人口老龄化共舞

  阻断老龄化的递减曲线

  赢得老年人口红利

  贯穿全生命周期的积极应对

  从创造必要的外部条件着手

引　言

以战胜新冠肺炎疫情、打赢脱贫攻坚战、圆满完成"十三五"经济社会发展目标等伟大成就为标志，中国已经实现全面建成小康社会的宏伟目标，并进入新发展阶段，开启全面建设社会主义现代化国家的新征程。这个新发展阶段的最终目标，就是党的十九大确定的"在 21 世纪中叶把我国建成富强民主文明和谐美丽的社会主义现代化强国"。党的十九届五中全会和《中华人民共和国国民经济和社会发展第十四个五年规划和 2035 年远景目标纲要》也确定了两个具有定量含义的阶段性目标，即以人均国内生产总值（GDP）衡量，到"十四五"末达到现行的高收入国家标准，到 2035 年达到中等发达国家水平。

中长期规划以定性表述为主、蕴含定量的方式确定人均 GDP 增长目标，也宣示了一个道理：在新发展阶段，发展仍然是解决中国一切问题的基础和关键，是实现 14 亿人共同富裕的现代化的必要物质基础。特别是在推进现代化的新发展阶段，无论是遵循一般规律还是由于特殊国情，都意味着会产生诸多发展中的问题和成长中的烦恼，归根结底要靠发展本身来解决，而且这个发展必须遵循新发展理念，必须借助新发展格局的形成。

本书将详细阐述中国在新发展阶段所面临的不确定性日益增强的国际环境。至少自 2008 年国际金融危机以来，世界经济就呈现出低通货膨胀、低长期利率和低经济增长的长期停滞状态，也可以说是世界经济的新常态。即便在新冠肺炎疫情全球大流行后世界经济复苏的情况下，长期停滞仍是世界经济发展的基本特点。同时，各国发展内顾倾向日益严重，供应链和技术脱钩现象频繁出现，这些问题都将进一步助长逆全球化趋势。

中国的人口转变和经济发展也呈现出阶段性变化的新特点，给经济增长带来诸多风险与挑战。本书将揭示人口老龄化与经济增长的重要关系：第一，中国人口老龄化在其第一个转折点（即劳动年龄人口到达峰值时）产生对经济增长供给侧的冲击，导致潜在增长率下降；第二，预计中国将很快迎来人口老龄化的第二个转折点（即总人口达到峰值），并产生对经济增长需求侧的冲击，致使经济增长遭受总需求制约。因此，这两个转折点也是两个经济冲击引爆点。

无论是基于一般发展规律，还是从中国特有国情的角度，都会得出这样的预判，即面对国际和国内发展环境的挑战，中国在按照世界银行人均收入标准进入高收入国家行列前后，存在遭遇中等收入陷阱或门槛效应的风险。对此，中国既需要保持高度警惕，也不能采取回避态度。现代化途中不会处处鸟语花香。面对荆棘坎坷，中国经济增长的必由之路是实现质量变革、效率变革和动力变革，最终达到新发展目标确立的增长速度要求。

本书将结合经济理论、国际经验与中国现实，探讨如何从供给侧提高中国经济的潜在增长率,阐释通过深化经济体制改革提高全要素生产率,拓展比较优势,找到市场和政府作用的最佳结合点,最终实现从人口红利到改革红利的转变。与此相对称地,本书同时探讨如何从需求侧挖掘中国经济的增长潜力,如何通过调整经济社会政策提高居民收入,以及如何通过改革和再分配改善收入分配状况,培育和扩大中等收入群体。

本书还将回答经济理论和政策研究中的一系列重要问题,同时对社会关切的议题予以回应。例如,如何防止资源配置的僵化和退化,保持全要素生产率的持续提高;如何消除老龄化抑制居民消费的效应;如何既尊重区域经济发展中的聚集效应,又努力打破"胡焕庸线"的制约;如何利用改革的报酬递增性质,推进关键领域改革;如何充实和创新政策工具箱;如何通过建立中国特色福利国家,营造创造性破坏环境;如何与人口老龄化共舞,赢得老年人口红利。

第一部分

"十四五"规划和 2035 年远景目标

第一章
迈进新发展阶段

随着完成全面建成小康社会任务，实现第一个百年奋斗目标，中国开启了全面建设社会主义现代化国家新征程，向第二个百年奋斗目标进军，这标志着中国进入了一个新发展阶段。进入新发展阶段，是中国实现了从站起来、富起来到强起来的历史性跨越，拥有了实现更高的新目标的雄厚物质基础的历史逻辑的展现；完成新发展阶段的新战略目标，贯彻新发展理念是必须遵循的理论逻辑；构建新发展格局是现实逻辑决定的必然选择。从经济发展要求来说，在这个阶段需要达到社会主义初级阶段的最高水平，为此必须实现高质量发展。

从历史比较看经济发展成就

新中国70余年、改革开放40余年创造了史无前例的辉煌成就，特别是党的十八大以来，中国的经济实力、科技实力、综合国力和人民生活水平都跃上了新的高度，为中国特色社会主义事业迈入新阶段打下了坚实的物质基础。2020 年，中国经济总量首次突破百万亿元大关，GDP 达到 101.6 万亿元，按照可比价格计算是 1978 年的 40.2 倍。

根据国际货币基金组织等机构对世界经济的预测，2020 年中国经济总量占世界经济的比重达到 17.5%，是 1978 年的 10 倍。与此同时，虽然美国仍保持着世界第一的经济地位，但其 GDP 占世界经济的比重已经从 1978 年的 27.4% 下降到 2020 年的 24.4%。按照既有的发展潜力，中国将在 2030 年前后超越美国，成为世界第一大经济体。

人均 GDP 水平的跃升更具有世界意义和历史意义。1978 年，中国是世界上最贫困的国家，位居世界银行定义的低收入国家的低水平行列，当年人均 GDP 仅 156 美元，相当于撒哈拉以南非洲低收入国家平均水平的 31.6%。改革开放以来，中国经济高速增长使人均 GDP 大幅提高，连续跨上几个重要的台阶，即 1993 年进入中等偏下收入国家行列，2009 年进入中等偏上收入国家行列，大约同时在经济总量上超过日本，成为仅次于美国的世界第二大经济体。2019 年，中国的人均 GDP 已经比中等偏上收入国家的平均水平高 13.5%。

中国在 2019 年人均 GDP 10 262 美元的基础上，2020 年人均 GDP 继续保持在 1 万美元以上，迅速靠近高收入国家的门槛水平。由于汇率往往不能完整准确地反映各国货币的实际购买力，所以世界银行和国际货币基金组织都尝试用购买力平价方法修正汇率法，进行国民经济核算统计。中国也参与了世界银行的相关国际比较项目。如果按购买力平价计算，中国经济总量已于 2017 年超过美国，成为世界第一大经济体；2019 年人均 GDP 已经达到 16 830 美元，相当于高收入国家平均水平的32.3%，比按照汇率计算的人均GDP差距小9.3个百分点。

经济总量和人均GDP的增长同时被转化为国力的增强，科技水平走进世界前沿行列，人民生活水平显著提升。以城乡居民人均可支配收入与GDP的增长为例，两者之间整体上保持了同步（见图1-1）。改革开放以来，特别是党的十八大以来，城乡居民收入增长与GDP增长的同步性逐步增强。20世纪八九十年代，GDP增长比城乡居民收入增长快，但在更加关注民生的政策导向和相应举措的影响下，两者之间越来越均衡且逐步协调。

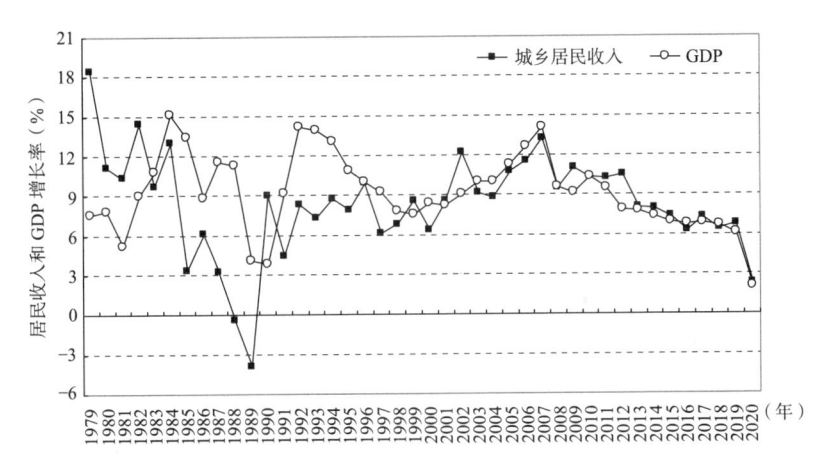

图1-1 城乡居民收入与经济增长的同步性
资料来源：国家统计局网站 https://data.stats.gov.cn，2021年3月1日下载。

通过计算城乡居民可支配收入的年度增长率与GDP的年度增长率之比，将其作为城乡居民收入增长领先GDP增长的程度，我们可以看到，1979—1989年、1989—1999年、1999—2009年以及2009—2019年这四个十年期间，该比率分别为0.86、0.73、1.00和

1.08，同步性随时间明显增强。

这标志着党的十八大以来，城乡居民收入的提高保持了与国民经济增长更紧密的同步，收入分配状况明显改善。例如，居民收入基尼系数从 2008 年 0.491 的最高点降低到 2019 年的 0.465，城乡居民人均可支配收入在 2010—2020 年翻了一番，其中农村居民收入增长速度还快于城镇居民收入增长速度，缩小了城乡差距，全体人民生活水平得到显著提高。

中国的国力提升、科技创新成果丰硕、打赢脱贫攻坚战、人民生活条件大幅改善、保持社会长期稳定，都是建立在经济长期快速发展的基础上。在这个创造辉煌成就的过程中，我们曾经面临种种风险与挑战，克服了这样那样的艰难险阻，这表明发展是解决中国一切问题的基础和关键。因此，中国进入新发展阶段，仍然要把发展作为第一要务。

摆脱贫困：成色十足的全面小康

全面建成小康社会最具有标志性、成色十足的成就是，实现了现行标准下农村贫困人口全部脱贫。2020 年人均收入 4 000 元的现行标准，按购买力平价计算相当于每人每天 2.3 美元。因此，全部脱贫就意味着按该标准计算的贫困发生率清零。从国际比较来看，中国农村贫困人口全部脱贫，成为世界上少数几个绝对贫困发生率清零的国家之一。这是全面建成小康社会最富成色的标志，也是党的十八大以来实现共同富裕要求的最突出进展。

值得指出的是，中国宣布消除绝对贫困现象所采用的脱贫标准，是一个显著高于国际通行的每人每天 1.9 美元（按 2011 年购买力平价计算）的绝对贫困定义和扶贫脱贫标准。有比较才有鉴别。那么，从世界范围来看，消除绝对贫困的成就又如何呢？

在世界银行掌握数据的132个国家中，按照每人每天1.9美元的标准，近年来贫困发生率降到零的国家只能以个位数计。这就是说，连绝大多数的高收入国家也尚未根本消除绝对贫困。例如，以这个标准计算的贫困发生率，高收入国家平均为0.6%，中等偏上收入国家平均为1.5%，中等偏下收入国家平均为16.9%，低收入国家平均高达45.5%。毫无疑问，如果采用每人每天2.3美元的标准，国际上及各收入组的贫困发生率还会更高。

农村贫困人口全部脱贫这一成就彰显了中国特色社会主义制度的优越性。党的十八大以来，中国按照高于国际水平的脱贫标准实现了近1亿人的脱贫，标志着提前10年实现联合国可持续发展目标，是中国对世界减贫和人类发展事业的重大贡献。在2015年联合国制定的2030年可持续发展议程的17项目标中，在全球范围消除所有类型的贫困位列第一。中国农村脱贫的现行标准为按2010年不变价计算的2 300元，到2020年大约为现价4 000元，具体表现为不愁吃穿以及义务教育、基本医疗和住房安全有保障。

打赢脱贫攻坚战和保障民生，同时意味着"十三五"时期经济社会发展目标的完成。特别是在收官之年——2020年，中国经历了极不平凡的一年。2020年面临的脱贫攻坚任务包括帮扶551万贫困人口脱贫、52个贫困县摘帽和2 707个贫困村出列，是打赢脱贫攻坚战的关键一役。

2020年，中国政府聚焦剩余贫困县村和贫困人口的特别脱贫困难，针对新冠肺炎疫情造成的经济冲击，坚持各种行之有效的精准扶贫脱贫手段，保证脱贫前后扶持政策不变、扶助措施力度不减，不仅能够保证全面小康一个不掉队，也直接有助于农村居民可支配收入的增长，实现保障和改善民生的目标。

实现脱贫目标，标志着在更高的民生起点开启全面建设社会主义现代化国家的新征程。以改善民生福祉为根本出发点和落脚点的两个"一百年"奋斗目标在时间上是继起的，目标任务和实现手段相互衔接。以2020年和2021年为历史交汇点，分别实现第一个"一百年"目标和开始为第二个"一百年"目标奋斗的新征程。打赢脱贫攻坚战，在中国大地上首次消除绝对贫困现象，增强了全体人民实现中华民族伟大复兴的信心，也为全面建设社会主义现代化国家的新阶段确立恰当的起点，确定并提出下一个奋斗目标。

14亿人共同富裕的现代化

在关于《中共中央关于制定国民经济和社会发展第十四个五年规划和二〇三五年远景目标的建议》（以下简称《建议》）的说明中，习近平总书记指出，我们推动经济社会发展，归根结底是要实现全体人民共同富裕。[①] 在新发展阶段，全体人民共同富裕应该取得更显著的实质性进展，并体现在提升人民生活品质的各方面。第十三届全国人民代表大会第四次会议审查并批准的《中华人民共和国国民经济和社会发展第十四个五年规划和2035年远景目标纲要》（以下简称《纲要》）在这些方面提出了重要要求，部署了重大举措。

实现全体人民共同富裕的目标，必须做到人人参与、人人尽

---

① 参见 http://www.gov.cn/xinwen/2020-11/03/content_5556997.htm。

力、人人享有。就业是民生之本,也是每个人通过辛勤劳动创造美好生活的重要舞台。在就业总量矛盾已有缓解的条件下,实施积极就业政策的重点在三个方面:一是加强劳动就业立法和执法,完善劳动力市场制度,构建和谐劳动关系,提高就业质量;二是提高教育水平,加强就业和创业培训,改善公共就业服务,缓解结构性和摩擦性就业矛盾;三是把就业优先政策置于宏观层面,完善就业和失业统计,建立宏观经济政策预警和应对机制,减小周期性失业发生概率。

促进全体人民共同富裕,基本标志是人民生活品质的提高,使人民群众在共建共享发展中有更多获得感。首先是提高城乡居民收入,通过保持收入增长和经济增长同步,提高居民收入和劳动报酬在国民收入分配中的比重;其次是推进有利于改善收入分配的改革,显著缩小城乡之间、地区之间和居民群体之间的收入差距;最后是以提高基本公共服务的供给和均等化水平为抓手,加大再分配力度,提高社会保护和社会共济水平,促进社会公平正义。

促进全体人民共同富裕要着眼于重点人群,从找准关键堵点、突破持续难点出发,不断扩大中等收入群体规模。取乎其上,得乎其中。抓住诸如实现脱贫的农村低收入家庭、进城农民工和老年人等重点人群,从提高劳动参与率、保障收入的持续稳定增长,以及促进基本公共服务可得性等方面着眼,进一步补齐短板,降低其就业风险和生活脆弱性,使其源源不断地进入中等收入群体。

中国开启的全面建设社会主义现代化国家新征程有一个鲜明的特征——庞大的人口规模,人类历史上从未有过如此大的人口规模以全体人民共同富裕的标志实现的现代化。2019年,按照世界银行分组,全部高收入国家的人口总和为12.36亿,仅为中国人口的

88.3%。中国的现代化，既是对人类做出的巨大贡献，也面临着特别的难度和挑战。也正因此，中国必将为人类社会发展提供有益的经验。

在改革开放时期，中国的减贫实践及效果不仅在中国历史上绝无仅有，也是世界历史上的奇迹。1978年，按当时中国政府确定的贫困标准（即每人每年100元）统计，不足温饱的农村贫困人口为2.5亿人，占农村总人口的30.7%。1984年，扶贫标准提高到每人每年200元，贫困人口数量减少到1.28亿，贫困发生率降低到15.1%。2020年，按每人每年4 000元的标准，农村贫困人口全部脱贫，贫困发生率清零。

1981—2018年，按照世界银行标准界定的全世界绝对贫困人口，即每人每天收入未达到1.9美元的人口数量从19.17亿减少到7.44亿。同期，中国按照相同贫困标准统计的绝对贫困人口从8.78亿减少到接近于零，这就是说，中国对全球扶贫的贡献率超过70%。

让我们来设想一种情景。按照联合国的预测，到2025年中国的人口将占全球总人口的17.4%。虽然预计印度人口届时将占全球总人口的18.0%，就是说中国可能已经把世界第一人口大国的地位转交给印度，但是中国的人口数量在世界上仍然举足轻重，中国人民整体进入高收入国家的行列，将使全世界生活在高收入水平的人口增加一倍以上。由此可见，中国迈入新发展阶段、实现高质量发展，不仅对自身实现中华民族伟大复兴的中国梦具有重要的意义，也是值得世界寄予期待的历史性事件。

中国新发展阶段对世界的意义

迄今为止，中国经济创造的发展奇迹对世界经济乃至世界历史具有重要的意义，产生了积极的外溢效应。自40多年前开始改革开放以来，中国步履稳定地成为世界上独一无二的人口数量足够多、经济规模足够大、增长速度足够快、不仅改变了自身的面貌也改变了世界经济格局的国家。可以说，中国发挥了世界经济发动机和稳定器的作用，促成了世界百年未有之大变局，中国经济对世界经济的贡献可以从三个方面观察。

第一，中国经济以其总规模、在全球的位次和世界经济占比为世界经济发展做出显著贡献。中国经济总量位居世界第二（按购买力平价计算则位居世界第一），占世界经济的比重自1978年以来提高了9倍——如今占到17.4%，这一事实本身就表明了这种总量意义上的贡献。

第二，随着体量的增大和保持全世界持续时间最长的高速增长，中国经济增量的显著性逐年增强，中国经济为世界经济增长做出巨大的增量贡献。如果说，20世纪90年代以前，中国对世界经济增长的贡献微不足道，甚至在改革开放之前常常还"拖累"世界经济增长的话，1990年以后中国经济对世界经济的增量贡献超过了10%，2008年国际金融危机以来则始终保持在30%左右。

第三，中国GDP年度增量逐渐扩大，自20世纪90年代以来对世界经济增长的贡献显著增大，特别是与世界其他国家或地区相比，中国经济的增量和增率高度稳定，中国经济作为世界经济稳定器的作用越来越突出。在国际金融危机中，中国经济的表现证明了这一点。2020年在全球应对新冠肺炎疫情大流行中，中国经济再次证明了自身。作为全球唯一实现正增长（2.3%）的主要经济体，率先复工复产，加快贸易复苏，对全球应对疫情和经济复苏贡献不菲。

在中国进入新发展阶段、实现新发展目标的情况下，一个相关的问题必然是：世界经济整体、其他国家和国际工商界将如何从中国"十四五"乃至更长时期的发展中获益？

在新发展阶段，贯彻落实新发展理念，构建双循环新发展格局，中国经济既可以保持全球领先的增长速度，也可以实现更高质量、更有效率、更加公平、更可持续、更为安全的发展。世界经济整体和其他开放经济体可以更充分地从中国经济增长的溢出效应中获益，国际工商界也将获得更多的机会，搭乘中国发展的顺风车。

世界预期获益的第一个方面是中国的增长引擎。2010—2019年，中国对全球经济增长的贡献率为28.9%。目前中国GDP在世界占比为17.4%，即便未来经济增长速度有所放缓，仍然是世界上增长最快的国家之一，加上总规模的因素，也必然继续担当世界经济的引擎或动力源。

对世界经济具有意义的第二个方面是中国市场。中国最终消费目前的世界占比仅为12.1%，低于大多数主要经济体，但是消费总额的增长率是世界最快的，以14亿人口总规模、超过4亿人口的中等收入群体以及中等收入群体的倍增，中国居民将成为极为显著的全球消费者和购买者。

从中国建设中，国际和各国投资者有相当多的搭乘顺风车的机会，世界经济也将从中获益。各种旨在通过扬长补短均衡区域发展水平的战略，以及以人为核心的新型城镇化战略，将创造诸多新增长极和增长点，产生大规模投资需求。中国倡议的"一带一路"建设，将继续以共商共建共享原则推进，通过基础设施互联互通和拓展第三方市场合作，为投资者创造更多参与机会。

大国现代化的特殊挑战

与此同时，14亿人口的大国实现现代化，也面临着前所未有的特殊挑战，推进的途中绝非莺歌燕舞、一路凯歌，而且越是接近现代化的实现，遇到的艰难险阻越大。例如，有诸多特殊的难点问题，从已经实现现代化的国家那里，我们显然找不到现成的答案，在已有的经济学理论中也没有定论的规律可循。下面，我们仅以与人口规模相关的挑战为例，探讨在人口大国的现代化过程中如何推进城镇化、降低农业劳动力比重。

一个国家的经济结构可以做多种划分，如城市与乡村、工业与农业、沿海地区与中西部地区。一个国家的经济发展具有阶段性，在某些阶段，经济发展水平在上述分类意义上具有结构不平衡的特点，甚至在严重的情况下具有扭曲的性质。相应地，经济增长在一定时期内也呈现梯度性。这样的发展模式有其历史渊源，在改革开放时期的高速增长过程中发挥特定作用的同时，也付出了经济发展不平衡的代价。

中国经济从高速增长向高质量发展的转变，题中应有之义就是促进经济结构的平衡和区域经济的融合，实现一体化发展。其中，城乡关系是所有结构关系的核心，因此，城乡融合发展具有最突出的紧迫性，其出发点就是城市和农村共同解决中国经济面临的挑战，以城乡一体化协同发展保障中国经济增长的长期可持续，而提高农业劳动生产率是城乡融合发展的基础。因此，结构不平衡乃至扭曲的状况必须在新发展阶段的现代化进程中得到根本的改善。

2019年,中国常住人口城镇化率为60.6%,就是说仍有39.4%的人口居住在农村。根据世界银行的统计数据,同年中等偏上收入国家的平均城镇化率为66.4%,高收入国家则为81.0%。按照经济发展水平与城镇化水平成正比的规律,中国的城镇化水平仍然滞后于自身的发展阶段。不仅如此,中国还存在常住人口城镇化率同户籍人口城镇化率之间的差异,后者在2019年仅为44.4%,两者之间大约有16个百分点的差距,也说明城镇化的滞后。

2019年,中国农业劳动力占全部劳动力的比重,国家统计局提供的数字为25.1%,国际劳工组织通过模型估计的数字为25.3%。按照国际劳工组织的估算,中等偏上收入国家的农业劳动力占比平均为21.5%,高收入国家平均为3.1%。鉴于中国的人均GDP已经显著高于中等偏上收入国家的平均水平,即将跨入高收入国家的门槛,农业劳动力比重相对于发展阶段来说明显偏高,意味着农业劳动力转移进程滞后。

农业劳动力进一步转移和使城镇化更为彻底的重要制约之一是农业劳动生产率相对落后。全面实施乡村振兴战略的一个重要要求是产业兴旺,加快农业农村现代化,要实现与新型工业化、信息化和城镇化的同步发展。但是,农业劳动生产率的提高受诸多因素制约,如果不能缩小与其他产业之间的差距,就难以做到同步发展。这种状况阻碍了城乡协调发展以及中国经济持续健康增长,从"十四五"时期开始必须实现重大突破。

1978—2017年,按照不变价计算的每个劳动力平均生产的农业增加值,即农业劳动生产率,年平均增长5.2%。同期,第二产业劳均增加值年平均增长7.5%,第三产业劳均增加值年平均增长

5.0%，提高速度也相当快。2017年，第二、第三产业的劳动生产率仍然分别为农业的16.4倍和4.8倍，也就是说，农业相对于非农产业的劳动生产率差距并没有缩小。

一般发展规律显示，提高劳动生产率有三个途径。第一是通过资本深化。通过扩大资本投入提高资本劳动比率，由于每个工人装备的机器设备更多，可以达到劳均产出增长的效果。第二是提高人力资本。劳动者受教育程度提高或技能改善，都可以在其他因素不变的条件下增加劳均产出。第三是提高全要素生产率。要义是在生产要素投入水平不变的条件下，通过更有效率地使用投入品增加劳动者的产出。农业劳动生产率的提高无疑也遵循这三个途径，同时也要受到这个产业的特点影响，并且更针对当前体制中存在的问题。

首先，在劳动力短缺现象出现的"刘易斯转折点"之后，农业机械化水平大幅提高，成为农业劳动生产率提高的强大推动力。例如，1978—2017年，农业机械总动力以年均5.6%的速度增长。随着农村出现劳动力不足现象，提高劳动生产率的需求日益迫切，2003—2017年，具有劳动节约功能的农用大中型拖拉机及其配套农具的数量年均增长率超过14%。这既是一个典型的劳动力短缺引导劳动节约型技术变迁的过程，也符合资本深化的一般规律。

然而，对农业物质投入的大幅度增加也引发投资回报率下降的问题。在经济学中，资本报酬递减是一种具有规律性的现象，通常受其他生产要素的瓶颈制约。农业生产主要由资本、劳动和土地这三种生产要素投入决定。虽然劳动力无限供给的特征正在逐步消失，但是高达25%的劳动力生产仅占GDP 7.7%的农业增加值说明劳动要素尚未构成农业发展约束。

土地在中国的确是一种有限、稀缺的生产要素，不过在这里倒不是说耕地资源的总量，具有意义的是土地的经营规模。由于土地流转尚不畅通，集中度不够高，中国每个农户经营的土地规模既小又分散。

世界银行把拥有土地规模小于两公顷①的农户定义为小土地所有者，而中国农户的平均土地规模仅为这种小土地所有者的1/3，从国际比较来看可谓超小规模。在如此有限的耕地规模上持续不断地进行物质投入，必然导致资本回报率下降。通过估算三种粮食作物的资本边际生产力，可以看到非常明显的资本报酬递减趋势。将2007—2013年平均水平与1978—1990年平均水平相比较，粳稻、玉米和小麦的资本边际生产力分别降低了27%、29%和19%。

其次，随着中国劳动年龄人口受教育程度的提高，人力资本得到显著的改善。但是，因农村劳动力配置扭曲，农业劳动力的人力资本反而有弱化的倾向。基于目前的户籍制度和劳动力流动状况，户籍在农村的劳动力被分成两个群体：一部分留在农村，大多数可以被看作农业劳动力；另一部分外出打工，成为在本乡镇内和离开本乡镇的农民工。

总体来说，转移出农业的劳动力年轻且受教育程度较高，例如，2018年，在全部农民工中，年龄在40岁以下的占52%，受教育程度在初中以上的占83%。其中，离开本乡镇的农民工具有更富生产性的人口特征。相反，留在农村务农的劳动力具有年龄偏大且受教育程度低的特点。正是由于户籍制度的存在，把家庭成员按照各自的生产性特征，在经济活动和就业地域上分割开来，因而成为

---

① 1公顷=10 000平方米。——编者注

农村劳动力配置这种扭曲状况的体制原因。

最后，提高全要素生产率的途径包括体制改革、技术创新和资源重新配置。过去40余年的改革构建起了有活力的农业生产经营激励机制，农业科学研究和技术推广应用也取得很大的进步。当前最大的制约因素是由于土地资源不能在经营者之间实现充分流动，没有集中到最有能力的经营者手中以实现更有效的配置。

实际上，早在20世纪80年代后期开始，随着农业劳动力剩余现象逐渐显现，在劳动力转移压力渐渐增大的同时，也出现了利用规模经济的需要，相应地便形成了对土地流转的需求。这就是一种对制度的需求，要求催生一种土地流转机制。通过多年的探索，农民和地方政府也获得很多经验积累。党的十九大报告提出完善承包地"三权[①]分置"制度作为农村土地制度改革方向，就是这些制度创新实践经验的结晶。此外，土地经营规模扩大的程度也与农业劳动力转移的速度和稳定性互为条件、相互制约。

可见，土地经营规模狭小，使得资本报酬递减规律制约农业劳动生产率提高的效果日益凸显；劳动力转移不彻底，在人力资本积累和全要素生产率方面制约农业劳动生产率的提高。

从两个方向推动制定解决问题的政策，充分反映在中共中央、国务院《关于建立健全城乡融合发展体制机制和政策体系的意见》中：第一，有力有序有效深化户籍制度改革，放开放宽除个别超大城市外的城市落户限制；第二，完善农村承包地"三权分置"制度，在依法保护集体所有权和农户承包权的前提下，平等保护并进一步放活土地经营权。只有真正落实好这两项要求，才能保障农业

---

① 三权指所有权、承包权和经营权。

劳动生产率持续提高，有力支撑城乡融合发展。

《中华人民共和国国民经济和社会发展第十四个五年规划和2035年远景目标纲要》进一步从全面推动乡村振兴、深化户籍制度改革、加快农业转移人口市民化等方面做出新的部署，特别强调以县城为重要载体的城镇化建设等挖掘城镇化潜力的任务。

乡村振兴战略与新型城镇化都是建设现代化经济体系乃至推进现代化建设的必由之路，两者不仅目标相同，推进手段也是一致的、互补的。高度城镇化是经济社会现代化的综合体现，因此也是各国现代化过程中都要追求的结果。但是，追求这个结果的过程本身因国情的不同，应该有差异性。

换句话说，就城镇化而言，可以具有且必然具有推进过程中的中国特色，却没有且不应该有最终目标上的中国例外。实施乡村振兴战略就是为了保证这个有中国特色的城镇化过程与必然走向高度城镇化结果之间的一致性。为了避免一些发展中国家城镇化进程中出现农业萎缩、农村凋敝和农民生活水平改善滞后于经济发展的不利后果，在城镇化进程中绝不能使农村衰落，任何时候都不能忽视农业，不能忘记农民，不能淡漠农村。毋庸置疑，这里所讲的"任何时候"就包括在追求城镇化水平提高的时候。

例如，从推进乡村振兴的角度，实现农业农村现代化必然要推动农业的适度规模经营，而土地规模的扩大又取决于农业劳动力转移所处的阶段及其稳定性。从推进城镇化的角度，劳动力转移需要以农业劳动生产率的提高为前提条件，反过来要求打破经营规模狭小的制约。这就是说，实现乡村振兴和新型城镇化的有机结合，就可以把上述制约关系转变为良性循环。

"四新"是一个有机整体

党的十九届五中全会审议通过的《中共中央关于制定国民经济和社会发展第十四个五年规划和二〇三五年远景目标的建议》，既是指导国务院制定《纲要》以及各部门、各地区制定专项规划和地区规划的指导方针，也是全国人民贯彻落实这些中长期规划的行动指南。

为了准确把握它的思想，我们有必要简要地了解一下这个中长期发展规划的亮点。从整体上把握《建议》，可以着眼于四个"新"字，分别为进入新发展阶段、确立新发展目标、贯彻新发展理念和构建新发展格局。也就是说，处于新发展阶段，为实现新发展目标，必须贯彻新发展理念，加快构建新发展格局，实现高质量发展。

首先，我们来认识"进入新发展阶段"。2020年对中国来说极其重要，是全面建成小康社会完美收官的一年，以人均GDP超过10 000美元、城乡居民收入总体上比2010年提高一倍，以及农村贫困人口全部脱贫等一系列社会经济指标的关键性改进为标志。

随着第一个百年奋斗目标的实现，中国将开始全面建设社会主义现代化国家的新征程，即在2035年基本实现社会主义现代化，2050年建成富强民主文明和谐美丽的社会主义现代化强国，实现第二个百年奋斗目标。所以说，由此进入新发展阶段，开启新征程。

在新征程中，中国将面临各种挑战，皆属于发展中的困难和成长中的烦恼。党的十九届五中全会特别突出讲到的是复杂多变的中国发展外部环境和国内发展变化带来的新问题。面对这种挑战和机遇并存的局面，一旦正确应对，挑战便可以转化为机遇。

其次，我们来认识"确立新发展目标"。党的十九届五中全会确定了"十四五"时期经济社会发展主要目标以及2035年远景目标。按照惯例，人们期望十九届五中全会对两个时间段提出经济总量和人均收入定量增长的预期性要求。实际上，权威部门也进行了测算，认为中国经济完全有希望、有能力保持长期平稳的发展，到"十四五"末达到现行的高收入国家标准，到2035年实现经济总量或人均收入翻一番。

不过，出于三方面的考虑，一是中国经济增长面临不确定性和风险隐患，二是在新发展阶段应该更关注发展质量，三是党的全会着眼于大方向和大战略，具体的部署可以在《纲要》中做出，对于发展目标，《建议》中采取了以定性表述为主、蕴含定量的方式。也就是说，中国人均GDP在2025年达到高收入国家的标准，在2035年达到中等发达国家的平均水平。

考虑到今后中国经济的潜在增长能力和人口增长情况，中国社会科学院研究人员预测，2021—2035年，人均GDP年均潜在增长率为4.81%，呈现前期较快并随时间减慢的趋势。也就是说，按照这个增长速度，预计中国实际人均GDP在2025年将达到13 852美元，即超过世界银行定义的高收入国家门槛水平（约12 535美元），2035年达到21 731美元，接近高收入国家三分位中间组的门槛水平（约23 000美元）。

有诸多因素可能使中国人均收入的实际增长率偏离这个预测。最主要的不利因素是，2020年受新冠肺炎疫情严重冲击之后，国内经济增长的恢复面临一定的困难，全球疫情防控效果不佳，也给中国经济增长的外部环境带来一定的不确定性。有利因素是，研究表明，诸多关键领域的改革可以带来改革红利，显著提高中国经济的潜在增长率。

再次，我们来认识"贯彻新发展理念"。中国经济正在加速从高速度增长阶段转向高质量发展阶段。在"十四五"乃至更长时期，经济增长速度将延续 2012 年以来的下行趋势，这是符合经济发展规律的，也是可以接受的。但是，在这个新常态下，经济发展的质量和效益必须得到显著的提升。

新发展理念包含的五个方面完整定义了什么是高质量发展。创新发展强调把经济增长的引擎从要素投入转向生产率提高。协调发展着眼于改善城乡之间、东中西三类地区之间以及出口、投资和消费需求"三套车"之间等一系列平衡关系。绿色发展着眼于应对气候变化、环境保护和资源可持续性等方面的挑战。开放发展表明了中国继续对外开放、积极参与经济全球化和国际治理的决心。共享发展是对解决收入差距和基本公共服务供给不均等问题的部署。此外，党的十九届五中全会还特别强调了统筹发展和安全。

最后，我们来认识"构建新发展格局"。党的十九届五中全会提出的崭新建议之一是，加快形成国内大循环为主体，国内国际双循环相互促进的新发展格局。经济学家通常将其简称为"双循环"。值得指出的是，双循环格局并不意味着中国既有发展导向的偏移，而是更加注重供给侧改革和需求侧政策之间的协调与相互促进，合理平衡国内循环与国际循环的关系以及出口、投资和消费需求之间的关系。

双循环的必要性既是由世界经济大环境决定的，也是中国自身发展变化的要求。在世界经济深陷以低通货膨胀率、低长期自然利率、低经济增长率为特征的"长期停滞"状态的同时，中国人口老龄化的进程加速，从两个方面给经济增长带来崭新且严峻的挑战。

一方面是供给侧冲击。16~59岁劳动年龄人口至少从2012年便开始呈现负增长，相应导致劳动力短缺、人力资本改善减速、资本回报率下降，以及劳动力流动造成的生产率提高速度放缓，共同导致中国潜在增长能力和实际增长率的下降。

另一方面是需求侧冲击。预计中国总人口将在2025年前后达到峰值，随后开始负增长。根据一些国家的经历，人口负增长将产生投资和消费需求双双降低的倾向，形成新的增长制约，加大中国实现潜在增长率的难度。

一系列改革和政策调整，要么有助于应对供给侧挑战，要么有助于应对需求侧挑战，或者具有双重效果。首先，深化国资国企、金融体制、教育和培训体制以及劳动力市场等领域的改革，有助于提高潜在增长率，应对供给侧挑战。其次，降低关税、推进基本公共服务均等化、改善收入分配和加大再分配力度等政策都有利于扩大出口、促进投资和刺激消费，是需求侧政策。最后，旨在推进农民工市民化的户籍制度改革，一方面可以通过提高劳动参与率和促进劳动力流动提高潜在增长率，另一方面可以通过提高农民工就业稳定性、家庭收入和社会保障水平来扩大消费。

第二章
确立新发展目标

第十三届全国人民代表大会第四次会议审查并批准了《中华人民共和国国民经济和社会发展第十四个五年规划和2035年远景目标纲要》。《纲要》以习近平新时代中国特色社会主义思想为指导，遵照党的十九届五中全会提出的目标和要求，体现了立足新发展阶段、贯彻新发展理念、构建新发展格局、推动高质量发展的要求。

《纲要》提出的"十四五"时期和2035年的发展目标，特别是以定性和定量相结合的方式确立的经济发展速度预期目标，既鼓舞人心又符合实际，既总体可行又需要付出艰苦的努力。理解新发展目标体现的内涵、针对的挑战和揭示的机遇，是做好"十四五"乃至更长一个时期经济社会发展工作的重要起点。特别是在新发展阶段实现新发展目标，与以往中长期发展规划的实施相比，有了新的内涵和方式。这要求我们对新发展目标做出深入的分析，以便更加明确着眼点和着力点，完美予以实现。

经济发展是基础和关键

新中国成立以来及改革开放以来,特别是党的十八大以来,中国创造了经济快速发展和社会长期稳定两个奇迹。整个历程都表明,发展是解决中国一切问题的基础和关键。中国经济需要达到必要的增长速度和发展质量,才能以十足的成色为基本实现社会主义现代化奠定雄厚的物质基础。

新中国成立结束了半殖民地半封建社会的历史,中国人民从此站了起来,从此不断创造伟大的成就。新中国成立后30年取得的成就为改革开放时期的发展奠定了不可低估的物质基础。1952—1978年,中国的GDP年均实际增长率为4.4%,略快于当时被定义为高收入国家的增长速度(4.3%),改变了长期增长停滞的状况。这一时期的中国经济和人民生活水平从纵向比较来看发生了天翻地覆的变化,然而如果进行横向比较,仍然落后于世界的发展。实行高度集中的计划经济体制,导致劳动力和生产积极性不足、资源配置效率低下、经济结构失调等诸多弊端。

改革开放以来,即1978—2018年的40年间,中国的GDP年平均实际增长率高达9.4%,是同期世界上最快的增长速度。而在世界经济发展的其他历史时期,也未见在如此长的时间里以如此快的速度增长的先例。例如,此前增长速度最快且持续时间最长的案例要数韩国和新加坡,这两个国家在1965—2005年增长最快的40年中,年平均增长率也分别只有8.6%和8.1%。史无前例的高速增长使中国的经济发展水平在40年间实现了奇迹般的赶超。

《纲要》以定性表述为主、蕴含定量的方式,确立了"十四五"期间和2035年的经济发展目标,即以人均GDP为标志,在"十四五"

末达到现行的高收入国家标准，2035年达到中等发达国家水平。需要指出的是，人均GDP目标是一个综合性、标志性的指标预期：一方面，《纲要》对中长期做出的规划和远景目标展望是全面的，既包括经济总量和人均水平，也包括发展质量和效益，特别突出了民生福祉等诸多重要方面；另一方面，人均GDP也具有涵盖经济社会发展全面成果的功能。

无论是在国内还是国际上，经济学家、统计学家和政策制定者一直以来对GDP这个统计指标不无诟病。许多其他领域的研究者更是热衷揭示这个指标的弊端，在面对经济衰退、金融危机、气候变化恶果时把经济学作为替罪羊，认为这些经济领域的问题与经济学家及其过于关注GDP不无关系。但是，绝大多数人也都无奈地承认，迄今为止，GDP仍然是一个难以替代的指标。

如何准确理解"十四五"规划和2035年远景目标提出的这两个要求，或者说从前述定性的表述中，我们究竟应该如何了解其背后的定量含义呢？

既然对发展目标的表述是按照中国人均GDP在国际上所处的地位进行的，我们可以用世界银行依据各国人均国民总收入进行的分组[①]，作为理解定量含义的参照系。如表2-1所示，世界银行把各国划分为四个收入组，分别为低收入国家、中等偏下收入国家、中等偏上收入国家和高收入国家。显然，未来这个分组标准仍会变化，但为了分析的简便，我们暂且以2019年最新的划分标准作为参照。

---

① 对大多数国家来说，国民总收入（GNI）与GDP仅有微小差别，因此，除特别表明外，我们在分析中一般以GDP代替。

表 2-1　世界银行的国家分组及变化　　　　　　　　　　　　　（单位：美元）

年份	1990	1995	2000	2010	2019
低收入国家	≤610	≤765	≤755	≤1 005	≤1 035
中等偏下收入国家	611~2 465	766~3 035	756~2 995	1 006~3 975	1 036~4 045
中等偏上收入国家	2 466~7 620	3 036~9 385	2 996~9 265	3 976~12 275	4 046~12 535
高收入国家	>7 620	>9 385	>9 265	>12 275	>12 535

资料来源：世界银行网站 https://datahelpdesk.worldbank.org/knowledgebase/articles/378833-how-are-the-income-group-thresholds-determined，2021 年 3 月 1 日下载。

　　按照世界银行的相应标准，以人均 GDP 来衡量，中国在 2025 年达到现行的高收入国家标准，在 2035 年达到中等发达国家水平，就相当于达到以下三个具体目标：第一，中国在"十四五"时期末跨越高收入国家的门槛水平，人均 GDP 超过 12 535 美元；第二，中国在 2035 年进入高收入国家的中间梯队，或者说进入把全部高收入国家进行三等分后的中间组别，即人均 GDP 达到 23 000 美元左右；第三，2021—2035 年的 15 年里，中国经济实现翻一番，要求达到年平均增长 4.78%。根据联合国的预测，2020—2035 年，中国的人口规模总体来说处于零增长，因此，GDP 总量的翻番也就意味着人均 GDP 的翻番。此外，上述三个发展目标也意味着一个必然的结果，即在 2030 年前后，中国在经济总量上将超过美国，成为世界第一大经济体。

进入高收入国家行列与达到中等发达国家水平

　　关于中国 GDP 总量和人均 GDP 能不能如期进入高收入国家行列与达到中等发达国家水平，除了从我们的决心、现实的潜力以及历史经验来论证外，还需要进行预测，予以定量的回答。不过，对于这里所要做出的中长期经济增长率预测，需要进行一些方法论的讨论。

鉴于中国经济所处的发展阶段，外推式的预测（即从过去的经济增长速度推断未来的增长速度）是不适用的。一般来说，在其他条件相同的情况下，一个国家越是处于较低的经济发展阶段，所能实现的增长速度越快，反之亦然。因为在较低发展阶段上存在大量的"后发优势"，可以通过借鉴技术、重新配置资源、改善创业环境等获得赶超型的速度。而处在较高发展阶段的国家，其技术进步主要依靠自主创新，资源重新配置的空间缩小，其他条件的改善余地也较小。

中国已经临近跨越高收入国家行列的人均 GDP 门槛，面临人口红利消失以及与之相伴产生的传统比较优势迅速弱化、要素驱动型增长模式难以为继、劳动生产率和全要素生产率提高空间缩小等一系列发展阶段挑战，增长速度显然不能保持过去几十年的水平，以过去的速度必然无法准确推断未来的增长速度。

因此，预测中国经济今后 15 年的增长速度，要着眼于人口变化、劳动力供给、资本积累和回报率以及生产率的提高潜力等方面。换句话说，预测的依据是 GDP 的潜在增长率。基于这个方法论，考虑到未来一段时期中国的生产要素供给和生产率改善潜力，中国社会科学院学者做了两种情景的预测（见图 2-1）。

第一种情景假设其他条件不变，即生产要素供给和生产率提高的潜力保持目前的变化（减弱）趋势，人均 GDP 年均潜在增长率在 2020—2025 年可达到 5.33%，在 2025—2035 年可达到 4.61%。也就是说，按照这个增长速度，预计中国实际人均 GDP 在 2025 年

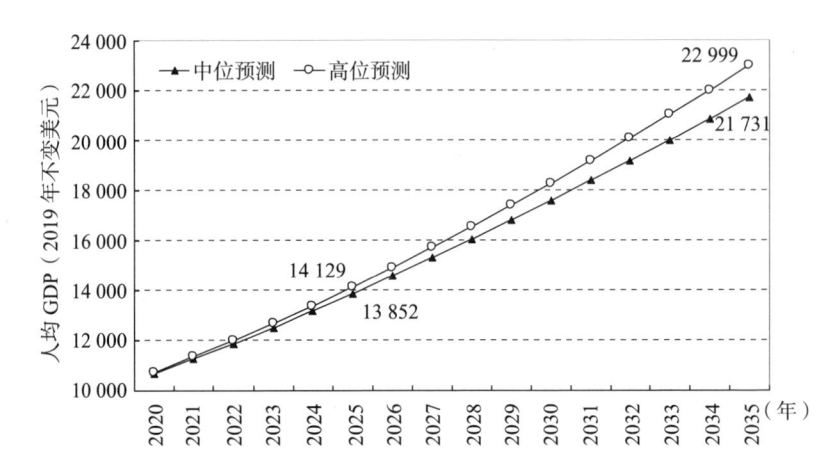

图 2-1 根据潜在增长率预测的中国人均 GDP
资料来源：谢伏瞻主编，蔡昉、李雪松副主编. 迈上新征程的中国经济社会发展 [M]. 北京：中国社会科学出版社，2020.

将达到 13 852 美元，即超过世界银行定义的高收入国家门槛（约 12 535 美元），2035 年达到 21 731 美元，接近高收入国家三分位中间组的门槛水平（约 23 000 美元）。

第二种情景是在改革力度更大的条件下，人均 GDP 的潜在增长率可望更高，在两个期间中国人均 GDP 可以分别以 5.68% 和 4.99% 的速度增长，在两个标识性时间点上分别达到 14 129 美元和 22 999 美元，意味着可以更完美地实现预期的目标。我们常说，改革就是解放生产力。这句话既得到改革开放以来中国经济高速增长的根本检验，也可以从具体的改革举措带来实实在在的改革红利的研究中得到验证。最直接的表现就是，诸多领域的改革可以改善生产要素的供给和配置，显著提高中国经济的潜在增长率。

成为世界第一大经济体

正如多年以来在中国经济高速增长的同时时不时会传出一些唱衰中国的声音，对于中国在未来 10~15 年的发展速度，也存在质疑声。例如，英国知名经济研究机构凯投宏观在最新的报告中预测，由于中国生育水平已经很低，且不会采取开放外来移民的方式补充劳动力供给，未来劳动力将以极快的速度减少，同时生产率提高速度放缓，因此，中国经济发展将在已经大大减缓的增长速度的基础上进一步减速。与此同时，凯投宏观认为美国在上述因素方面均比中国有更大的潜力。

因此，该报告预测中国经济总量可能无法在 2030 年前后超过美国，而一旦错过这个超越美国的时间节点，机会就会一去不复返，换句话说，中国经济永远不会成为世界第一。

表面上看，这种预测似乎有一定理论的、现实的和历史的依据。深入剖析其中的含义，有助于澄清一些似是而非的简单判断。

我们先从理论上看看相关的判断及其背后的方法论。对于中国经济增长前景的判断，大多数讨论无非围绕三个源自西方经济学的分析范式进行。我显然不主张采用这三个范式来认识当前中国经济形势，而是说有这样三个范式比较流行，支配着很多人的思维。我认为，其中任何一个范式都不足以说明中国经济的现状。

第一个范式是"菲利普斯取舍"（Phillips trade-off）。这就是学术界常说的"菲利普斯曲线"，格里高利·曼昆将其列为经济学十大原理之一，它讲的是周期问题，即通货膨胀率与失业率之间的消长关系。用这种范式观察中国经济，意味着认为中国经济的减速是周期现象，是暂时性的。例如，经济学家对中国未来可以实现的增长速度的判断大相径庭，那些过于乐观甚至认为未来增长率仍然可能回归到 8% 的观点就有意无意地采用了这个范式。

现在存不存在菲利普斯取舍的表现呢？可以通过统计数据来判断。人们一般是看消费者价格和城镇调查失业率之间的关系，对应着看，两者的取舍关系在中国并未经常性地显现出来。在很长一段时间里，不仅通货膨胀率和失业率都很低，而且两者之间没有预期的那种交替、取舍关系。这就是说，我们无法找出中国经济增长遭遇周期性波动的证据。至于新冠肺炎疫情对中国经济的短期冲击，我们将在以后的章节中讨论，但是总体而言，我们关于菲利普斯取舍的判断不会改变。

第二个范式是"卡尼曼回归"（Kahneman regression）。丹尼尔·卡尼曼是一位行为经济学家，他讲到一个回归现象，这个现象本来不应该用于研究经济周期问题或者增长问题，但是也被人用来解释中国经济增长。卡尼曼本人并没有特别对中国经济发表什么看法。另一位美国经济学家拉里·萨默斯倒是对中国经济发表了很多看法，不乏真知灼见。他的一个看法是，有一个规律是谁也回避不了的，叫"回归到均值"，即中国经济增长速度要回归均值水平。

这个均值是什么，大家都不知道。萨默斯解释说，他说的均值可以理解成"世界平均增长速度"。世界平均增长速度是 3% 左右，所以他据此对中国经济做了预测，当时得出的结论似乎是 2015 年中国经济增长速度就应该回归到均值了。当前，不管怎么看宏观经济，不管认同不认同具体的统计数据，恐怕谁也不会相信 2015 年中国经济的增长速度已经回归到接近世界平均水平。

所以，萨默斯的判断实际上已经被证明是错误的。萨默斯并非中国经济的唱衰者，我们应该从方法论角度理解他为什么做出这样的判断，这有助于我们用正确的方法论认识中国经济。其实，他所说的"回归到均值"是行为经济学家发现的一个现象。生活中也常常看到这样的现象，譬如在美国棒球比赛中，观众看哪位球员在本赛季表现异常出色的话，下个赛季他通常表现十分糟糕。也就是说，这个球员的潜在增长率是固定的，不管表现好还是表现差，最后都倾向于回归到潜在增长率上。这就是所谓的卡尼曼回归。

把这个现象类比于宏观经济学或者把这个概括应用于经济分析，对应的是宏观经济周期现象。中国经济从2012年以前的高速增长逐渐减速下来，并且潜在增长率仍然处于降低趋势，这是经济发展阶段变化的规律性现象。但是，作为长期发展过程，减速通常不会像周期性冲击引发的速度短期内骤降，所以即使遵循回归均值的规律，也应该以长期的趋势性现象表现出来。

第三个范式是"索洛趋同"（Solow convergence）。因为中国过去这些年处于经济增长趋同的状态，所以很自然也会影响学术界。趋同的定义就是，由于资本报酬是递减的，所以任何一个国家，其起点的人均GDP水平越低，随后的增长速度越快。这样，其增长速度会维持一段快于较发达国家水平的时期。如果大多数发展中国家都可以比发达国家增长更快，世界经济趋于更加均等。

其实，在经济史上很长的时期里，至少在1990年前，世界经济从来没有出现过预期的趋同现象，如果说有的话，也只有"俱乐部趋同"，即几个群体内的经济体，如发达经济体内部、最不发达经济体内部，各自发生自我趋同。但是，发达和不发达经济体之间未形成趋同。

20世纪90年代以来，随着中国对外开放的力度加大，以及实行计划经济的苏联和东欧国家加入世界市场和全球经济分工，加上亚洲一些国家对外开放，国家之间通过发挥各自的比较优势，进行产业间贸易并分别获益。结果是全球经济真正出现了趋同现象。从描述性统计可以看到，1990年至今，在起点上人均GDP越低的经济体，确实在随后的时期有更快的增长速度。就是这么一个简单的描述性统计现象，在1990年之前也是见不到的。因此说，至少趋同的迹象是出现了。

中国恰恰是最典型的起点人均GDP最低，随后人均GDP增长速度也最快的国家。中国从改革开放之初的最贫困的国家之一，到今天即将跨入高收入国家行列。按照规律，随着人均收入水平的提高，趋同速度一定会放慢，这就意味着中国的潜在增长率是下降的。然而，中国与发达经济体还有巨大的差距，仍然有继续趋同的空间，还在相当多的领域有后发优势和赶超发展的机会。

从现实来看，中国经济正处于减速期，随着人均收入水平的提高逐渐趋于增长稳态，或者按照萨默斯等人的说法，中国经济增长速度正在"回归均值"。诚然，中国的经济增长减速不是周期现象，因而不存在回归高速增长的可能性，也就是不再会保持以往几十年那么快的增长速度。但是，中国赶超的潜力远远没有耗尽，因此，需要通过改革保持继续增长。在相当长的时间内，即预计在2050年之前，中国的增长速度应该能够保持在世界平均水平之上，那就意味着所谓的"回归均值"应该是几十年后才会出现的事情。

从历史来看，自从美国取代英国长久以来占据的世界第一的位置，迄今为止还没有一个国家在经济总量上超越美国。苏联一度处于世界第二大经济体的地位，但是非但没能超过美国，世界第二的地位也没保住。日本曾经以很快的速度赶超美国，1995年两者之间差距最小，经济总量相当于美国的71.3%，但随后日本经济开始走下坡路。自从中国于2010年超过日本成为世界第二大经济体，中国逐渐在经济规模和增长速度上把日本甩到后面，2019年中国经济总量已经是日本的2.82倍，也达到了美国的67.1%（见图2-2）。

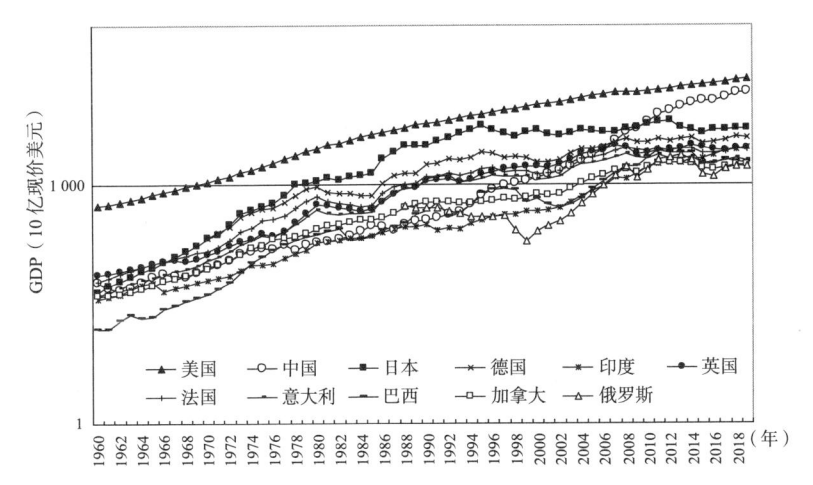

图2-2　世界前11位经济体的GDP
注：纵坐标采用对数刻度。
资料来源：世界银行数据库 https://data.worldbank.org，2021年3月1日下载。

前文提到的凯投宏观的预测或许并无恶意唱衰中国经济的意图，但是其分析缺乏科学性和全面性，或者说对中国经济的了解缺乏深度，因而结论是不可靠的。我们有充足的证据否定这个预测。

中国人口的增长日趋减速，老龄化加深速度也值得关注，中国未来的劳动力供给的确不能指望劳动年龄人口或新成长劳动力的增加，但是劳动力供给的巨大空间在于中国仍有大量的农业劳动力可供转移。目前，中国农业劳动力比重为25%，与美国的1%相比，意味着有24个百分点的劳动力有待转移到非农产业，而对中国这样的人口大国来说，每一个百分点就代表着800余万劳动力。

目前，在常住人口城镇化率与户籍人口城镇化率之间存在约 16 个百分点的差距，这实际上是一个巨大的挖掘劳动力供给潜力的宝藏。把进城务工人口转变为市民，可以显著扩大城镇劳动力规模。此外，在关键领域推进经济体制改革，可以产生增加要素供给和提高生产率的效果，因而可以提高潜在增长率，这是真金白银的改革红利。

实现中长期目标的底气

对关心中国经济的研究者和观察者来说，既不要预期中国经济增长速度回归原来的增长率，也不必相信中国经济增长速度要回归到世界均值水平。然而，这并不是说中国经济不存在风险与挑战。要在边际效应递减的趋同条件下保持一定的增长速度，必须应对各种风险与挑战，要有更大力度的改革和开放。

防范化解重大风险，摆在三大攻坚战的首位，是中华民族实现伟大复兴必须跨越的关口。在新发展阶段，中国面临的诸多巨大风险与挑战中，包括一系列可能导致经济增速偏离合理区间、阻碍经济增长预期目标的实现，以致延滞中华民族伟大复兴进程的因素。中国人口变化已经被观察到的趋势会衍生出这样一些具有紧迫性和严峻性却容易被低估的风险因素。

就未来 15 年来说，经济增长的合理区间是实现 GDP 总量和人均水平翻一番，在"十四五"末达到现行的高收入国家标准，才能做到在 2035 年达到中等发达国家水平，同时要求在 2030 年前后，中国经济总量超过美国，成为世界第一大经济体。上述经济增长目标既是可以达到的，又需要高度重视各种风险，特别是人口因素可能设置的障碍。

本章前面所讨论的经济增长潜力仅仅是未来实现预期发展目标保障的一个方面。一般来说，把一定时期内的经济增长保持在合理的区间，需要三个方面的保障，或者说需要克服三个方面的制约。

首先是从供给侧看的增长潜力，表现为GDP潜在增长率。一般来说，经济学家用生产函数（即投入与产出的关系式）来描述这个供给侧的实现过程。也就是说，如果写出一个等式的话，经济增长速度在等号的左边，右边是资本、劳动力、资源和生产率等变量。在经济发展新常态下，这些变量已经或者将发生变化，因循以往的模式不再可行，必须找到新路径，挖掘这些变量的供给潜力，才能保持经济的长期可持续增长。

其次是从需求侧看的增长潜力，表现为对潜在增长率的需求保障程度。一般来说，经济学家用国民经济恒等式来描述这个需求侧的实现过程，即总产出等于消费、投资和出口之和，即人们常说的三匹马并驾齐驱的需求"三套车"。可见，需求侧也是一个等式，与供给侧的生产函数相辅相成，两者完全重合，即生产出的产品和服务有出路，才能支撑潜在增长能力的实现。

如果说，2012年以来中国经济增长减速主要是供给侧的新常态，表现为潜在增长率降低的话，未来中国经济增长的需求侧变化将成为制约潜在增长率实现的主要因素。所以，经济改革既要继续从供给侧着眼和发力，也要更多地转向需求侧的相关领域。

最后是从第三个维度上，一系列难以预测、尚未预见或者已经预见但被忽略的风险因素构成对实现潜在增长率的制约。这个所谓的"第三个维度"，可以说是一个残差项，包含通常经济分析中观察的供给侧和需求侧因素之外的诸多变量。这些潜在的风险因素既包括大概率的"灰犀牛"事件，也包括小概率的"黑天鹅"事件，以及其他种种未能观察和预见到的意外事件。

其实，最常见的风险和突发事件往往是以一种长期被多数人所忽略，或者视而不见，却在未曾预料的时间和地点，以极端的表现方式暴发的不期而至的冲击性事件。新冠肺炎疫情的全球大流行就是一个典型的案例。

2015 年起，全球知名企业家和慈善家比尔·盖茨便发出警告，呼吁世界要像准备一场世界大战一样，对一次传染病的全球大流行未雨绸缪。2018 年，他在《新英格兰医学杂志》发文，预测可能发生大范围的流行病，造成全球至少 3 000 万人死亡，敦促全球给予高度重视，从情景模拟、作战演练、预防演习等方面更好地认识疾病的扩散模式，掌握从隔离措施和信息通报等方面进行响应的方法，以避免届时产生的恐慌和失策。① 遗憾的是，几乎所有国家都没有做好充分的准备，及至事到临头，众多国家的应对严重失当，均被盖茨不幸言中。

显然，盖茨不是算命先生，也不是孤军奋战，他的警示之论均是建立在严肃的团队研究基础上的。所以，他做出的另一个预测也值得特别注意。2021 年，盖茨出版了一本新书②，借助人们对于新冠肺炎疫情大流行的切肤之痛，再次对全球气候变化的可能结果发出警告。他估计，如果不能高效应对气候变化，未能兑现减少碳排放的承诺，仅仅从生命的角度而言，到 21 世纪中叶，气候变化致人死亡的概率将像新冠肺炎一样高，而到 21 世纪末，气候变化的致死率将高达新冠肺炎的 5 倍。

---

① Bill Gates. Innovation for Pandemics[J]. The New England Journal of Medicine, 2018, 378(22): 2057–2060.

② 比尔·盖茨. 气候经济与人类未来 [M]. 陈召强，译. 北京：中信出版集团，2021.

灾难性事件发生后，人民的生命会承受巨大的损失，经济和社会也会遭到破坏。那么，究竟是什么东西在作祟，妨碍人们未雨绸缪，为未来的风险（特别是那些已经进入视野的、具有必然性的风险）做好充分的准备呢？显然，这是因为必要的准备既需要足够的物质投入，还必然会损失当前的GDP增长。

　　例如，学术界也好，国际组织也好，甚至一些国家的政府，对于盖茨提出的疫病大流行风险也有所察觉，但是出于财政上的考虑，行动中表现出时紧时松、犹豫不决。从对发展中国家流行疾病的预防性支出援助来看，一方面表现为总体数量的长期不足；另一方面表现为发达国家政府仅仅在出现严重疫情的情况下才临时抱佛脚，大幅度提高援助水平，事后则又把已有的支出规模减了下来。[①]这就是说，准备不足看似重视不够，实际上是不舍得付出应有的投入，政府和社会都倾向于把大概率的"灰犀牛"事件视同为小概率的"黑天鹅"事件，以心存侥幸的态度对待。

　　从以上三个方面的发展制约来看，中国经济仍然可以保持实现中长期目标的潜在增长率，也有充分的需求潜力可供挖掘，保障实际经济增长处于合理区间。同时，我们的忧患意识和风险思维也在不断地增强，中国特有的举国体制使得我们完全能够应对来自第三维度的风险与挑战。然而，中国经济保持长期可持续增长并不能简单地依靠乐观和自信，而是要遵循快与慢的经济发展规律，认识量与质的经济发展内涵，兼顾改革、增长和安全的统一。

---

① Olga Jonas. Pandemic Risk[J].Finance & Development, 2014, 51(4): 16–18.

第三章
贯彻新发展理念

实现高质量发展必须贯彻落实新发展理念。与此同时，在新发展阶段，新发展理念也具有与时俱进的内涵，提出更高的新要求。发展是一个不断变化的进程，发展环境不会一成不变，发展条件不会一成不变，发展理念自然也不会一成不变。中国经济发展条件的一个最重要变化是经济发展进入新常态，传统发展模式不足以提供足够的增长动能。

随着 2012 年劳动年龄人口开始负增长，劳动力短缺、人力资本改善减缓、资本回报率下降以及劳动力转移空间缩小都导致潜在增长率下降。一方面，人口老龄化不可逆转，因而传统动能也不可能重拾，必须转向依靠全要素生产率提高这一新动能稳定和提高潜在增长率。另一方面，在更高的发展阶段，发展的目的和手段、公平和效率应进一步有机统一，实现以人民为中心的发展和共同富裕。这就要求以新发展理念定义高质量发展。

创新、协调、绿色、开放、共享的新发展理念是党的十八大以来，党中央提出的一系列经济社会发展重大理论和理念中最重要、最主要的，是一个回答关于发展的目的、动力、方式和路径的系统理论体系。党的十九届五中全会就新发展阶段贯彻落实新发展理念，提出了新的任务和新的要求。

认识新任务和新要求，应该从社会主义现代化的中国特色着眼，即中国的现代化是人口规模巨大的现代化，是全体人民共同富裕的现代化，是物质文明和精神文明相协调的现代化，是人与自然和谐共生的现代化，是走和平发展道路的现代化。本章从目标导向和问题导向相统一的角度，讨论新发展理念中内涵和外延两个维度的新要求，以及贯彻落实新发展理念应特别注重的几个方面。

创新发展的激励与助动力

创新是引领发展的第一动力。具体来说，创新发展是针对经济发展新常态下，传统发展动能式微或消失，需要开启新的发展动能，以及形成新的生产函数组合，所必须坚持的发展理念。作为经济增长动能，创新包括科技创新和制度创新，换句话说，赢得发展新动能，既要靠技术创新也要靠进一步改革。

在经济学说史中，人们一般认为熊彼特是创新理论之父。他所谓的创新就是要建立一种新的生产函数，或者说进行生产要素的重新组合。具体表现为多种形式：采用新的产品，或一种产品的新特性；采用新的生产方法；开辟新的市场；获得新的原材料或半制成品的来源；实现产业的新组织，包括形成一种垄断地位或打破一种垄断地位。由此可见，熊彼特强调的是市场主体在特定激励条件下，通过创造性破坏过程进行的自主创新。

要使企业、创业者等市场主体有足够的创新激励和良好的创新环境，政府的作用不可或缺，主要应该体现在两个方面：一是营造创造性破坏的环境，利用市场机制奖优罚劣的激励，使企业真正感受到没有竞争力就不能生存的压力，最终取得促进市场优胜劣汰的结果；二是支持科学技术的发展，通过研究、开发和应用全过程把科学技术转化为生产力，为经济增长注入生产率动能。

下面，我们着重讨论科技创新的问题。

正如一般统计体系所划分的那样，在科技成果得到实际应用之前的科技活动，包括基础研究、应用研究和试验发展三个过程。作为科学技术研究，这些过程的结果并不能得到保证，成功与否显然是一个小于百分之百的概率，有时甚至有较大的不确定性。实际上，越是具有重大意义的科技创新，越需要投入更多的资金、设备和人力，越需要花费更多的时间，换句话说，存在更多的风险。因此，鉴于科技发展需要充分的投入予以保障，各国都采用研究开发经费水平及其占GDP的比重评价科学技术发展的实力和潜力。

与此同时，新的科学技术成果一旦面世，虽然有专利法的保护，其收益终究具有较大的分享性。经济学将其称为"正外部性"。而且，越是基础性研究，正外部性越大。在这种情况下，科学技术研究活动不能仅仅依靠预期采用该技术的市场主体进行预先的投资，也需要政府的投资推进。越是基础性的研究项目，越需要政府以更大的比例投入。正因如此，我们还需要关注基础研究在研发支出中的占比。

1998—2020年，中国的研发支出占GDP的比重以及基础研究支出占研发支出的比重如图3-1所示，研发支出占比的增长速度很快。与其他国家相比，这个增长速度的加快更加明显，已经居于世界较高水平。

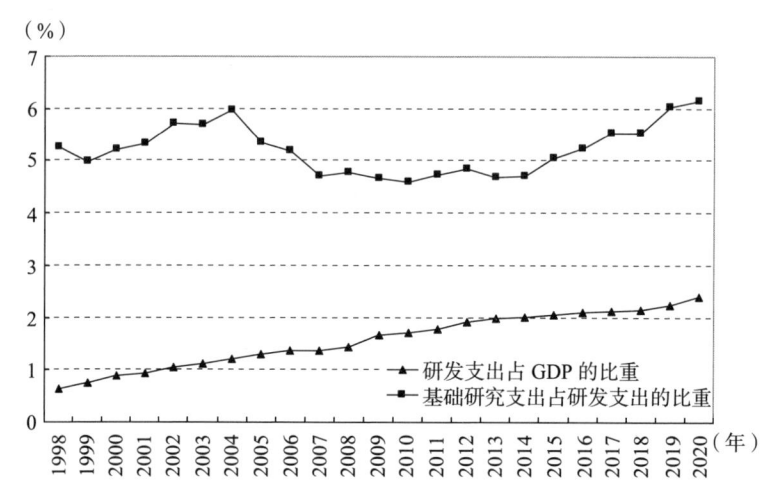

图 3-1　研发支出占 GDP 的比重和基础研究支出占研发支出的比重
资料来源：国家统计局网站 https://data.stats.gov.cn，2021 年 3 月 19 日下载。

　　根据世界银行的数据，2000—2018 年，中国的研发支出占 GDP 的比重从 0.89% 提高到 2.19%，不仅已经显著高于中等偏上收入国家的平均水平，而且超过了很多发达国家。例如，2018 年，中等偏上收入国家的该指标平均仅为 1.73%，欧盟国家平均为 2.18%。

　　毋庸讳言，与很多高收入国家相比，中国研发支出占 GDP 的比重仍然属于偏低的水平。例如，2018 年高收入国家的这个比重平均为 2.59%，美国为 2.84%，德国为 3.09%。因此，中国在确立"十四五"时期经济社会发展主要指标时，把"全社会研发经费投入增长率"作为一个预期性指标，要求力争使投入强度高于"十三五"时期的实际水平。

　　在提高全社会研发支出水平以及占 GDP 的比重的努力中，政府承担支出责任的部分应该更倾斜于增加基础研究支出，提高其在研发支出中的比重。换句话说，以大幅度提高基础研究支出水平和比重带动研发支出的增长，而不直接把着力点放在后者。有以下几个理由，可以阐明这样做预期具有事半功倍的效果。

首先，一个国家，特别是具有庞大经济总量的国家，研发支出的绝对规模也很重要，而不必仅仅关注研发支出占GDP的比重。如果说投入是创新的物质保障的话，那当然首先是指投入总规模，因为是投入规模而不是投入比例构成科技成果的物质保障，而形成的科技成果在一个国家内部是可以共享的。

例如，假定其他条件相同，中国目前的研发支出总规模与欧盟40多个成员国的合计水平大体相当（2019年中国为3 135亿美元，欧盟为3 406亿美元），但是中国的科技成果在14亿人口的国家范围内，共享程度显然高于分布在40多个国家的4.5亿人口的欧盟范围。因此，对中国来说，研发支出规模已经足够大，做出更好的配置是下一步的优先序。

其次，更好地配置研发支出的一个极为重要的方面是加大基础研究力度，提高基础研究支出在研发支出中的占比。基础研究处于科学技术研究活动的上游，是孕育能够得到广泛应用并提高生产率的通用技术的关键研究领域，能够产生最大的正外部性，因此也正是政府应该买单的领域。

2021年3月8日，十三届全国人大四次会议举行了第二场"部长通道"集体采访，接受采访的是国家科技部部长王志刚。借这个平台，王志刚强调了基础研究是科技创新的总开关和源头，承诺下一步要把基础研究摆在国家科技全局更加重要的位置。具体措施包括制定基础研究十年行动方案、继续加大基础研究投入等方面，预计在"十四五"时期，将基础研究支出占研发支出的比重提高到

8%左右。科学家们非常认同这个承诺和优先序，只是对这个比重的提高有更高的期望值。

最后，在经济发展的不同阶段，科学技术发展的模式和特点不尽相同。如果说在较初级的发展阶段，科技创新主要是利用发达国家已有的技术外溢效应，更侧重于引进吸收再创新，以充分发挥自身的后发优势进行赶超的话，在更高的经济发展阶段，科技创新需要逐渐扩大自主创新的组成部分，以实现更高水平的自立自强。这一新的科技创新特点要求基础研究的地位明显加强，发挥总开关和源头作用。

1883年8月15日，美国物理学会首任主席亨利·奥古斯特·罗兰在美国科学促进会年会上做了一个著名的演讲，演讲题目是"为纯科学呼吁"。在那个时代，人们还没有使用"基础科学"或"基础研究"这样的词语，显然，这里的"纯科学"表达的就是这个意思。罗兰在演讲中说："我时常被问及这样的问题：纯科学与应用科学究竟哪个对世界更重要？为了应用科学，纯科学本身必须存在。"他也讲了一些别的内容，其中我完全不赞成他对中国历史上科技发展的贬损性解释，但是重视基础研究这个思想薪火的确值得传承下去。

以新型城镇化引领协调发展

"十四五"规划特别强调优化国土空间布局，推进区域协调发展和新型城镇化，针对的是当前协调发展中的堵点和薄弱环节。城乡之间和区域之间的不平衡，无论是从理论上还是从政策上讲，都是一个旷日持久的"老大难"问题。

从实现全体人民共同富裕这一目标的任务来看，城乡收入差距和享受基本公共服务供给方面的差距是明显的短板和制约；从提高社会性流动的要求来看，从农村到城市的流动还仅限于劳动力行业类别上的变更，即所谓的横向流动，严重缺乏受教育程度、收入分组、职位层级等为表征的纵向流动；从国土空间布局和区域协调发展的任务来看，发展不平衡和不充分的突出表现在于区域间在城镇化水平上的明显差异。因此，加快推进以人为核心的新型城镇化，应该成为解决协调发展中各种短板问题的嚆矢。

改革开放时期，中国在实现了世界历史上最快的经济增长的同时，也实现了最快的城镇化。然而，虽然城镇化速度史无前例，户籍制度改革却采取了渐进的方式推进，两者节奏并没有实现完全同步，因此在城镇人口城镇化率与户籍人口城镇化率之间形成一个缺口，2019年前者为60.6%，后者为44.4%。换句话说，常年外出的农民工及其随迁家属被统计为常住城镇人口，却没有取得城镇户口。

因此，这个时期的中国特色城镇化路径表现为农民工的有来有去，同时一定是来大于去。这个有来有去的城镇化路径，至今已不再像改革初期人们所形容的候鸟型流动模式，即不是短期临时性的有来有去，而是在一个劳动者的终身就业周期中发生的来与去的选择过程。唯其如此，常住人口城镇化率才会不断提高。

从统计指标意义上，每年进城的农民工人数大于返乡的人数，保证了城镇化水平持续提高。而就其本质而言，转移到城镇的人口逐渐积累从而形成净增量，也体现和反映了城镇化的经济功能或效率含义。美国经济学家西蒙·库兹涅茨通过分析各国统计数据得出结论，产业结构变化的实质是劳动力等生产要素从生产率较低的部门（农业）向生产率更高的部门（非农产业）转移。这一结论同样适用于劳动力从生产率较低的地区（农村）向生产率更高的地区（城镇）转移。因此，劳动力转移或人口城镇化的意义在于，它是一个不断提高劳动生产率的库兹涅茨过程。

根据一般发展规律，中国城镇化的任务远未完成，不仅推动新型城镇化是不可回避、不容延缓的发展任务，而且保持库兹涅茨过程也是提高发展效率、质量和可持续性的关键。单纯从城镇人口比重的提高幅度上看，城镇化速度似乎并没有减慢，但是城镇化贡献因素的消长变化已经预示着城镇化缺乏可持续性，从而作为库兹涅茨过程性质的明显减弱。

目前在中国城镇人口的年度增量构成中，约 16% 为自然增长，5% 是农转非人口，26% 系农民工增长的贡献，53% 来自所谓的就地转移。其中，就地转移是通过改变行政区划，如县改市（区）、乡改镇、村改居（委会）等手段形成的城镇人口增加。在这种单纯统计口径的变化中，大批农村居民身份虽然变为市民，甚至很多还拥有了城镇户口，但本身并不涉及就业类型和居住地的变化，并未发生劳动力的重新配置，因此不是典型的库兹涅茨过程。真正符合库兹涅茨过程的城镇化因素是进城的农民工，而这个源泉已经开始式微。

多年来源源不断进入城市的农民工其实已经不再是从农业中转移出来的剩余劳动力，而是初中或高中毕业（或辍学）的新成长劳动力，大体上对应着农村 16~19 岁人口群体。这个组别的人口总数长期以来一直迅速增长，直至于 2014 年达到峰值，此后呈负增长趋势。在城镇化继续遵循着有来有去模式的情况下，难免不久后出现返乡人数多于进城人数的情况。

实施乡村振兴战略与推进新型城镇化既不是对立的关系，也并非在侧重点上有所不同，而是你中有我、我中有你、相互补充、相互促进的关系。特别需要认识到的是，只有同时推进乡村振兴战略与新型城镇化战略，才可以使后者的目标更加明确，实施手段更加协调、统筹兼顾，推进过程更加健康、更可持续。

城镇化是一个长期的历史自然过程。在这个过程中，既有人口从农村向城镇迁移的正向城镇化，也不可避免地有农民工返乡等逆城镇化。通过加快户籍制度改革，促进农业转移人口市民化，可以保证城镇化作为库兹涅茨过程持续推进；实施乡村振兴战略，可以避免劳动力、人才的返乡成为一个逆库兹涅茨过程。同时，乡村振兴战略不仅为农村人才和劳动力创造了一片用武之地，而且使城镇化的推进行稳致远。

"30·60目标"的承诺与挑战

贯彻新发展理念中的绿色发展是中长期发展规划的重要关注点，得到充分的部署。在《中华人民共和国国民经济和社会发展第十四个五年规划和2035年远景目标纲要》确立的20项经济社会发展主要指标中，有12项是预期性指标，在8项约束性指标中，有5项是关于绿色发展和生态环境方面的要求。《纲要》还特别设立了一节，对积极应对气候变化做出要求和部署。对中国的中长期发展来说，应对气候变化既是最大的挑战，也是孕育新的增长点、把生态文明建设推进到新境界的最大机遇。

2015年12月12日在巴黎气候变化大会上通过并于2016年4月22日在纽约签署的《巴黎协定》，对2020年后全球应对气候变化行动制定了硬指标，即长期目标是将全球平均气温较前工业化时期上升幅度控制在2摄氏度以内，并努力将温度上升幅度限制在1.5摄氏度以内，同时确定了各国以自主贡献的方式参与全球应对气候变化行动的原则。中国是《巴黎协定》的积极推动者，在整个谈判、签署和落实方面都展现了负责任大国的担当，并且这也是中国推进生态文明建设、贯彻落实绿色发展理念的自主行动。

2020年9月22日，习近平主席在第七十五届联合国大会一般性辩论上的讲话指出，中国将提高国家自主贡献力度，采取更加有力的政策和措施，二氧化碳排放力争于2030年前达到峰值，努力争取2060年前实现碳中和。[1] 这充分显示了中国为实现应对气候变化、实现《巴黎协定》确定的目标做出更大努力和贡献的大国担当，也是践行习近平生态文明思想、贯彻绿色发展理念的一个崭新的、更高的要求。

需要指出的是，碳中和并非排放达到峰值的简单延续，而是指一个国家产生的全部二氧化碳都要通过相应的形式得以抵消，虽然不是零排放，却是净零排放。从某种程度上说，大多数人对碳中和这一要求的实现难度，特别是其对我们的生产和生活方式必然发生根本性转变的挑战意义，认识仍不够充分。

联合国气候行动和融资特使马克·卡尼在他还在担任英格兰银行行长时就发表过一次著名的演讲[2]，指出真正落实《巴黎协定》意味着世界上已经探明储量的石油、天然气和煤炭（化石能源）将有1/5~1/3不再能够被开采和使用。姑且不论这个情景分析的精确性

---

[1] 参见 http://www.gov.cn/xinwen/2020-09/22/content_5546168.htm。

[2] 参见 https://www.bis.org/review/r151009a.pdf。

如何，它揭示了为实现《巴黎协定》的减排要求，最终达到控制气温上升的目标，必然要对现有的生产方式和生活方式从而对经济增长模式做出深刻的革命性改变。

经济学家通常惯于将所要研究的事物对应于一个本学科中既有的概念，这样既符合自己的思维习惯，或许还便于建立模型。对于气候变化及其后果，显而易见的是将其视为一种外部性。然而，此外部性非彼外部性。以往经济学家面临的外部性问题是所谓的"公地悲剧"问题，从问题涉及范围和规模来说，常常就是一个池塘的层级。卡尼认为，气候变化问题涉及的是一个"地平线悲剧"，其外部性的范围超出了商业周期、政治周期和技术官僚体系的视野。

可见，气候变化问题是一个天大地大的命题，不是个人、企业、跨国公司、中央银行以及单一国家的行动可以应对的现象，而是真正意义上的人类命运共同体命题。然而，减少排放、减少碳足迹、转变生产和生活方式又必须从每个经济活动参与者出发。中国拥有世界上最大的人口规模和第二位的经济总量，其积极应对气候变化的决心和行动具有不同寻常的意义。

在高质量发展的过程中，中国经济增长的绿色化程度已经显著提升。中国的能源消费总量虽然继续保持增长，但是增长速度已经大幅度减缓。例如，根据国家统计局数据，2000—2010 年，能源消费总量以年平均 9.4% 的速度增长，大致对应同期的 GDP 增长速度；2010—2020 年，能源消费总量的年平均增长速度降低到 3.3%，显著低于同期的 GDP 增长速度。

然而，这样的进程显然还不能满足落实《巴黎协定》的要求，兑现碳达峰和碳中和的承诺需要更大的节能减排力度。例如，2019

年，在能源消费总量中，煤炭占比为57.7%，石油占比为18.9%，天然气占比为8.1%，可以作为清洁能源代理统计的一次电力及其他能源占比仅为15.3%。此外，在2020年的77 791亿千瓦时的全部发电量中，火力发电占比仍然高达68.5%（虽然比2010年降低了10.7个百分点）。

虽然火电的增长速度下降明显，但是这种下降并不完全是能源调整的结果，在很大程度上伴随着经济增长减速，是能源消费的增速相对减缓造成的。如图3-2所示，全部发电量增长率和火电发电量增长率之间明显的同步性可以证明这个判断。也就是说，除了经济增长速度放缓实现的能源消费减速，还必须下更大的决心，付出更多的努力，切实减少能源消费和对化石能源的依赖。

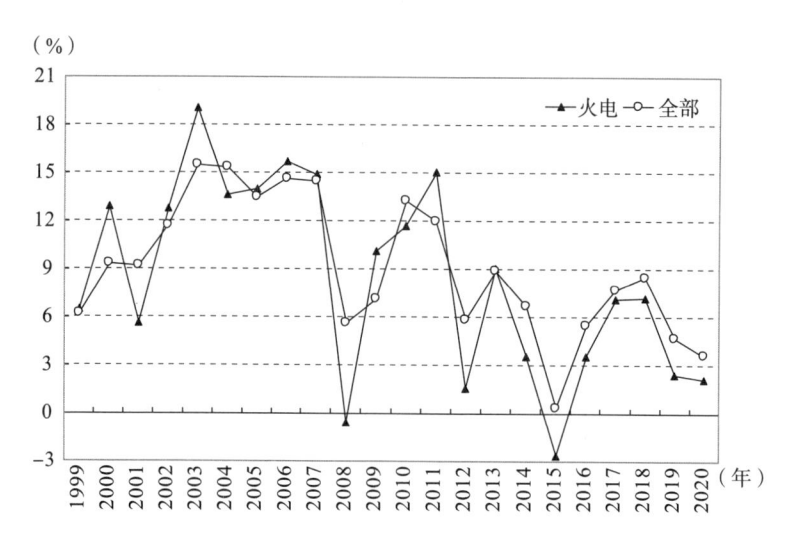

图3-2　全部发电量和火电发电量增长率
资料来源：国家统计局网站 https://data.stats.gov.cn，2021年3月19日下载。

气候变化及其后果是一种潜在的危机，然而若能正确应对风险和危机，则可以将其转化为新的发展机会。中国积极应对气候变化，实现碳达峰和碳中和目标，必须把理念和行动渗透到经济社会发展的各个方面，涉及从绿色发展这个总体发展理念出发，促进发展模式的转变，推进绿色金融，形成绿色发展方式和生活方式，以及显著提高绿色产业比重，并推动清洁能源替代化石能源、能源利用的电气化替代、碳捕获、碳交易等科技和制度的创新。

2021年3月15日，习近平总书记主持召开中央财经委员会第九次会议，强调实现碳达峰、碳中和是一场广泛而深刻的经济社会系统性变革，要把碳达峰、碳中和纳入生态文明建设整体布局。[①] 这次会议也把积极应对气候变化和实现目标作为事关中华民族永续发展和构建人类命运共同体的重大战略决策，吹响了打一场生态优先、绿色低碳的高质量攻坚战的集结号。

更高水平的对外开放

在世界上一些地区的政治家表现出反全球化的倾向，有些国家甚至明显转向单边主义的时候，我们回顾一下最近的全球化历史，以回答以下两个问题：一是为什么要拯救全球化，二是如何通过维护多边治理体系拯救全球化。

曾在世界银行任职的经济学家威廉·伊斯特利指出：世界上的穷人面临着两大悲剧，第一个悲剧尽人皆知，即全球有数亿人处于极度贫困状态，亟待获得发展援助，第二个悲剧被很多人忽略或者

---

① 参见 http://www.gov.cn/xinwen/2021-03/15/content_5593154.htm。

视而不见,即几十年间发达国家投入了数以万亿美元的援助却收效甚微。我把第二个悲剧称为"伊斯特利悲剧",我认为全球化本应试图解决这个全球贫困问题。

对于全球化,经济学家从低收入国家可以增长更快的假设出发,预期会在富裕国家和贫穷国家之间形成收入水平的趋同,社会学家也从贫穷国家到富裕国家的发展历程立论,认为世界各地的进步应该是线性的过程,所以富裕国家先行的路径可以为贫穷国家所重复。然而,至少在20世纪90年代之前,这些假设都没有成为事实,反而是富者愈富、贫者愈贫。只是在那之后,即90年代以来,全球化的特点发生了变化,产生了新的、更为合意的结果。

首先,更多发展中国家和前计划经济国家开始拥抱经济全球化,使全球化分工的参与者更加广泛,分别在全球价值链中找到了特定的位置,并从中分享贸易、跨国投资和技术外溢的收益。例如,目前构成全球贸易总额84%的164个世界贸易组织成员中,超过半数是在1995年1月1日确定创始成员之后才加入该组织的。

其次,更广泛的国家参与使世界贸易回归李嘉图类型,再次依据比较优势进行。在东西方冷战和南北方隔绝状态下,世界贸易一度范围狭小且割裂,西方国家之间进行着产业内贸易,原计划经济国家和发展中国家并未参与全球分工。贸易不再是依据要素禀赋比较优势进行,并且出现以规模经济解释贸易存在理由的理论。而在20世纪90年代之后,在全球化的参与度更加广泛的情况下,贸易类型回归依据比较优势进行的产业间贸易,发展中国家以劳动密集型产品与发达国家的资本密集型产品进行贸易,在两类国家分别提高了劳动收益和资本收益。

这就是说,在新兴经济体和发展中国家,市场力量帮助更多的劳动者和低收入家庭分享全球化结果；在一些发达国家，政府社会政策失灵或者说再分配缺失，使一部分劳动者成为全球化过程中的输家。

最后，参与全球分工和通过开放促进国内改革和竞争，为发展中国家创造了利用后发优势赶超发达国家的机会，世界经济趋同的趋势初步显现。以 1990 年为转折点，在此之前马太效应占主导，即起点上人均收入高的国家，随后的增长率更高；在此之后趋同效应占主导，即起点上人均收入低的国家，随后的增长率更高。结果是全球贫困的显著减少。在 1981—1993 年、1993—2005 年和 2005—2015 年三个时期，世界绝对贫困人口年平均减少幅度分别为 0.2%、2.7% 和 5.5%。这期间也恰是中国的改革开放时期，中国对世界减贫的贡献超过 70%。

未来全球化及其治理将表现出两个相互冲突的特征：一是受某些发达国家民粹主义、民族主义和保护主义政策的影响，出现一定程度的逆全球化趋势，全球治理规则制定中产生单边主义倾向，双边主义机制也越来越难以解决全球共同的问题；二是随着全球经济分布格局和权重均衡性的变化，在世界经济中占有更大份额的新兴经济体和发展中国家日益成为维护全球化的主导力量，并在国际经济规则制定中拥有更大的话语权。这使多边主义不再仅仅是一种价值观，而被赋予了现实的需要、存在的依据和推动的力量。既然广泛参与的全球化的确使更多国家获益，那么全球化不会以少数国家意志为转移发生永久性的倒退。世界各国也的确期待下一轮全球化更具包容性，这就需要以多边主义的思维和机制重新塑造全球化治理体系。

正如生产私人产品的基础设施和机器设备必须折旧和更新一

样，作为全球公共品供给者的布雷顿森林体系机构，特别是世界贸易组织也需要与时俱进，进行必要的改革，关键是要维护开放、包容、非歧视等世界贸易组织核心价值和基本原则，保障发展中国家的发展利益和政策空间。中国以及其他新兴经济体和发展中国家参与全球化的经验证明，开放合作是促进经济增长的重要法宝，自由贸易和经济全球化是不可逆转的历史潮流，为各国发展提供了强大动力。

在中国，改革与开放是同时起步、相互促进的，事实上，"改革开放"已经成为一个不可分割的复合词。中国坚持自身确定的改革开放方向、遵循世界贸易组织原则和相关国际法律，参与国际贸易和世界产业分工，把劳动力丰富的资源禀赋转化为人口红利，在供给侧形成有利于经济增长的劳动力数量与质量供给、储蓄率和投资回报率，以及资源重新配置效率，进而转化为制造业产品的比较优势和国际竞争力。可以说，没有改革开放就没有中国的高速经济增长和举世瞩目的减贫奇迹。因此，我们从不讳言自己是经济全球化的获益者。这也决定了在全球化遭遇逆流之际，中国理所当然要成为自由贸易的捍卫者和经济全球化的推动者。

公平与效率统一的公共服务供给

促进全体人民共同富裕、实现共享发展，既需要调整国民收入分配结构，使居民收入增长保持与 GDP 增长同步，也需要深化收入分配制度改革，显著缩小收入差距和基本公共服务获得上的差距。不仅如此，各国及各个时期的经验都表明，实质性缩小收入差距，比如说把基尼系数降到 0.4 以下的水平，必须借助再分配手段。

因此，我们终究需要不断加大实施再分配政策的力度。

实际上，不断加大再分配力度，提高居民享受公共服务的水平，就是一个建立中国特色福利国家的过程。在全面建设社会主义现代化的过程中，这显然是一个不容回避的任务。不过，我们把这个话题留到以后的章节讨论，这里我们集中讨论如何通过实施公共服务均等化体现再分配意图，达到公平与效率的有机统一。下面，我们以图3-3说明公共服务均等化方面存在的问题，论证提高均等化水平可以同时提高公平性和效率。如图3-3a和b所示，公共服务的内容具有分层的性质，因此需求和供给都表现为金字塔的形状。

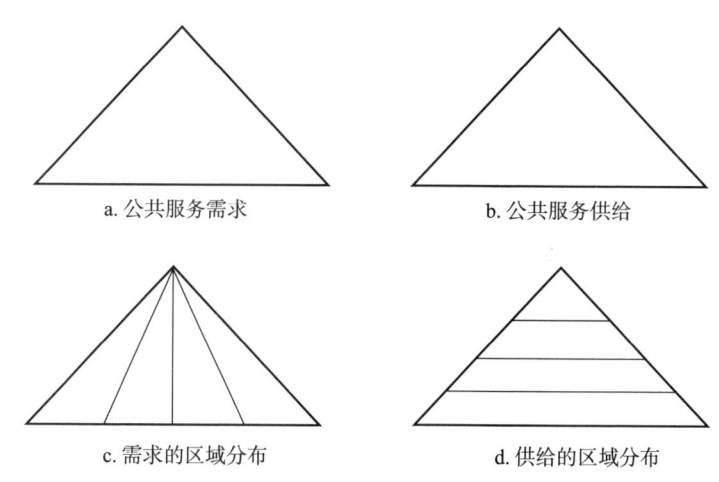

a. 公共服务需求　　　　b. 公共服务供给

c. 需求的区域分布　　　　d. 供给的区域分布

图3-3　公共服务需求与供给的匹配——公平与效率

举例来说，到医疗机构就医的患者，从随时随地解决感冒伤风之类的常见病，到前往大医院寻求治疗疑难重症，需求并不相同，既种类繁多也层次多元；相应地，医生、医疗技术和设施等资源的配置也按照不同的需求有相应的差别。例如，医疗资源的配备通常根据病患发生的频率和数量，呈现从庞大的底盘到塔尖这样一个金字塔的序列分布。实际上，教育作为公共服务，也具有从学前教育、义务教育到高等教育，以及职业教育中普通技能到特殊技能的金字塔分布。按照与聚集效应相似的规律，这种层次分布也会在地域分布上体现出来。

这种金字塔分布形状，不仅反映需求频率和数量以及供给方式的匹配关系，实际上还显示出公共服务特有的外部性，也具有从小到大依次变化的性质。正如芝加哥大学经济学教授詹姆斯·J. 赫克曼对教育所做的研究，按照学前教育、小学、初中、高中、高等教育、职业培训的顺序，社会收益率依次降低。医疗服务也是一样，按照公共卫生、常见多发病、大病、疑难重症的顺序，社会收益率依次降低。政府的责任自然是更多地体现在外部性强，因而市场机制不足以充分保障资源配置的领域，换句话说，政府要在社会收益率高的公共服务领域承担尽可能多的支出责任。

现实中，公共服务供给的不均等化并不是这种分布规律的体现，反而意味着对这种规律的违背。再观察图 3-3，以便理解公共服务资源的不均等如何既降低效率又伤害公平性。图 3-3c 表示对公共服务的需求在区域分布上是同构的，图 3-3d 则表示在公共服务的供给上，不同层级的地区，如从农村、小城镇、小城市到中等城市、大城市和一线城市，优质资源供给能力和可获得性是递增的。这样一个资源不均等的格局先是造成需求和供给配置错位，降低了资源配置效率，进而因地域和户籍的因素，使得居民不能享受到均等的公共服务，降低了社会公平性和共享性。

人们普遍观察到并且经常抱怨的种种蜂拥而至的现象就是这种

资源配置错位的一种必然反应。例如，疑难重症的患者从农村、小城镇或者二三线城市进入北上广这样的一线城市，付出额外的时间、金钱成本以便分享优质资源。同样地，家长们想尽各种办法，付出巨大的代价，争取分享一线城市和中心区域的教育资源或者入学机会，从教育移民到购买学区房，不一而足。

当然，我们也应该考虑到不同层级的城市由于规模经济或集聚效应等因素所具有的技术性和教育水平优势。例如，尖端的医学科研机构既需要部署在科技中心，也需要有足够规模的需求；与综合科研能力相关的研究型大学同样需要配置在中心城市。因此，当我们谈到公共服务均等化时，并不仅限于每个区域在资源配置上的完全同构，也包括该服务对全体居民的供给开放性、可获得性和服务效率。

一旦看清楚这种公共服务资源配置的不均等造成的弊端，我们就不难理解，改变这种资源错配状况不仅可以提高资源配置效率，而且能够大幅度提高公共服务的公平性和分享性。医疗和教育等公共服务所履行的就是改善人力资本的职能，因此，提高公共服务供给的均等化水平也是增强社会流动性、阻断贫困代际传递、促进全体人民共同富裕的重要举措。

统筹发展和安全

新发展理念通常是指创新发展、协调发展、绿色发展、开放发展和共享发展这五大发展理念。在这些发展理念之外，我们还必须认识到统筹发展和安全之间的关系，具有至关重要的意义。这里使用动词"统筹"，就是要把安全作为发展的前提，把发展当作安全的保障。中华民族伟大复兴的过程伴随着世界百年未有之大变局，无论是中国发展面临的世界经济和国际地缘政治环境，还是自身所处的发展阶段，都意味着现代化的征程同时也是各类矛盾和风险的易发期，各种可以预见和难以预见的风险因素明显增多。

正因如此，坚持统筹发展和安全，也是一个重要的发展理念。或者说，由于与发展和安全相关的风险因素存在于经济社会发展的方方面面，所以统筹发展和安全这个理念也应该内含于贯彻前述五大发展理念的过程始终。下面，我们可以从这五个方面梳理一些显而易见的风险因素，在此之外无疑还有诸多难以预见的风险因素。

美国等不愿意看到中国迅速发展的国家采取日益加强遏制中国的策略，越来越经常性地发起技术封锁和打压中国科技企业的事件。新冠肺炎疫情在全球的大流行也造成供应链断裂的现象和产业链脱钩的意愿，同时带来技术脱钩的威胁。因此，在创新发展过程中，我们会遇到在核心技术上被别人"卡脖子"的威胁。

区域发展的不平衡状况仍然存在。因此，在推进协调发展的过程中，需要特别注意防止一些地区出现的经济停滞、人口外流、可持续发展能力弱化等问题长期化，既要打破这些地区发展的固化和僵化格局，在发展中不断提高协调性和均衡性，也要避免局部性问题造成的对经济社会发展全局的不利影响。此外，要防范在工业化、信息化、城镇化、农业现代化同步发展中的农业农村现代化短板制约，以及金融脱离实体经济、自我循环带来的系统性风险。

在推动绿色发展的过程中，无论是满足人民日益提高的对良好环境的需求，还是避免因生态环境恶化对经济社会发展的制约，防止大范围危害性事件的发生，以及履行中国作为负责任大国的国际减排义务，都必须高度关注和积极应对资源可持续性、环境污染和气候变化带来的风险与挑战。

在开放发展中，我们也面临伴随着世界百年未有之大变局产生的各种地缘政治风险，以及中国企业走出去投资和经营，特别是在共建"一带一路"中的各种风险。中国已经处于世界经济舞台的中央，保护中国机构的投资、企业经营和侨民生命财产等海外利益，日益提到了重要的议事日程上来。此外，公共卫生安全、粮食安全、能源安全、种业安全、产业链和供应链安全等问题，更是坚持对外开放过程中不能须臾掉以轻心的风险关注。

在从中等收入迈向高收入行列的过程中，甚至在刚刚跨过高收入国家门槛的时期，收入差距和社会不公平通常是造成一个国家产生社会矛盾，乃至发生突发性社会事件的风险源和触发点。中国正处在这样的发展阶段，在一定时期内仍将处于这样的发展阶段。一般而言，如何提高人口的社会性流动，有效缩小城乡之间、地区之间、行业之间和居民群体之间的收入差距，实现基本公共服务更加均等化，具体来说，如何解决农民工在城市落户，以避免新一代农民工在未来身无所依，以及他们的子女游离于均等化教育之外的问题，是贯彻共享发展理念的关键挑战。

第四章
构建新发展格局

党的十九届五中全会提出加快形成以国内大循环为主体、国内国际双循环相互促进的新发展格局。新发展格局有着深刻的内涵，需要在全面、深刻理解的基础上贯彻落实。以国内大循环为主体并不意味着从对外开放转为内顾发展，国内国际双循环也不意味着两个循环双足并立、并驾齐驱。

在新发展阶段亟待构建的新发展格局至少应该是四轮驱动的。第一个驱动轮是高水平的自立自强，即中国经济长期可持续发展的科技支撑、市场和驱动力都更加自立自强。第二个驱动轮是畅通而统一的国内市场，这是使市场在资源配置中起决定性作用和更好发挥政府作用的基本保障。第三个驱动轮是挖掘和拓展中国经济的比较优势，这是在人口红利和传统比较优势消失后开启经济增长新动能的关键之举。第四个驱动轮是挖掘需求"三套车"的潜力，以确保中国经济潜在增长率得以实现。

高水平的自立自强

构建新发展格局最本质的特征是实现高水平的自立自强。构建新发展格局的着眼点和着力点都应该是增强中国经济的生存力、竞争力、发展力和持续力,因此,这里强调的这个最本质的特征,既是经济发展一般规律使然,也是中国经济发展现实的要求,应该从以下几个方面来认识。

首先,高水平的自立自强是统筹发展和安全的要求。安全是人们的基本需求,保障安全是国家的基本职能。无论是在当代全球化和科技革命的世界环境中,还是在中国当前发展阶段面临的挑战下,无论由于传统安全问题的持续存在,还是由于非传统安全的日益涌现,都决定了中国必须在做好自己的事情的前提下,参与经济全球化和国际事务,以积极的态度统筹发展和安全。

以上所做的划分之间,对中国面临的安全挑战来说,实际上并不存在明显的区别。正如美国国际关系学者格雷厄姆·艾利森提出的"修昔底德陷阱"概念所暗示的那样,美国作为长期的世界霸主,或相当于古希腊时期斯巴达一样的守成国家,面对日益强起来的中国,一定要采取各种手段进行遏制。

虽然这终将不能阻止中国的发展,但是不稳定性和不确定性的增加无疑是我们面临的国际环境,维护自身安全丝毫不容掉以轻心。其中,从供应链和产业链、粮食和能源、科学和技术等方面提高自立自强的水平,理所当然地是我们构建新发展格局的本质要求。当我们强调双循环相互促进的时候,也就等于说,自立自强能够得到多大的保障,对外开放才能走多远。中国经济这艘巨轮,出海远航能够经得起惊涛骇浪的必要条件就是高水平的自立自强。

其次，高水平的自立自强是中国所处经济发展阶段的要求。按照经济发展的规律，后起赶超的国家通常可以享受一个时期的后发优势。这个概念及其证据最早是经济史学家亚历山大·格申克龙提出的。在那之后，国际上很多新的实践以及中国的成功发展都表明在一定的发展阶段，在科学技术、管理经验、要素替代等方面，赶超国家的确有一些后发优势，可供利用来加快自身的经济增长。

经过改革开放40余年的高速发展，中国即将迈入高收入国家的行列，在很多科技领域已经处在前沿地位。在这样的发展阶段，第一，科技创新不再可能在所有领域都有可供借鉴的机会，需要在前沿领域进行更多的自主创新，也就是说要形成科技创新的先发优势；第二，经济增长动能不再能仰仗某种生产要素的禀赋优势，需要依靠全要素生产率的提高。

最后，高水平的自立自强也是发挥中国发展优势的需要。发展的本质要求是以人民为中心，归根结底要做好自己的事情。中国具有独立完备的产业体系，无论从投资角度还是消费角度，国内市场规模都堪称全球最庞大的。只有充分利用这些优势做到自立自强，才能全面塑造发展新优势。把经济发展的可持续性建立在不断解决发展不平衡、不充分的矛盾的基础上，量力而行并尽力而为地满足人民群众日益增长的对美好生活的新要求和新期待，都要求更高水平的自立自强。

畅通而统一的国内市场

构建新发展格局，强调了从国际大循环到国内大循环的转变。这里，国际大循环中的"大"突出了"两头在外，大进大出"的循环思路，国内大循环中的"大"则强调全国一盘棋的经济循环，而不是每个地区搞自己的中循环或小循环。国内大循环的核心是形成统一的国内市场，既包括产品市场，也包括生产要素市场。

畅通而统一的国内市场，意味着资源配置在地区之间和部门之间实现差异最小化，也是全要素生产率的一个组成部分——资源配置效率的主要来源。这个目标是改革本身所要求的完善市场机制的一项重要内容，因此是建立社会主义市场经济体制的题中应有之义。市场作为资源配置的决定性机制，是以市场的统一性为前提的。相应地，市场发育水平的区域差异和部门差异的存在也表现为市场的分割。

如果市场一体化水平足够高，或者说国内市场统一程度足够高的话，便可以产生以下效果。第一，资源配置范围在地区和部门上的扩大，同时意味着资源配置效率的整体改善。第二，一些地区和部门的市场发育水平提高，自然可以带动其他地区和部门的市场发育水平提高，通过趋同效应提高市场发育水平。第三，有助于在地区之间产生营商环境的良性竞争，提高整体市场发育水平，促进营商环境的整体改善。在世界银行营商环境评估中，中国的改善速度和排位的跃升令人瞩目，但是迄今为止评估的样本地区只是北京和上海两地，如果纳入更多的样本，特别是把中西部地区和东北地区城市列为评估对象，结果显然会大不相同。

促进国内市场的一体化水平和统一性，可以说具有一定的补课性质。中国的改革和开放几乎是同时起步的。经过1980年设立经济特区、1984年开放沿海城市以及1988年海南建省等一系列开放举措，"两头在外，大进大出"的国际大循环战略逐渐形成，并大体上在20世纪80年代末被确定为正式的发展战略。虽然当时学界有人称之为国际大循环战略，但官方的名称是沿海发展战略。

值得注意的是，这一战略从1988年年初开始正式实施，比邓小平同志南方谈话和确立社会主义市场经济体制的党的十四大召开早了四五年的时间，并且在实施沿海发展战略之后，逐步把开放政策延伸到沿江、沿边和内陆中心城市。此后，2001年开始实施西部大开发战略，2003年开始实施东北地区等老工业基地振兴战略，2006年开始实施促进中部地区崛起的战略。

重温这个背景，实际上是要说明中国开始积极参与国际分工与市场化导向的改革是一致的，但对外开放是有形的，可以较早见到效果，如特区的设立、贸易的扩大、外资的引进，市场发育则需要假以时日。更明确地说，在建立社会主义市场经济体制这一改革任务中，启动初始市场及其机制极其重要却并非易事，因此，那些具有开放条件并获得机会的地区实际上是迈过国内市场而直接对外了。

这样的话，各地区也好，外向型企业也好，并未经过国内市场的发育，或者说没有经过国内各区域之间的价格均等化过程，便直接走向了国际市场。加上随后在各地方政府之间展开了GDP竞赛，这种状况对内常常引发地方保护主义的倾向和地区封锁的行为，延迟了国内市场的一体化进程，伤害了市场的统一性，同时也并没有用市场挑选出最具比较优势和竞争力的生产者，对外则导致"竞争到底线"或"竞次"现象。

不仅如此，由于早期对外开放时的"竞次"形成了过低的底线，当人口红利消失，总体比较优势开始弱化的时候，成本提高产生冲击的沸点也过低，并产生群体效应。本来当比较优势发生变化时，不同的企业感受应该存在差异，在一些企业退出时，仍有一些企业继续生存，给中国制造业的调整赢得一些时间，但是原来形成的竞争底线过低，以致一下子便可以把成批的生产者打倒。

应该说，市场一体化水平不高或统一性不强，仍然是高质量发展中生产率提高的一个重要堵点和难点。有一项研究，根据政府与市场的关系、非国有经济的发展、产品生产的发育程度、要素市场的发育程度，以及市场中介组织的发育和法治环境等五个方面，分项并加总展示了全国和分地区的市场化发育状况。①

根据这个测算，2008—2016 年，全国市场化指数的总得分提高了 23.3%，东部、中部、西部和东北四类地区得分的平均值提高了22.7%。但是，市场化水平的差距在四类地区之间显现出来，四类地区之间市场化指数得分的方差系数从 2008 年的 0.19 扩大到 2016 年的 0.22，这个地区差别的存在也可以说明国内统一市场的建设仍有很大的不足。

提高市场的一体化水平，应从产品市场和要素市场两个方面着眼和着力。国内统一市场的完善，最大的堵点是地区保护、市场封锁和要素流动障碍。当然，禁止外地产品销售、对产品的流入流出进行围追堵截、排斥外地劳动力和阻碍资金流动等现象已经不再典型。但是，在产品流通和要素配置政策上、合同执行和仲裁上、经济纠纷案件审理和判决上，常常并不能完全做到同等对待、一视同仁和完全的无偏。在一些地方和部门，在诸多与市场统一性相关的政策方面，依然存在不同程度的歧视性和随意性。

地区保护和封锁行为不仅直接扰乱国内统一市场，更重要的是造成不良的预期，扭曲市场主体的行为，干扰正常的经营决策。局

---

① 王小鲁，樊纲，胡李鹏.中国分省份市场化指数报告（2018）[M].北京：社会科学文献出版社，2019: 34.

部地区和单个部门行为中的这种表现,类似于污染行业和污染企业向土地、大气和水源中排放的污染物,是一种损人利己的负外部性。相应地,打破这些阻碍市场一体化发展的障碍,是政府当仁不让的责任。

2020年5月11日,中共中央、国务院发布《关于新时代加快完善社会主义市场经济体制的意见》,指出市场体系还不健全,市场发育还不充分,政府和市场的关系没有完全理顺,还存在市场激励不足、要素流动不畅、资源配置效率不高、微观经济活力不强等问题,推动高质量发展仍存在不少体制机制障碍。可见,畅通而统一的国内市场是完善社会主义市场经济体制改革的关键领域,应该给予足够高的优先序。

挖掘和拓展比较优势

改革开放以来,中国参与国际经济循环,依托的是劳动力丰富的比较优势,理论依据是由李嘉图最早提出并经许多现代经济学家完善的比较优势理论。在经过第一个人口转折点之后,中国出现普遍性的劳动力短缺现象,工资成本持续大幅度提高。与此同时,多年来农业劳动力大规模向非农产业、城市和沿海地区转移,也改变了劳动力过剩的状况,劳动力充裕的比较优势必然相应丧失。

然而,这并不意味着比较优势理论错了。按照一般的理论预期,比较优势本来就是动态变化的,一种要素相对稀缺性的提高和相对价格的上升,终究会诱致其他要素密集型的产业发展。这具体表现为中国产业结构的不断优化升级,出口产品的资本密集度和技术密集度显著提高。当然,从一种支撑数十年高速经济增长的比较优势转到依靠新的比较优势,并足以支撑经济在合理区间增长,将是一个长期的过程,既不可能一蹴而就,也绝非易如反掌。

与此同时,依据比较优势原则的发展模式没有失去有效性,也需要根据发展阶段变化不断拓展。而且,在传统比较优势的基础上可以拓展出一些新的比较优势,其中既包括崭新的比较优势,也包括既往比较优势的新版本。形成双循环的新发展格局有赖于实施比较优势发展模式的新版本。

第一,从产品贸易到价值链贸易。以计算机和互联网技术广泛应用为特征的新科技革命,使每种产品的生产都要依靠其他(国家)生产者提供的部件和成分,任何国家都不再拥有独立生产某种产品的比较优势,传统的产品贸易相应变成了价值链贸易。如今,价值链贸易已经占到全球贸易的 2/3 以上。

正如诺贝尔经济学奖获得者迈克尔·斯宾塞在《2017—2018 年全球竞争力报告》的前言中写到的那样,没有任何一个国家具有制造苹果手机的比较优势,它们所具有的只是手机生产的价值链上某些组成部分的比较优势。即使是那些大型跨国公司,也不是专门化的生产者,而只是供应链的设计者。

在这种全球分工的新格局下,中国工业结构的完整性构成新的规模优势。目前,按照联合国的产业分类标准,中国拥有 41 个工业大类、207 个工业中类、666 个工业小类,形成了独立完整的现代工业体系,是全世界唯一拥有联合国产业分类中全部工业门类的国家。也就是说,在全球价值链中,中国在从低到高的各个环节都占有一席之地。

因此,中国成为世界最大的制造业产品生产国和出口国,实际上是在全球价值链和供应链中地位的表现。全球价值链的发展以及贸易模式的相应转变增强了中国产业的穿透力，使得自身即便在失去劳动密集型产业比较优势以后，仍可借助在诸多生产过程和技术环节中的价值链比较优势，紧密镶嵌在全球供应链中，避免不必要的和有害的脱钩。

第二，从雁阵模型的国际版到国内版。以往的国际和区域发展经验是，当一个经济体丧失劳动力丰富这一资源比较优势之后，劳动密集型产业相应转移到具有更丰富劳动力的其他经济体。这表现为东亚地区的劳动密集型制造业依次从日本转移到"亚洲四小龙"，再到东南亚等国家，及至中国沿海省份，被经济学家概括为雁阵模型。也可以说，中国是雁阵模型产业转移的受益者，中国成为全球制造者也说明我们充分利用了这种机制。

中国被称为制造业中心，在很长时间里体现在劳动密集型产业的发展和产品出口中。这个产业地位及其形成，分别以两个与贸易相关的经济学理论为依据，即古典经济学开创的比较优势理论和新贸易经济学的规模经济理论。

比较优势理论解释了为什么是中国而不是其他发展中经济体具备条件在全球化过程中成为新的制造业中心。这是因为中国在这个发展阶段拥有丰富且具有必要受教育程度的劳动力，表现为要素禀赋上的比较优势。

新贸易经济学解释了为什么是沿海地区而不是劳动力更充足的中部地区率先形成制造业中心。这是因为中国沿海地区具备较好的交通运输及其他基础设施条件，以及人力资本和产业配套等方面的能力，表现为规模经济。由此形成了中国经济增长和对外开放的区域性和梯度特点。

中国大陆是一个资源禀赋和发展水平区域性差异较大的经济

体,并且中国经济变化也会对世界经济产生影响,因此具有典型的大国效应。相应地,中国的传统产业在向其他国家转移之前,尚有较大的余地在国内不同地区重新配置。这种实践也可称为"国内版雁阵模型"。

为了解决区域发展不平衡的问题,加快经济增长的梯度推进,在把改革开放逐步深入中西部地区的同时,针对这些省份人力资本欠缺、基础设施薄弱、产业结构单一以及对资源依赖性过强等制约经济发展速度的问题,中央政府从 21 世纪初开始实施西部大开发战略,随后又启动中部崛起战略和东北等老工业基地振兴战略,基础设施投资和基本公共服务投入大幅度向中西部地区倾斜,并落实在一系列重大建设项目的实施上。

这几个区域发展战略以及实施的一系列建设项目显著改善了中西部地区的交通状况、基础设施条件,提升了基本公共服务保障能力和人力资本水平,推动了产品市场和要素市场发育,显著改善了投资条件和发展环境。实际上,近些年中西部一些地区经济发展速度较快、对外开放程度迅速提高,就是得益于承接了沿海地区的制造业生产能力转移。

上述解释中西部地区承接沿海地区制造业产业形成国内版雁阵模型的道理也可以帮助我们做出一个预判,即在沿海地区进一步发挥自身规模经济和聚集效应优势的条件下,雁阵模型不再是一个单向的过程,而是可以在更高的产业和技术水平上回归沿海地区。粤港澳大湾区建设也增强了沿海地区的规模经济优势,制造业和生产性服务业在双向转移中不断升级,把拓展比较优势和转型升级毕其功于一役。

产业在区域间进行双向转移本身也好,由其派生出的具有提升基础设施水平的新型基础设施建设也好，以及各种具有补短板性质的后发地区基础设施建设，都可以显著增强投资需求。由此也可以看到，基础设施升级、补齐发展短板与开启新增长点（或增长极），三者之间既是一致的也同样释放出巨大的需求潜力。

第三，从关注供给侧到关注需求侧。传统比较优势理论关注的是国家之间在生产要素相对稀缺性上的差异，国际贸易和外商直接投资依托的都是资源比较优势带来的生产端低成本。不过，对投资者和合作者来说，潜在的消费者群体和销售市场在决策中也占有足够大的考量权重。

面对拥有世界最多人口以及庞大的且日益增长的中等收入群体的中国，贸易伙伴和投资者在进行相关决策时，需求侧的考量必然占据格外大的分量。即便是在新冠肺炎疫情情况下，潜在的合作伙伴在对供应链进行安全性与盈利性权衡时，在做出脱钩决策与做出不脱钩决策之间，中国的超大规模市场无疑显著加大了不脱钩的砝码。

由此引申的政策含义是，中国经济越是能够创造条件充分发挥自身作为超大规模市场的潜力，就越是能够稳定自身在全球价值链中的地位，提升自身在世界经济中的地位。

然而，在实践中真正拓展比较优势战略并不是可以自然而然或水到渠成做到的，需要通过实施一系列改革开放新举措和政策调整手段予以推动。国际经验表明，许多国家在遭遇传统比较优势丧失带来的发展挑战之际，正是由于未能与时俱进地做出必要的战略调整进而实现发展格局的转换，导致进一步发展的供给侧驱动力和需求侧拉动力同时显著减弱。所以我们常常看到，一些国家在迈入高收入国家行列之前的关键时刻陷入经济增长停滞状态，进而长期深陷中等收入陷阱之中。

对中国来说，在新的发展阶段，通过进一步的改革开放和系统性政策调整，从扩大国内消费、挖掘投资潜力和保持全球价值链地位等方面全面施力，才能形成双循环相互促进的新发展格局，如期跨越中等收入阶段并更好地向前发展。

"三套车"扬鞭奋蹄

我们来看一看拉动中国经济增长的需求因素（即"三套车"中各种因素），也可以说，如何认识中国的三大需求因素，与判断当前中国经济发展阶段的最新特征是相关的。同时，如何应对三大需求因素面临的挑战，也是打造双循环新发展格局最根本的政策着力点。

在这里，我特别强调了"三套车"这个形象用语，正如俄罗斯民歌《三套车》中的那驾马车的含义，是为了避免一个误解。通常人们说"三驾马车"时，有时会误认为净出口、资本形成和最终消费分别各自成为一驾马车，所以强调"三套车"是为了说明正如三匹马拉动一辆马车，上述三大需求因素共同牵引着中国经济增长的需求侧。

我们先看外需。经济学家通常会用公开的数据看"三套车"对国民经济增长的贡献。如果简单看国家统计局提供的三个主要需求因素对 GDP 增长的贡献率，往往会遇到一个悖论，即看上去外需已经是零贡献或者负贡献。

例如，2019 年外需的贡献（即货物和服务净出口）对国内生产总值增长的贡献率仅为 11%，而此前多年的净出口都是负贡献。那么，我们的外需究竟是什么呢？在统计概念上就是出口减去进口，即净出口。既然看到对经济增长贡献已经为负，外需是不是就不重要了？由此还会产生更荒唐的重商主义结论：是不是只需减少进口就可以增加净出口，贡献便可以转正了呢？

事实上不是这样的，国际贸易还是重要的需求贡献因素。鉴于此，有的研究者把统计概念转化成经济学概念，重估了外需的贡献，这样的研究具有重要的政策含义。例如，对外经济贸易大学吴珍倩等研究者研究发现，1995—2011 年，外需对 GDP 增长的贡献率仍然高达 22%，而按净出口统计数据来看，同期外需的贡献率只有 2.5%。

我引用这个重估过的数据，并不意味着完全认同其具体数值，实际上，既然没有合意的数据进行实际的估算，我们无从判断这个重估的准确性。我只是为了说明外需应该是且的确是重要的需求因素。我们应该充分利用和拓展自身的比较优势，同时利用我们在全球价值链中的关键位置、广泛连接性和充分韧性牢牢地嵌入全球分工体系，坚定地避免与全球分工体系脱钩，做到高水平对外开放与高水平自立自强之间的有机统一。

"三套车"的第二个因素是投资。中国投资需求对 GDP 的贡献率近些年显著降低，并且该趋势仍将持续。一方面，仍然要最大限度地挖掘投资潜力，使其助推高质量发展；另一方面，要尊重发展规律，促进投资与消费之间的均衡化。

首先，过度依靠投资实现增长是高速增长时代而不是高质量发展时代的特征，因而其不可持续性日益凸显，降低这种依赖性是转变发展方式的任务之一。在开发人口红利的发展时期，劳动力充分供给，为投资驱动提供了良好的条件，即资本报酬递减现象被延缓了。

所以,在资本投入对经济增长的贡献率较高的时期,自然要保持高储蓄率和高投资率,以便充分发挥这个优势。而且,在发展阶段变化之前,意味着有利的发展潜力尚未挖掘殆尽,放弃这个优势并不合理。然而,一旦那个发展阶段结束,传统动能不能再支撑经济长期可持续增长,就必须转到依靠创新和生产率提高来驱动经济增长的轨道上。

其次,中国经济增长速度趋于下行,是一个"回归到均值"的规律现象,投资需求和投资贡献率自然也要回归均值,与国际一般水平逐渐趋同。根据世界银行数据,2019年,中国的投资率(总资本形成占GDP比重)为43.3%,远大于其他国家和分组的平均水平。例如,全部低收入和中等收入国家平均为30.0%,中等偏上收入国家平均为30.7%,高收入国家平均为21.9%,欧盟国家平均为22.0%,北美国家平均为21.2%。

最后,全球经济仍处于长期停滞状态,逆全球化趋势可能加剧,影响中国经济增长的因素同样会影响投资需求。未来需要从补齐制约经济社会发展短板方面寻找促进投资的新增长点。提高生产率和推动高质量发展也需要投资支撑。实际上,保持中国经济长期可持续发展的诸多新增长点往往蕴藏在发展面临的短板制约中,通过打通堵点补足这些短板和形成新增长点,是未来投资的结合点和重要方向。

例如,以发展数字经济为主要方向的创新驱动经济增长,对基础设施建设提出的新需求不仅体现为巨大的数量规模,更体现为科技含量的显著提升;以农民工的市民化为核心推进新型城镇化,将形成为新市民提供均等公共服务为主要内容的建设需求;实施一系列区域发展战略,以及补足欠发达地区的基础设施短板,也必然产生在新发展理念引领下的建设投资需求;加快社会建设、补足基本公共服务均等化以及新冠肺炎疫情暴露出的公共卫生领域短板,也带来巨大而紧迫的投资需求。

碳达峰和碳中和这两项十分艰巨的任务是挑战与机遇并存的典型例子,从而也是巨大的投资机会。为达到这两个目标,必然意味着传统增长方式所提供的增长动能的弱化,也就是从静态的角度说要牺牲一定的GDP增长。由于中国仍然需要完成从中等收入国家到高收入国家的转变,经济增长速度保持在合理区间十分重要,因此,需要把达标的挑战转化为增长的机会,从中找到新的增长点。

当然,在挖掘为实现碳达峰和碳中和目标的投资潜力的同时,也要高度关注风险因素。一方面,与传统能源相关的投资项目将会逐一被识别出来,其中很多项目很可能不再执行,这里面存在已经投出去的资金的回收风险。另一方面,绿色转型也会导致相关投资蜂拥而入,未必全是健康有益的,会造成金融泡沫及系统性风险。

在《技术革命与金融资本:泡沫与黄金时代的动力学》一书中,经济学家卡萝塔·佩蕾丝总结了过去250年间的五次技术(产业)革命,即始于18世纪70年代的工业革命、19世纪20年代的蒸汽机和铁路革命、19世纪70年代的电力革命、20世纪初的汽油和汽车革命以及20世纪70年代的信息技术革命,发现每次技术革命都伴随着金融泡沫的出现,由此她得出一个结论:金融过度与生产率暴涨彼此关联且相互依赖。[1] 这提示我们,既要充分利用这次低碳革命的机会,也要防范"灰犀牛"般存在的金融风险。

---

[1] 卡萝塔·佩蕾丝.技术革命与金融资本:泡沫与黄金时代的动力学[M].田方萌,胡叶青,刘然,王黎明,译.北京:中国人民大学出版社,2007.

三套车的第三个因素是最终消费。和投资的贡献正好相反，中国消费对经济增长的贡献长期以来显著低于其他国家。消费（特别是居民消费）是潜力最大的内需，而且是超大规模市场的直接体现。2019 年，中国人口占世界人口比重为 18.2%，按照汇率计算的 GDP 占世界比重为 16.4%，但是中国最终消费支出额只占世界总额的 12.1%。

如果能够使中国的消费支出额在世界占比达到与 GDP 占比相同的水平，就意味着尚有超过 4 个百分点的消费潜力可以挖掘，由此产生的消费增量相当于英国目前的消费总规模。可以设想，如果随着中国人均收入达到世界平均水平，进一步把中国消费的世界占比提高到与人口的占比一致的水平，可以产生的新增消费需求将会何等显著。

从世界银行的数据看，中国消费率长期以来偏低。2019 年中国最终消费支出占 GDP 的比重（即消费率）为 56.0%，仍然处于较低的水平，比高收入国家平均水平和中等偏上收入国家的平均水平都低。例如，比美国低 25.8 个百分点，比日本低 19.4 个百分点，比韩国低 9.7 个百分点，比巴西低 29.2 个百分点，比南非低 25.2 个百分点。

不过，这方面的差距正在迅速缩小。多年来中国最终消费支出的增长速度不仅远超世界其他经济体，而且高于中国自身的 GDP 增长。例如，2010—2019 年，中国的消费率提高了 7.1 个百分点。

我们还可以从另一些数据来观察消费，以便认识面临的挑战及其性质，以及可供进一步挖掘的潜力。最终消费拉动中国经济增长的贡献（百分点）近年来是降低的，这与经济增长本身的减速相关；对 GDP 增长的贡献份额（百分比）则稳步提高，显示了经济增长贡献因素构成的变化。

最终消费还不等于居民消费。在中国的最终消费中，政府消费占30.0%，居民消费占70.0%，居民消费中城镇和农村居民消费分别占54.7%和15.3%。显然，占全部人口近40%的农村居民，其消费仅占居民消费的21.9%。这些数据说明，居民消费特别是农村居民和低收入群体的消费尚有巨大的潜力，将成为越来越重要的拉动经济的内需因素。

第二部分

变化的国际国内发展环境

第五章
世界经济：长期停滞和全球化逆流

中国已经是一个高度开放的经济体，在新发展阶段仍将以更高水平的对外开放建设现代化国家。因此，国际经济环境必然对中国经济发展的路径产生不容小觑的影响。作为在新发展阶段实现新发展目标的国际经济背景、环境和条件，世界经济的新常态，即表现为低通货膨胀、低长期自然利率和低经济增长的长期停滞状态，是我们必须面对和迎战的严峻挑战。

与此同时，中国改革开放时期实现高速经济增长所依托的经济全球化环境也在发生巨大的变化，即便不能说全球化正在走向自己的反面，至少应该看到全球化遭遇着一股逆流的冲击。作为世界第二大经济体、世界第一贸易大国以及世界第一大外汇储备国，中国不仅要在这种外部环境中逆流而上，而且应该引领新一轮经济全球化，与广大发展中国家和新兴经济体一道，为自身创造更好的发展环境和赶超机会。

金融危机以来的世界经济

自 2008 年全球经济危机以来，世界经济增长进入新常态，明显比危机发生之前羸弱许多。2000—2007 年，全球 GDP 的年平均实际增长率为 3.4%，在经济危机以后的 2007—2019 年，全球经济增长率显著地降低到 2.5%。这个增长速度的趋势性下行主要是由美国、欧洲等发达经济体带动的。例如，在上述经济危机前后两个时期，高收入国家 GDP 的年平均增长率分别为 2.5% 和 1.4%。

曾担任美国财政部长的经济学家拉里·萨默斯认为，2008 年全球经济危机发生之前，全球经济减速的趋势已经显现，而在经济危机之后，以美国、欧洲经济为带动力量，全球经济便陷入这种新常态。他将这个状态称为"长期停滞"，最重要的特征可以概括为"三低"：低通货膨胀率、低长期自然利率和低经济增长率。

看似是一种新现象或新常态，其实"长期停滞"这个概念由来已久。虽然生活在 200 多年前的马尔萨斯和他在 100 多年后的剑桥后辈凯恩斯都研究过相关的问题，提出了类似的警告，但第一次正式使用"长期停滞"这个概念并做出系统论述的是美国著名的凯恩斯主义经济学家阿尔文·汉森。

关于长期停滞，汉森的论证逻辑是，人口增长的停滞不前对总需求产生不利影响，生产性资源长期得不到充分利用。这尤其表现在资本需求羸弱，导致储蓄不能转化为投资需求。再由于收入差距的存在、再分配的缺失和社会福利支出的不充分，消费需求难以实现足够的扩大，因而无法抵消投资需求下降的效果。

汉森认为经济增长的根本原因无非有三个方面，即技术创新、新领域的发现和人口增长，因此，在其他因素不变的条件下，人口趋势的逆转便足以形成对经济增长的制约。从汉森对长期停滞产生原因的论述来看，他主要是将其看作一种需求侧现象。下面，我们结合更多的文献，尝试更全面地剖析长期停滞的原因、影响和政策含义。

从根本上说，人口老龄化是长期停滞的原因。古往今来，无论是对人口问题持悲观还是乐观的观点，都一致认同人口对经济增长具有巨大无比的影响，经济史也分别对不同的观点予以印证。例如，在工业革命前的时代，在数千年的时间里，生存资料的生产都不足以养活更多的人口，食品与人口之间形成互相制约的关系，造成以马尔萨斯命名的贫困陷阱。

凯恩斯虽然承认在早期的发展阶段，马尔萨斯观察到的人口过快增长导致生活水平降低的现象确为事实，但是他也指出，在变化了的发展阶段，人口增长的停滞也会给经济增长带来灾难性的结果。虽然凯恩斯、汉森和萨默斯都把人口缓慢增长（或人口老龄化）造成的长期停滞归结为需求侧现象，萨默斯也曾经对老龄化的供给侧影响做过很好的概括，但他最终提出的政策含义仍着眼于需求侧。

萨默斯与其合作者指出，随着人口老龄化的加剧，从一个方面来看，经济活动人口比例降低会导致经济增长减速；从另一个方面来看，通过资本深化提高每个劳动力拥有的资本数量，或者通过技术进步提高全要素生产率，本来可以抵消老龄化的负面效果，然而一旦名义利率下限产生对利率调整的制约，因而产生总需求的制约因素，这种供给侧的抵消因素便无法发挥作用。[1] 也就是说，老

---

[1] Gauti B Eggertsson, Manuel Lancastre, Lawrence H Summers. Aging, Output per Capita, and Secular Stagnation [J]. American Economic Review: Insights, 2019, 1(3): 325−342.

龄化不利于经济增长和生活水平改善的作用最终是在需求侧表现出来的。

概括起来，人口老龄化是世界经济处于长期停滞状态的基础性原因，以美国为代表的发达国家在国内实行的民粹主义宏观经济政策，终究不可避免地转化为国际关系中的单边主义、冷战思维，进而推动经济全球化的逆流，从供给侧和需求侧对自身经济增长造成损害，同时对发展中国家和新兴经济体的经济赶超造成干扰。

长期停滞："日本病"与"日本化"

虽然无论是早期的汉森，还是当代的萨默斯，都是从美国经济面临的与人口变化有关的制约因素出发，提出"长期停滞"这个概念，诸多经济学家也围绕这一问题在理论建造方面做出了一系列贡献，但是人们常常会以日本经济的一些特征来描述这个长期停滞现象。这是因为日本最先以比较典型的方式表现出长期停滞的一些主要特征或者说病症，同时似乎还具有传染性，导致世界经济"日本化"。

综合相关文献的讨论，我们可以用"三低两高"来简洁地概括"日本病"的症状，即低利率、低通胀、低增长，以及高龄化、高债务。至于"日本化"，则意味着"日本病"不是日本独有的痼疾，许多发达经济体要么同日本一样病入膏肓，要么如萨默斯在2019年9月对美国发出警告时所说的——美国"距离'日本化'只有一次严重衰退之遥"。饶有趣味的是，仅仅几个月之后，"一次严重衰退"便被不幸言中。

随着新冠肺炎疫情全球大流行，萨默斯也及时跟进，指出新冠肺炎疫情必然启动一系列结构性响应，对家庭来说就是更多的预防性储蓄，对企业来说则是更少的投资，从而进一步加剧美国经济的长期停滞。因此，"日本病"可以等同于长期停滞；当许多经济体乃至世界经济都或多或少具备了相应特征的时候，便出现了所谓的"日本化"。

日本经济在1960年便跨过了发展经济学中所谓的"刘易斯转折点"。这个经济发展转折点是指经济增长吸纳劳动力的速度快于劳动力的增长速度，因而消化掉在农业中长期积淀的剩余劳动力。从此，二元经济发展的劳动力无限供给特征消失，导致实际工资上涨，劳动密集型制造业的比较优势丧失。

当时，在日本的经济研究和政策决策圈里，人口因素并没有被作为一个重要的变量。然而，事后来看，从"刘易斯转折点"开始，日本的人口增长就与经济增长高度相关，基本保持了同步变化的趋势。或者说，撇除20世纪70年代初石油危机这种外部冲击之后，日本经济增长的减速与人口增长率的下降是一致的（见图5-1）。

如果说关于"刘易斯转折点"的判断涉及一些有争议的定义问题以及复杂的经济计量问题的话，人口变化或老龄化必然经历的另外两个重要的人口转折点或引爆点，即劳动年龄人口峰值和总人口峰值，可以直接从统计数据进行观察。日本是世界上少有的既经历了这两个人口转折点，又遭遇了典型的冲击，从而把人口转折点变为经济增长引爆点的国家。

根据联合国的数据，日本劳动年龄人口于1995年到达峰值，1995年为7 969万人，随后便逐年减少。1995—2020年，15~59岁年龄人口以年平均0.7%的速度减少。再以后，日本人口数量在2010年以1.28亿的总规模到达峰值，随后进入负增长时代。

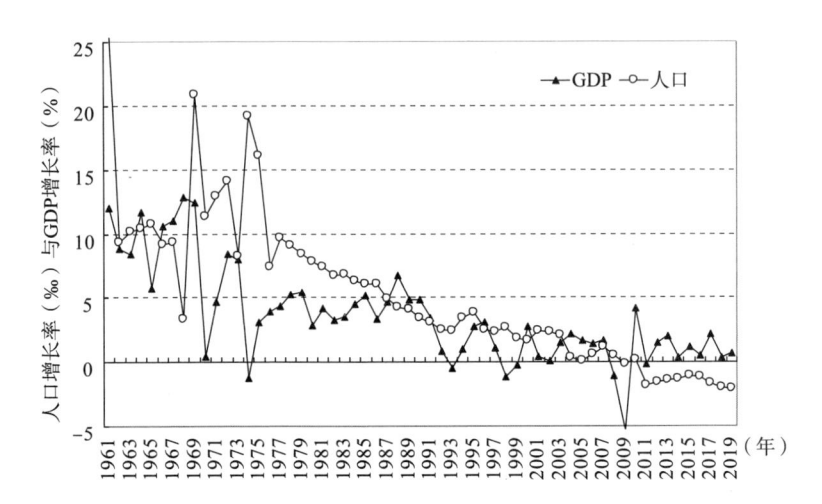

图 5-1　日本人口与经济的同步变化趋势

注：世界银行和联合国的人口数据都与日本国家统计局的数据略有不同，例如，日本官方数据显示其人口于 2007 年便达到峰值，这也就解释了日本 GDP 于 2009 年出现的负增长。为了保持系统性，这里仍采用国际组织的数据。

资料来源：世界银行数据库 https://data.worldbank.org，2021 年 3 月 1 日下载。

2010—2020 年，日本的总人口以年平均 0.6% 的速度减少。

如果说第一个人口引爆点从劳动力供给和抚养比的角度产生影响，给日本经济造成供给侧冲击的话，第二个人口引爆点则由于总人口的减少，从投资和消费的方面给日本经济造成需求侧的冲击。当然，这两个引爆点的效果实际上是交织在一起的。

总体上，人口增长低迷乃至负增长加速了老龄化的进程，是经济增长陷入长期停滞状态的主要原因。作为人口老龄化对经济增长产生冲击的典型案例，日本经济在这个时期的表现有以下几个特点。

首先，20 世纪 60 年代以来，日本经济结束了高速增长时代，增长速度逐渐放缓。在90年代初劳动年龄人口到达峰值之前，日本经济的潜在增长率趋于下降，实际增长率也随之下降。经过第一个人口引爆点之后，需求侧制约逐渐显现，已经很低的潜在增长率经常不能实现，出现增长缺口成为经常性现象。在人口总量到达峰值时，经济增长遭遇严重的跌落，2009年GDP增长率为-5.4%。

其次，在应对两个人口引爆点带来的供给侧冲击中，日本的应对可谓乏善可陈。日本经济在丧失人口红利这个传统动能的情况下，生产率的表现不尽如人意。日本经济学家林文夫和美国经济学家爱德华·普雷斯科特撰文指出，日本经济"失去的十年"的主要原因是全要素生产率没有得到应有的提高。[①]

虽然技术仍在进步，机器和机器人替代工人的资本深化过程也在进行，但是很多低生产率企业和无效产能难以退出经营，一度还出现僵尸企业蔓延的现象，创造性破坏这一全要素生产率提高的基本条件没有形成。许多经济学家通过计量研究证明，日本经济在这个时期的全要素生产率增长为负，甚至抵消了很大一部分因资本深化和人力资本改善对劳动生产率提高的效果。

最后，在应对老龄化带来的需求侧冲击方面，日本同样未能如愿以偿。日本原本就以高储蓄率和低消费率著称，老龄化加剧之后，出口、资本形成和消费三个方面的需求因素成为日本经济增长的巨大制约。日本政府一度采取的大规模刺激政策，既没有实质性扩大居民消费，也未能形成可持续的投资意愿。至少2000年以来，日本的储蓄率一直大幅高于投资率。这也是为什么日本的表现如此典型，成为低利率这一长期停滞特征的代表性案例的原因。

---

① Fumio Hayashi, Edward Prescott. The 1990s in Japan: A Lost Decade[J]. Review of Economic Dynamics, 2002, 5(1): 206-235.

全球化：终结还是逆流

从20世纪90年代开始的这一轮经济全球化是广大发展中国家参与的全球化，在以往的世界经济史上从未有过。首先，贸易不再是东西之间、南北之间割裂下的发达国家内部贸易，而是不同发展水平国家之间依据比较优势进行的贸易。例如，高收入国家出口以中低收入国家为对象的比重从1990年的12.9%提高到2017年的29.1%，高收入国家从中低收入国家的进口则从14.8%提高到34.2%。

其次，国家之间第一次出现经济趋同的现象。1990—2017年，从各收入组别的平均水平来看，低收入国家、中等偏下收入国家和中等偏上收入国家的实际增长速度都显著高于高收入国家。结果是中低收入国家占世界经济总量的比重从22.0%提高到35.3%。中国在中低收入国家GDP总量的占比则从9.9%提高到36.0%。全球经济趋同也创造出全球减贫的显著成绩。

美国和其他高收入国家也从全球化中获益。资本密集型产品出口和对发展中国家的投资使资本所有者，从跨国公司、全球投资者到华尔街金融机构，均赚得盆满钵满。但是，政府坚信所谓的涓流经济学，即富人获得更多的收入可以通过滴流的方式帮助穷人也富起来，并且有着与其富裕国家地位十分不相称的再分配政策，资本所有者在政策决策中具有很高的谈判地位，低收入者和中产阶级未能充分分享全球化的收益。

美国的国内经济政策和社会政策对此难辞其咎，绝大多数美国经济学家以及美国社会的舆论对此看得很清楚。社会政策在再分配程度上的差异把美国与瑞典截然区别开来，例如最富裕的20%人群拥有全社会财富的比例，在瑞典是 33%，而在美国高达 84%。

美国总统特朗普发起对中国及其他主要贸易伙伴的贸易战，不仅是一种针对他国的霸凌行为，而且极大地危害着全球经贸秩序，造成巨大的负外部性，旨在阻挡甚至逆转经济全球化。美国新政府上台之后，延续了这种对中国的贸易战格局。嫁祸于中国和其他贸易伙伴，无非两种可能性，要么是缺乏经济学方面的基本常识，要么是旨在转移国内矛盾，不惜以伤害全球经济和贸易伙伴利益为代价，为自己增加选票。不管怎样，这种做法从思想方法上注定是民粹主义、民族主义、保护主义的，对其他国家也好，对自己的选民也好，终究有百害而无一利。

同中国一样，美国也高度依赖世界经济。其不断制造和升级贸易争端，进而进行技术遏制和供应链脱钩，试图打击中国经济，阻挠中国的发展，必然以极大的程度损害世界经济增长，甚至将使世界经济从已取得的成就上倒退。这种倒行逆施对美国经济自身会产生怎样的影响呢？国际宏观经济学中有一个现象，可以称作"外溢"引致"回溢"。也就是说，美国对世界经济造成的巨大负外部性，在伤害其他国家之后，终究会形成反向的影响，必然使美国经济同受其害。

不过，逆全球化潮流并不是从美国发起贸易战开始的。早在十几年前全球经济危机初始，各国经济发展的内顾倾向就开始滋长，不断对经济全球化釜底抽薪。从全球贸易增长明显减缓的事实可以清楚地看到这个趋势。

从 20 世纪 80 年代后期直到 2007 年，全球出口总额的增长速度都是显著高于世界经济增长速度的。受经济危机的冲击，2009 年全球出口以较大幅度跌为负增长（-11.8%，同期 GDP 为-1.7%）

之后，2010年以同样大的幅度回升到正值（11.8%，同期GDP为4.3%）以后，迄今为止，出口增长率总体而言未能再高于GDP增长率。

可见，经济全球化的式微，或者说经济危机后呈现的逆全球化表现，即便在没有暴发新冠肺炎疫情的情况下，也已经是注定的趋势且逐步强化。然而，从新冠肺炎疫情演变为全球大流行之日起，越来越多的现象表明，诸多以往被普遍认同的全球化理念、机制和实践正在受到更严峻的挑战。事实上，仅从这一个方面就足够提出新冠肺炎疫情之后，经济全球化是前进、停滞还是终结的生与死大问题。

改革开放以来，特别是1990年进入前十位最大经济体以后，中国以巨幅且稳定的经济增量对世界经济发展做出显著的贡献，发挥着作为世界经济发动机和稳定器的作用，也相应地从贸易扩大、经济趋同、减贫等方面做出贡献。例如，1990—2017年，如果没有中国经济及其增长，世界经济会损失0.43个百分点，即增长率会降低15.4%；2007—2017年，这个损失则会高达0.61个百分点，降低幅度可达25.6%。2020年，中国成为世界上唯一实现正增长的主要经济体，也同样标志着对世界经济发展的巨大贡献。

在疫情后经济复苏的同时，中国进入了新发展阶段的高质量发展和高水平对外开放时期，经济增长既面临世界经济长期停滞的困扰，又要应对贸易战以及供应链和技术脱钩的挑战。在这样的国际环境中，放弃反制、坐以待毙并非面对恶意遏制的通常做法，更不应当是中国作为发展中大国之所为。换句话说，中国对世界经济和经济全球化的贡献不在于此。中国在维护全球规则和秩序、稳定世界经济方面的作为都要靠坚持和扩大改革开放，中国应有足够的信心和切实的方案，加强与世界经济的紧密联系，而不是回到"内向"发展或接受"脱钩"。

从过去 40 余年的经历中，中国深切地懂得改革和开放都会带来真金白银且立竿见影的红利，有助于提高经济潜在增长率。外部压力不会减弱，反而只会增强我们进一步改革开放的紧迫感。更重要的是，中国在世界经济中举足轻重的地位，以及世界经济格局形成的多元化态势，加上发展中国家和新兴经济体渴望发展的意志，都是全球化的积极因素，终将遏止全球化一时出现的逆流。

新冠大流行后各国的内顾倾向

许多学者纷纷对新冠肺炎疫情后的世界做出自己的判断和展望。美国《外交政策》杂志约请 12 位被认为是全球顶级思想家的作者，就"新冠大流行之后世界将是什么样子"发表意见。总体来说，应约表达观点的作者大都认为，新冠大流行是一个产生广泛后果因而足以改变世界的事件。

一些作者认为新冠肺炎疫情之后会出现各国政策更为内顾、国家之间进一步分化、供应链断裂乃至脱钩等逆全球化现象。从相对乐观的方面看，很多人或许并不认为这意味着全球化的终结，仍然满怀希望地呼吁各国全面理解事物的发展趋势，做出正确的政策反应，共同努力以挽救全球化。①

其他国际主流媒体也发表了大量关于新冠肺炎疫情影响世界和全球化发展趋势的文章，一时间舆论界众说纷纭、莫衷一是。如果

---

① 参见 https://foreignpolicy.com/2020/03/20/world-order-after-coroanvirus-pandemic。

撇开不同作者观点的相异之处，一个共同的认识是，疫情后的世界面貌会发生深刻的变化。这个共识体现在托马斯·弗里德曼的一个表述中，他认为新冠大流行如同耶稣诞生日一样，可以把世界的变化做出新冠前（B.C.）与新冠后（A.C.）这样的划时代区分。

这个说法看上去似乎仅具有修辞学的意义，但是它的确反映了在学者们的眼里，新冠大流行在当下的影响以及产生的后续影响究竟有多大，同时也为人们讨论问题提供了一个简洁的话语概念。

无论是根据历史经验，还是对迄今为止出现的种种现象进行判断，疫情之后的世界经济都可谓不可避免地笼罩在更为浓重的逆全球化阴影之中。这种逆全球化雾霾的构成元素和具体表现多种多样，甚至可谓不胜枚举，如果着眼于它对过去30年经济全球化一些重要支柱的潜在破坏性，影响必然是破坏性的。

我们可以把观察的重点放在这样几个方面，即在发展理念上贸易保护主义对自由贸易的挑战、在全球治理上单边主义对多边主义的取代，以及在现实经济层面全球供应链遭到的破坏及进一步引发的主动脱钩。

从新冠肺炎疫情传播的早期开始，研究者们就常常不约而同地表达一个共识性看法，即新冠病毒在经济社会意义上的传染性丝毫不亚于公共卫生和医学意义上的传染性。各国媒体也披露了诸多印证这个说法的事例。把这些表现归结起来，不难看到全球化面临的与大流行病相关的崭新考验。

很多国家对于大流行病的反应，在认识上从掉以轻心到过度恐慌，在行动上从贻误时机到急不择路，几乎是在一夜之间发生的。在慌乱应对过程中，各扫门前雪的自私心态，甚至以邻为壑的自利表现暴露无遗。譬如说，在意大利受疫情打击最严重的时刻，有血脉之亲的欧盟各成员国一时竟无一伸出援手。更有甚者,在运输途中拦截他国购买的从医用防护装备到呼吸机、药品等救命物资的"海盗"行为也时有发生。

类似地,以国家安全作为借口,由疫情引起的保护主义意识、实施保护手段也不出意料地大行其道。国际上的一项调查显示,自 2020 年年初至当年 5 月 1 日,全球共有 22 个国家和地区对农产品和食品的出口实施了总计 31 项限制措施,有 82 个国家和地区对医疗用品和药品的出口实施了总计 132 项限制措施。

如果说前述表现是由于疫情暴发后国内感染率和死亡率迅速攀升,政府出于恐慌而不择手段的作为,可以看作只是偶发性事件或者临时性措施的话,应对疫情冲击的宏观经济政策表现出的缺乏联动性和协同性,则是许多全球化制度和机制从设计之初便存在的缺陷。

以欧元区为例,如果说,以往对欧元机制的作用以及存在的可持续性的怀疑,是认为统一货币下的金融制度安排存在缺陷,牺牲了成员国宏观经济政策相机决策的灵活性和主动性,那么由于新冠肺炎疫情的性质,这次事件则暴露出共同货币区域内协调机制的不健全和运转不力。事物走向了反面,任何一面都错得离谱。当相当多的国家认识到,在危急时刻,盟友、邻国、全球化机制和区域机制都靠不住的时候,民族主义、保护主义和单边主义等倾向就更容易在政策制定和实施中占据上风。

新冠肺炎疫情暴发并严重化之后,一些国家在社会保障体制上的固有弊端呈现,长期存在的贫富差距也暴露在抵御病毒侵害能力的差别上面,不同的社会阶层对疫情带来的经济冲击的承受力大相径庭,经济还显现出 K 字形复苏的特点。这些问题由来已久、积重难返，民粹主义政策似乎成为政治家的唯一选项，对一些不明就里的民众来说也不啻一种安慰剂。

新冠大流行本身以及不得不为之的严格防控措施，在供给侧和需求侧阻碍各国国内经济正常运转的同时，也必然抑制国际贸易和对外投资活动，使得各国经济的内顾倾向和保护主义倾向愈加明显。随着疫情在世界范围的蔓延，以及各国经济遭受越来越严重的打击，许多国家对战略性产业及其供应链的保护意识和实施措施明显增强。无论是出于在危机期间国内重要企业被外资收购的担心，还是仅仅以此作为打击他国竞争力的借口，各国纷纷做出旨在遏制跨国投资活动的更严格的规定。

例如，欧盟、澳大利亚、印度、意大利、加拿大、德国、西班牙、法国等分别通过制定和修订相关法规等措施，加强了对外国企业在特定行业投资和收购的限制。大多数这类政策法规的出台不乏浓厚的歧视性意图，并且常常把中国作为假想敌。而且，以美国为代表，多国直接把矛头对准中国，纷纷出台在关键技术领域扩大对出口、投资和收购的审查范围的措施。

全球供应链受损也是伴随疫情危机的一个突出现象，并且有着客观和主观两方面的原因。无论是在大隔离期间各种经济活动被动停止，以致部分供应链断裂、重要物资断供，还是在经济重启的时候受到需求不足的冲击造成供应链受损，以及无论是出于自身供应链安全的考虑，还是出于遏制竞争对手的用意，或者两个因素同时存在，抑或仅仅出于回天乏力的无奈，许多国家已经或者意欲主动实施脱钩策略。20世纪90年代以来这一轮经济全球化的最重要成果，即全球供应链，或多或少都要遭受持久性的损害。

全球供应链如何遭到扭曲

在著名的《铅笔的故事》一文中，伦纳德·里德讲述了一支简简单单的只包含木头、油漆、标签、金属片和橡皮的铅笔，如何在全球不同角落的各行各业生产者的合作之下被生产出来。他所描述的其实就是如今相当流行的现象——全球供应链。虽然60余年前的"铅笔的故事"还是一个相当初级的版本，但是全球供应链的基本要素都已经包含其中。更重要的是，在这个故事里，可能扭曲和破坏这个供应链的主要因素已经呼之欲出。

如同60年前一支铅笔的生产过程涉及从巴西到美国俄勒冈州、从东印度群岛到美国加利福尼亚州、从锡兰（今斯里兰卡）到密西西比的千千万万互不相识却在价格机制下密切合作的生产者一样，全球供应链也是由遍布世界各地的制造者和供应商构成的网络。虽然谈不上存在一个多边框架，却是个多元化的合作过程。

正如经济学家米尔顿·弗里德曼所说，参与分工的人分属不同国家，讲着不同的语言，信奉不同的宗教，或许彼此还怀有敌意，但是这些差异无一可以阻止人们合作生产一支铅笔。对此，我还打算补充一句：谁也不可能在这种合作中持续地"占便宜"或者"吃亏"。

把国内的民粹主义政治倾向、国际关系中的民族主义意志，以及贸易和投资中的保护主义政策合并在一起，必然产生一种单边主义行为。从下面我们将描述的思维模式、行为方式和政策举措中，不难识别出典型的单边主义表现，相应地，也就可以推论出其对全球供应链可能造成的破坏。当然，就当前的针对性而言，我指的无疑就是美国及其决策者的思维方式和政策导向。

奉行单边主义的决策者认为自己的国家在参与全球化中"吃了亏",而且这个"吃亏"发生在与几乎所有主要贸易伙伴的关系中。看似奇葩,但这种观点的形成也确有其根源。至少20世纪90年代以来的这一轮全球化具有诸多不同以往的特点。90年代之前,东西对峙和南北隔绝使得国际贸易局限于西方国家之间,表现为产业内贸易,譬如说日本与德国都生产汽车,并相互就此开展贸易。而90年代之后,前计划经济国家和广大发展中国家参与到新一轮全球化之中,国际贸易回归为产业间贸易,发生在处于不同发展水平的国家之间,如中国生产服装,美国生产电脑,两国就此开展贸易。显然,发展中国家以劳动要素交换发达国家的资本要素,贸易的结果分别增加了发展中国家的劳动收入和发达国家的资本收益。

由于新自由主义经济理念在美国大行其道,笃信所谓的涓流经济学,资本所有者从全球化中赚得盆满钵满,低收入劳动者和中产阶级却未分享到这种全球化收益。

美国早期的应对策略可以说是关注国内问题的民粹主义经济政策,如实施过分宽松的宏观经济政策,把没有偿还能力的家庭也诱导到次贷这种现代庞氏骗局之中,直至导致全球性金融危机和经济衰退。而从特朗普执政开始,美国便把矛头转向国外,基于单边主义形成一个"中央作战指挥部",指摘所有的贸易伙伴为"占便宜者",采取了罕见的保护主义措施。

单边主义政策从一个点上全面出击,从多个方向攻击全球供应链,造成多环节乃至全链条的功能受损。首先,以惩罚性关税为武器的贸易战造成的最大恶果是扭曲价格,按照弗里德曼的说法也就是扭曲信息,使供应链在错误信息环境中无所适从。其次,对他国处于供应链重要环节的生产者实施制裁和封锁,意味着直接冲击供应链，造成链条的硬伤或断裂。总之，超级大国的单边主义政策在打击全球供应链的同时，必然对世界经济造成莫大的负外部性。

撇开那些从地缘政治出发意图遏制中国发展的考虑，一些国家热衷于供应链脱钩，旨在促进重要产品供给来源的多元化，或者说不得已而为之。例如，日本丰田汽车公司创造的准时制生产（JIT）模式曾在20世纪50年代为美国汽车之都底特律所复制，如今在新冠大流行下，丰田公司为了避免汽车芯片的短缺，不得不储存可满足1~4个月产品制造的关键零部件。

人们对世界的期待并不是天下一统，而是丰富多样。曾几何时，经济学家以为全球化意味着更加多元化和多样化，可以更好地分散风险。如今，这种理论的预期变为天真的憧憬。谁承想全球化使得世界更显单一性和依赖性，给单个国家和厂商乃至区域经济和世界经济带来更大的风险。

如果说新冠大流行暴露出全球供应链极度脆弱，背后尚有地缘政治和以邻为壑的因素推动的话，2021年3月23—29日，一艘名为"长赐号"的巨型货轮在苏伊士运河搁浅，并造成450艘船只被阻塞的戏剧性事件则完全无关人的意志，说明仅仅概率事件便足以使全球化这艘巨轮搁浅乃至沉陷。

然而，在超过2/3的世界贸易都已经是价值链贸易的条件下，这种脱钩即便有其合理初衷，这一意图也不现实，强脱钩必然代价高昂。全球供应链也是全球价值链，这两个链条的发展与合二为一意味着世界各国之间日益频繁的经贸往来已经不仅是单纯的产品贸易，而是价值链之间的相互渗透。

这种新格局决定了在全球供应链和产业链中，任何国家都无法剔除其他国家的因素,更不要说针对中国这样一个具有完备产业体系的庞大经济体。无论是对实际问题的反应,还是臆想出来的考量,提高供应链安全的合理诉求都应该着眼于坚持和完善国际经贸规则与秩序,通过基于规则和互利的经济全球化来实现。

第六章
人口转折点与发展阶段变化

人口发展既是经济社会发展的结果，也对经济社会发展产生显著的影响。描述一个国家人口发展的最恰当方式是，揭示其处在人口转变的哪个阶段、如何到达现阶段以及将会走向怎样的阶段。中国的人口老龄化经历了劳动年龄人口峰值和负增长，即将迎来总人口的峰值及随后的负增长，这两个人口转折点分别从供给侧和需求侧对经济增长造成冲击。

党中央把处理好人口问题作为关系中华民族生存发展的大事，在每个特定时期，针对特定的历史条件，分别实施了相应的人口及相关政策。改革开放以来，特别是党的十八大以来，党中央与时俱进地进行了一系列重大体制建设和政策调整。党的十九届五中全会提出实施积极应对人口老龄化国家战略，这既要求从优化生育政策、发展银发经济、健全基本养老服务体系等方面着手，也要求从供给侧和需求侧应对人口老龄化给经济发展带来的挑战。

人口老龄化：一般规律和中国独特性

人口学家的研究表明，一个国家完整地完成人口转变通常经历三个阶段：第一，在人均收入较低的发展阶段，人口类型表现为高出生率、高死亡率和低自然增长率；第二，随着收入水平提高，人口类型转变为高出生率、低死亡率和高自然增长率；第三，在更高的发展阶段，人口类型呈现低出生率、低死亡率和低自然增长率的特征。

这个人口转变趋势与总和生育率的变化密切相关。在统计意义上，总和生育率可以简单理解为妇女终身生育的孩子数量。2018年，在世界银行掌握数据的全球198个国家和地区中，96个国家的总和生育率小于2.1，即终究导致人口负增长的生育更替水平。也就是说，接近一半（48.5%）的国家和地区的生育水平低于生育更替水平。而且，生育率仍然处于持续下降的趋势。从历史上看，全世界平均的总和生育率从1960年的4.98降低到1980年的3.71、2000年的2.70和2018年的2.41。特别是，发展中国家拥有庞大的人口规模，生育率的下降也最为显著。

生育率下降产生两个必然的人口结果，一个是人口出生率和人口增长率的下降，另一个是人口老龄化。当然，老龄化还有老年人更加长寿这样一个推动力。根据人口转变理论，人口总量和年龄结构的变化是有规律可循的，也就是说一个生育高峰以后，生育率下降对人口年龄结构的影响类似于一种回声，即在一定的时间区间之后，相继形成劳动年龄人口高峰和老年人口高峰，一般来说从婴儿成长为劳动力需要20年左右，从新成长劳动力到退休需要大约40年。

在形成劳动年龄人口回声的情况下，就形成了潜在可用的人口红利，而在形成老年人口的回声中，人口老龄化便如期而至。日本著名财经评论人堺屋太一在其1976年发表的小说中，用"团块世代"来表示日本在战后集中出生的人口，即婴儿潮一代，如何在以后的年代，先后堆积形成大规模劳动力以及退休老年人。

人口老龄化是一个全球性的趋势。发达国家普遍经历过老龄化加速的过程，目前大多已经有很高的老龄化率，发展中国家也在老龄化水平上加速对发达国家的赶超。根据对2020年的人口年龄预测，在联合国所定义的发达国家，60岁及以上人口占总人口的比例达到25.9%，被定义为欠发达国家的这一比例也达到12.1%，虽然被定义为最不发达国家的人口结构仍然偏年轻化，目前这一比例仅为5.7%，但是这类国家的老龄化也即将进入加速的跑道。

中国的人口转变与一般规律并无不同。实际上，中国的总和生育率从1974年，即尚未实施严格的计划生育政策之时，就已经显著低于世界平均水平，1992年以来一直保持低于2.1的生育更替水平。这就是说，中国遵循了人口不断趋于老龄化的一般规律，并且表现出以下三个特点，有必要作为新的发展阶段的特殊国情来把握。

第一，中国的人口老龄化速度显著快于世界平均水平，也快于几乎所有的其他主要经济体。根据联合国的预测数据，2015—2055年，中国60岁及以上人口的比重预计将以年平均2.35%的速度提高。同期，这个提高速度，世界平均为1.53%，高收入国家平均为0.97%，中国之外其他中等偏上收入国家平均为2.17%，中等偏下收入国家平均为1.98%，低收入国家平均为1.44%。可见，与世界银行按人均GDP定义的任何国家分组进行比较，中国的人口老龄化速度都更快。

第二，中国拥有世界上最大规模的老年人口，而且将在未来的很长时间里保持这个地位，甚至到中国总人口数量不再为世界第一时也是如此。按照目前的人口增长率和老龄化发展速度，预计2025年印度人口规模将超过中国；中国人口的世界占比将从2020年的18.1%下降到2055年的13.2%，同期中国60岁及以上人口的世界占比将从23.4%略微下降到22.6%，继续保持世界第一的位置。

第三，中国人口老龄化的特殊性在于老年人口比重的世界排位远远超前于人均GDP的排位，这就是所谓的"未富先老"。从发展阶段来看，中国属于中等偏上收入国家，2019年人均GDP为10 262美元，比中等偏上收入国家的平均水平（9 040美元）高13.5%，与高收入国家分组的门槛水平（12 535美元）仍有差距。然而，2020年中国60岁及以上人口占人口比重已达17.5%，比其他中等偏上收入国家的平均水平（12.5%）高出40%。

根据对人口老龄化的预测，在2035年前后，中国的老龄化率将超过高收入国家的平均水平。按照对人均GDP同期增长潜力的预测，2035年中国的人均GDP将处于中位预测21 730美元与高位预测22 999美元之间，与目前的高收入国家平均水平（44 540美元）仍有较大的差距。这就是说，中国未富先老的特征将体现在很长一段时期内。

保持人口均衡发展的必要性

2020年的新冠大流行产生了一个意料之外的附带后果，即很多国家这一年的人口出生率和人口增长率都降至新低，有的国家甚至首次出现人口零增长或负增长。例如，韩国第一次出现人口负增长，总和生育率也降到了 0.84 这样的极低水平。由此产生两个关于人口增长（人口老龄化）与经济增长关系的经济学问题，或者说是相关的政策含义。

第一个含义是，人们面对 2020 年的这个现象不禁要问：人口增长的低潮是暂时性现象吗？显而易见的回答应该是，2020 年的确是特殊年份，诸多发生在这一年的冲击性现象都会回归原来的轨道。不能工作、失业、收入锐减造成人们对未来预期的悲观化，无疑是人口出生率骤降的原因。此外，与生育、养育和教育相关的服务也不被看好，同样是降低生育意愿的因素。当这一预期改变之后，相关服务也相应复苏，生育意愿回到常态应该是大概率事件。

不过，经济史也提供了许多事例，表明一种具有长期趋势性的变化，会因一次重大的冲击性事件，一下子从慢变转变为快变。也就是说，某些预期在一个时期之后应该出现的新常态会因冲击而提前到来。在人口负增长这个问题上，就典型地发生过这样的事情。

在人口数量超过 100 万的国家中，2019 年仅有 21 个处于人口负增长的状态，其中 15 个是苏联和中东欧原计划经济国家，这些国家在经历政治体制剧变、国家分裂以及从高度集中计划经济向市场经济体制转轨的过程中，都不同程度地经历了严重的经济衰退，人民生活水平大幅下降，相应地，也发生了与人口转变阶段无关的人口骤减。

本来，我们完全可以把这种人口负增长看作暂时性现象，但是即便其中有些国家事后有所反弹，无论是由于经济表现不佳影响人口增长，抑或是人口增长缓慢影响经济增长，总之，最终其中大多数国家都进入世界上少量人口负增长国家的行列。

第二个含义是，我们为什么不能承受人口增长停滞乃至负增长？人口增长影响经济增长，在现代社会，人口增长停滞不利于经济增长已经是一个达成共识的事实。但是，也有许多人认为我们应该从改变对经济增长的迷恋开始，重新认识抑制人口过快增长的必要性。例如，经济学家、剑桥大学教授帕萨·达斯古普塔就从气候变化的角度对一些发展中国家的人口继续增长表示担忧，主张以某种方式遏止这个趋势。①

我并不认为这是一种新马尔萨斯主义观点，虽然两者之间有众多相似点。我曾经拜访过达斯古普塔教授，在讨论中，我向他指出一个两难问题：在单个国家从人口增长中获益与全球因人口过度增长而要承受气候变化恶果之间存在目标的对立，因而必然产生激励不相容的问题。他的回答是，问题在于如何定义经济发展。换句话说，改变传统的追求 GDP 增长的目标，就可以使控制人口与发展之间协调起来。

这个回答并不十分令人满意。我们为了把气温升高控制在 2 摄氏度之内，需要把碳排放浓度降低到前工业化时代的水平，但绝不意味着经济社会发展必须退回到那个时代。解决气候变化问题，必须有足够大规模的投资、更高水平的生物学和其他诸多领域的科技创新，以及可再生清洁能源等相关产业突飞猛进的发展。所有这些条件的形成都要以经济增长为前提，因而也就需要以最大的可能性

---

① Aisha Dasgupta, Partha Dasgupta. Population Overshoot[M]. Gustaf Arrhenius, Krister Bykvist, Tim Campbell, Elizabeth Finneron-Burns. The Oxford Handbook of Population Ethics. Oxford: Oxford University Press, forthcoming.

协调人口的增长。

当制约因素潜在地阻止我们达到预想的目标时，解决问题的出路绝非放弃目标，而是找出办法克服或者消除制约因素，或者限制其发生不利的作用。在认识人口增长与经济增长之间的关系时，就存在这种两难，也同样应该运用这样的道理。

一个过程，两个引爆点

人口老龄化虽然是一个长期的过程，对某些国家也是缓慢的过程，但并非自始至终都平平稳稳、波澜不惊，而是必然先后经历两个重要的转折点：第一个转折点是劳动年龄人口数量在领先增长之后达到峰值，随后转入负增长；第二个转折点是总人口数量达到峰值，随后进入负增长阶段。鉴于每次都给经济增长带来冲击，所以这两个转折点也可以叫引爆点。

从国际经验来看，曾经有一些后起的工业化国家和地区经历过劳动年龄人口数量的负增长，也有一些国家和地区经历了总人口数量的负增长，尽管每个经济体的历史地理因素和发展类型不尽相同——不幸的家庭各有各的不幸，但是其经济增长都遭遇到显著的冲击。

生育率下降是一个不可逆的规律性现象，因此，老龄化过程也是无法阻止的。在中国严格执行独生子女政策时期，政策生育率（即按照针对不同人群政策允许生育子女数估算的总和生育率）是1.5，而那时的实际生育率已经降至1.5以下。这说明生育率下降有着比生育政策更深层的经济社会驱动力。相应地，生育政策调整即便可以适当产生释放生育潜力的效果，但不可能根本改变人口老龄化的基本趋势，甚至无法改变中国未富先老的特征。

中国人口的第一个转折点已经于 2010 年出现，以 15~59 岁人口数量达到峰值并开始负增长为标志。根据联合国预测，该组别的人口总量在 2010—2020 年减少了 2 349 万。再进一步预测的话，中国人口的第二个转折点预计出现在 2020—2030 年，以总人口数量达到峰值并开始负增长为标志。

中国人口两个转折点出现的年份如图 6-1 所示，第一个转折点已经出现，至于第二个转折点，在联合国分别于 2015 年和 2019 年对中国人口进行的预测中，对总人口数量峰值的预测略有差别。其中，2015 年的预测更倾向于在 2025 年前后，中国人口数量到达峰值；2019 年的预测，显然是由于对中国生育政策调整的预期效果过于乐观，所预测的人口数量峰值时间延迟到更靠近 2030 年。

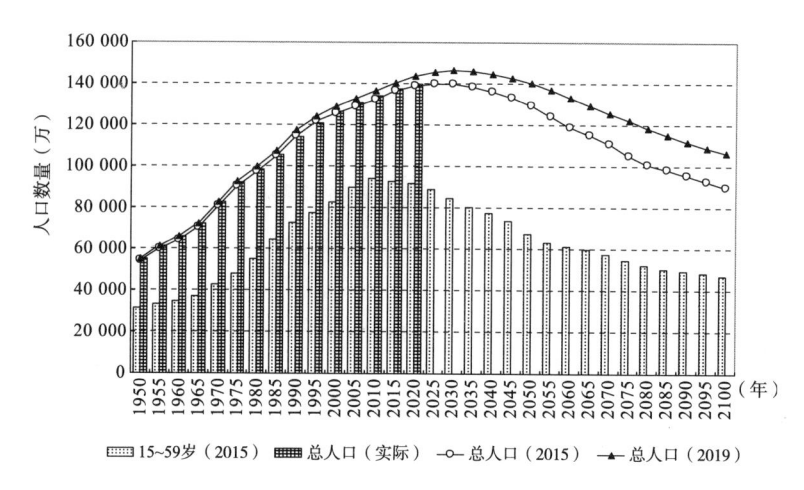

图 6-1 有关中国人口预测的几种情景
资料来源：联合国经济和社会事务部人口司网站 https://population.un.org/wpp/，2021 年 3 月 1 日下载。

然而，至少有两个原因使得我们或许应该立足于一个更早到来的人口峰值：第一，如果把联合国的预测数与中国人口迄今为止的实际数相比，显然2015年的预测更加接近实际情况；第二，中国迄今为止已经出台的生育政策调整并未对生育率提高和人口增长产生实质性的促进效果。例如，2014年出台的"单独二孩"政策仅将人口自然增长率从2013年的4.9‰提高到5.2‰，2016年出台的"全面二孩"政策仅将人口自然增长率从2015年的5.0‰提高到5.9‰。

中国的人口出生率持续降低，死亡率目前虽然稳定，但随着人口老龄化的加剧，死亡率近年已经呈现缓慢上升的趋势。出生率与死亡率之差即为人口的自然增长率，1998年以后，中国的人口自然增长率便一直低于10‰，2003年以来仅为5‰。两次人口政策调整之后，人口增长率都在一次性小幅反弹之后再次进入迅速下降的轨道，2019年下降到3.3‰，系1960年以来的最低水平。从已经获得的初步数据看，2020年中国的人口增长率将创新低，距离零增长或许只有一步之遥。

在从第一个人口转折点过渡到第二个人口转折点的整个期间，即2010年到2025—2030年，中国也恰好处于从中等偏上收入国家到高收入国家过渡的时期。在这一时期，中国的人口老龄化程度将以前所未有的速度提高，人口转折点相应成为引爆点，经济增长必将面临供给侧和需求侧的严峻挑战。正如很多关于"中等收入陷阱"的研究，以及我本人关于"门槛效应"的假说所建议的那样，这个发展阶段对于中国经济的未来至为关键，其间的发展具有不进则退的性质。

新常态缘于供给侧变化

中国经济发展在 1978—2011 年实现了年平均 9.9% 的增长速度之后，从 2012 年开始明显减速，2011—2019 年年平均增长率仅为 7.1%，增长逐年放缓，意味着中国经济增长形成长期下行的趋势。经济增长速度放缓，是中国经济发展进入新常态的重要特征之一。由于经济增长减速缘于第一个人口转折点的到来，所以在老龄化的特定阶段，经济增长减速导致经济发展进入新常态也是老龄化对经济增长影响的一个规律。

当人们说中国高速的经济增长得益于人口红利时，指的是在劳动年龄人口增长速度快于人口整体增长速度期间，形成了一系列有利于生产要素积累和生产率提高的条件。巧妇难为无米之炊，从供给侧视角讨论经济增长，可以从生产函数视角来观察究竟哪些因素促进经济增长。也就是说，对应着等式左边的 GDP 增长率，等式右边通常包括劳动力、人力资本和物质资本的投入，以及生产率的增长。

人口因素创造了生产函数等式右边各种变量的有利条件，为"巧妇"提供了价廉物美的"柴米油盐"，就意味着可以收获人口红利了。1980—2010 年，中国 15~59 岁的劳动年龄人口以年平均 1.8% 的速度增长，而在该年龄范围之外的依赖型人口则基本处于零增长状态，实际为不显著的负增长（即-0.2%）。这种人口结构变化趋势相应形成了有利于经济增长的显著效应。

首先是劳动力数量供给充足。虽然劳动年龄人口并不完全等同于劳动力，但是以劳动参与率进行修正后，那些积极参与劳动力市场的人口即被称为经济活动人口，就可以视同于劳动力了。所以，劳动年龄人口领先于依赖型人口的增长，就意味着形成了一个有利的人口结构特征，确保了劳动力数量的充分供给，并对经济增长做出了显著的贡献。

其次是劳动力质量（人力资本）加快改善，这是一个容易被研究者忽略的人口红利因素。有利的人口年龄结构创造了一个必要的条件，保障了新成长劳动力，同时也使受教育程度提高的劳动者不断增加，并源源不断地进入劳动力市场。对后起赶超国家来说，随着教育的发展，整体人力资本的改善主要是靠这个增量途径实现的。

再次是保证形成高资本积累率和高资本回报率。一方面，较低且处于持续降低中的人口抚养比有助于增加经济增长中的剩余，因而有利于形成高储蓄率，从而扩大资本积累；另一方面，劳动力充分供给这一要素禀赋特征有助于延缓资本报酬递减现象的出现，其间可以保障投资具有高回报率。这就是物质资本在那个发展阶段对经济增长具有极高贡献率的原因。

最后是剩余劳动力的转移提升资源重新配置的效率，是构成全要素生产率提高的一个主要因素。在发展中国家，农业等传统产业的劳动生产率非常低，非农产业的劳动生产率则较高。因此，随着阻碍劳动力流动的体制性障碍不断被清除，劳动力从低生产率部门转向高生产率部门就业的过程中，在增加个人和家庭收入的同时，整体劳动生产率也得到提高，对经济增长做出贡献。

所有这些与人口有关的因素，既是在经济社会发展中形成的，反过来也分别对高速增长做出了突出的贡献。可以说，具有这样的人口特征是改革开放时期中国经济高速增长的必要条件。以上采用生产函数法分析人口红利对经济增长做出的贡献，还仅仅是进行了理论和逻辑上的阐释。从经验的角度看，上述判断都可以从很多研究结论中得到印证，包括我和合作者所进行的研究在内。

正如前面所描述的人口回声效应那样，人口转变是一个阶段接着一个阶段进行的。继出现有利于经济增长的人口年龄结构之后，在下一个人口转变阶段，不利于经济增长的特征便会显现。也就是说，人口年龄结构变化表现出劳动年龄人口比重从高到低、人口抚养比从低到高的走向，意味着人口红利开始消失。

从 2011 年开始，中国 15~59 岁的劳动年龄人口数量出现负增长；从 2014 年开始，15~64 岁人口数量出现负增长；从 2017 年开始，16 岁以上的经济活动人口数量出现负增长。人口抚养比与之同步趋于提高，中国的老龄化明显加速。这种人口因素导致每年新增劳动力大幅度减少；劳动力的老龄化也相应降低了平均受教育程度的改善速度；资本过快替代劳动力导致投资回报率下降；劳动力转移减速致使资源重新配置的空间缩小，相应地降低了劳动生产率的提高速度。

如果我们用估算潜在增长率的方式，也就是说从各种生产要素积累与生产率提高的潜在能力出发，计算一个理论上能够达到的 GDP 增长率，便可以同时定量描述收获人口红利和丧失人口红利这两个过程。我和合作者在 2012 年的估算表明，中国 GDP 的潜在增长率从 2010 年之前人口红利收获期的 10% 左右，降低到人口红利逐步消失的"十二五"期间的 7.6%，以及"十三五"期间的 6.2%，并预计"十四五"期间进一步下降到 5.5% 左右。

如图 6-2 所示，我们把估算的潜在增长率同实际增长率一并展示，并且根据国家统计局的数据，将实际增长率分解为消费、投资和净出口三大需求因素的贡献百分点。由此观察两个增长率的变化趋势与相互关系，我们可以增进对人口红利期以及第一个人口转折点之后经济增长特点的认识。值得强调的是，图中消费、投资和净出口对增长的贡献百分点之和即为实际增长率，将其与潜在增长率进行比较，可以得出以下三点观察结论。

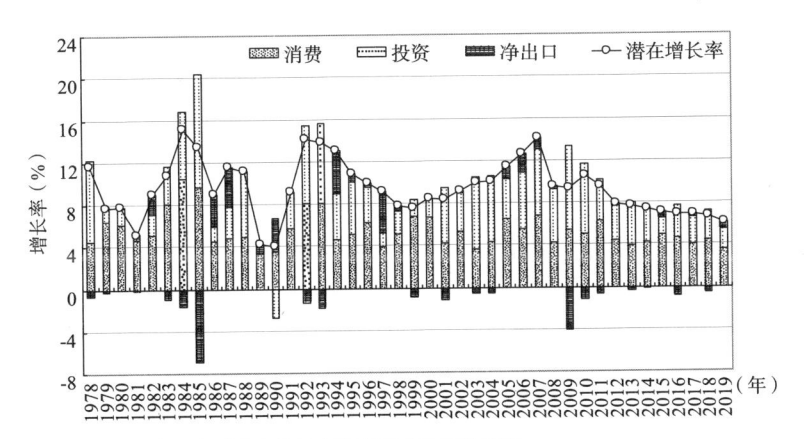

图 6-2　各需求因素对潜在增长率和实际增长率的贡献
资料来源：消费、投资、净出口数据来自国家统计局网站 https://data.stats.gov.cn，2021 年 3 月 1 日下载；潜在增长率为作者测算。

第一，在整个改革开放时期，实际增长率与潜在增长率之间，从总体上看是保持一致的。这就是说，中国经济在收获供给侧人口红利的同时，需求侧也处于重要的机会窗口期。不过，由于早期经济增长的波动性较强，实际增长率偏离潜在增长率的情形经常出现。随着经济增长稳定性的增强，两者之间的一致性同步增强。

第二，2012 年以后，实际增长率随潜在增长率减速的过程中，虽然三种需求因素对经济增长的相对贡献份额发生了变化，如内需特别是其中的消费需求贡献份额显著提升，由净出口、资本形成和最终消费构成的总需求的增量规模的确随经济增速放缓而显著缩小。

第三，经济增长减速以来，两个增长率之间的一致性愈加明显，也就是说由消费、投资和净出口加总形成的总需求因素恰好满足了实现潜在增长率的需要，没有成为经济增长的制约性因素。但是，正如下文我们将要讨论的那样，当第二个人口转折点到来的时候，这些情形就不再是自然而然的了，很可能形成触发总需求制约的引爆点。

新发展阶段谨防需求侧冲击

如果说生产函数最适合于我们从供给侧认识经济增长的话，国民经济恒等式则是从需求侧理解经济增长的适宜方法。等式的左边仍然是经济增长率，但是等式的右边不再代表"巧妇"手里的"柴米油盐"，而是看谁来享受"烹饪后的餐食"。具体来说就是消费、投资和净出口。

也就是说，从需求侧的视角，我们关心的不是有没有足够的资源，或者使用哪些要素进行生产，而是生产出的产品和服务（GDP）送到哪里，通道是否足够宽，吸收规模是否足够大。再进一步来看，如果说第一个人口转折点引爆的是供给侧的冲击的话，第二个人口转折点很可能要引爆需求侧的冲击。

如前所述，早在2008年全球经济危机之后，世界经济就日益"日本化"，深陷以低通货膨胀率、低长期自然利率和低经济增长率为特征的长期停滞状态，经济全球化遭遇逆流，新冠肺炎疫情以及供应链脱钩和技术钳制等因素进一步加剧了这种趋势。

因此，固守国际大循环和过度依赖外需，无法保障中国进入新发展阶段所要求的经济增长的健康可持续。贯彻落实新发展理念、实现新发展目标，必须建立以国内大循环为主体、国内国际双循环相互促进的新发展格局。新发展格局面对的挑战之一正是国际环境和国内变化可能造成的需求侧制约。

人口因素对供给侧增长潜力的不利影响，也会转化为对需求侧的冲击。例如，供给侧潜在增长率的进一步降低，必然相应地削弱基础设施建设投资需求和企业扩大生产活动的意愿。劳动力短缺、工资水平上涨会加速传统比较优势的丧失，促使劳动密集型制造业向人口相对年轻的国家转移，并相应降低出口增长率。此外，就业和财产收入的增长减速会相应抑制居民消费。

此外，日益严重的老龄化还会更直接地对需求因素产生不利影响。从国际比较来看，中国的消费率（最终消费总额占GDP的比重）显著偏低。同时，居民收入和中等收入群体增长较快，因此，最具潜力的需求因素是最终消费，特别是居民消费。中国面临的挑战在于，以总人口数量到达峰值为特征的第二个人口转折点，对居民消费需求也会产生显著的负面影响。关于这方面，我们将在第九章做进一步的分析。

从居民消费增长的情况看，其实已经显现出伴随着经济增长和人口增长的减速而趋于减速的势头。如图6-2所示，虽然消费在经济增长中的相对贡献率有所提高，但是与经济增长减速一致，消费贡献的经济增长百分点处于下降的趋势。

值得指出的是，在这期间也有既积极又明显的政策因素，有利于扩大居民消费，并将持续发挥作用。党的十八大以来，改善民生的政策实施力度明显增大，收入分配状况显著改善，特别是在打赢脱贫攻坚战的过程中，农民收入中转移支付性收入的比重大幅度提高。2019年，在农村居民人均可支配收入中，转移净收入占比高达 20.6%。

然而，如果剔除掉转移性收入这个因素，因而把农村居民消费的强劲增长带动了居民消费整体数据的因素剔除，或者可以说，这些因素将逐渐减弱的话，单独观察人口因素对收入的影响，居民消费的减速事实上已经出现，并且将成为影响居民消费的主导因素，其抑制消费的效果将越来越显著。

第七章
不进则退：发展的关键与关口

2019年1月21日，习近平总书记在省部级主要领导干部坚持底线思维着力防范化解重大风险专题研讨班发表重要讲话时指出：我们既要保持战略定力，推动我国经济发展沿着正确方向前进，又要增强忧患意识，未雨绸缪，精准研判、妥善应对经济领域可能出现的重大风险。[①]当前，在经济形势总体向好，正在迅速跨越中等收入到高收入国家门槛的同时，中国经济发展面临的国内外条件发生了变化，在推进经济体制改革和供给侧结构性改革过程中，也面临一些不可回避的困难和挑战。

中国经济如同越攀越高的登山者，正是感受到路越来越陡的时候，遇到的是前进中的困难、成长中的烦恼，也唯有克服种种困难才能继续前行，攀登到无限风光的峰顶。中国经济的持续健康发展，恰恰需要在秉持忧患意识的前提下，通过深化经济体制改革和转变发展方式，才能跨越险关隘口，最终化危为机。与此同时，正

---

① 参见 http://opinion.people.com.cn/n1/2019/0226/c1003-30903851.html。

如防范化解金融风险要筑牢防火墙一样，防范应对实体经济面临的挑战，需要织密织牢民生保障网，为万家灯火守护静好岁月。

新征程上应有的忧患意识

在新发展阶段，中国经济增长自然面临一系列新的挑战，需要做出很多新的抉择。特别是，在中国仍处于并将长期处于社会主义初级阶段的基本国情没有变、作为世界最大发展中国家的国际地位没有变的基本判断下，中国社会主要矛盾已经转化为人民日益增长的美好生活需要和不平衡、不充分的发展之间的矛盾。

解决主要矛盾体现的主要制约因素及其在不同领域的具体表现，应对来自经济、社会、政治、文化、生态、国际和国防等方面的各种挑战，政策上要未雨绸缪，做好应对各种复杂局面的准备。相应地，学术界和政策研究者应该具有足够的忧患意识，进行更深入的思考和更具前瞻性的预判。

对于中国所处发展阶段的描述以及面对的挑战，学术界可以用多种方法论和具体方法进行探索，其中有两种方式常常被采纳，用于提出一些值得讨论的重要命题。

一种方式是按照实证性的传统对发展阶段做出判断和描述，从横向和纵向两个维度寻求其历史参照和相应的借鉴。例如，经济学家客观地描述过一些经济社会发展的转折点，学者们一般也以更为实证的研究予以呼应。正如美国摇滚歌手鲍勃·迪伦在歌词中问道：需要走过多少路，一个人终能长大成熟？一个国家的经济社会发展也总是要翻山越岭、爬沟过坎，才会柳暗花明又一村。

根据相关的历史经验，揭示出经济社会发展有哪些关口是不能回避的、哪些转折点必须跨越，对政策制定无疑具有一定的参考价值。例如，针对一个二元经济发展如何进入新阶段，并由此转向具有新古典特征的增长阶段，我根据其他经济体的经历以及中国经济发展出现的崭新情况，特别是人口转变到达的新阶段，在多年前便做出中国经济已经于2004年前后跨越了"刘易斯转折点"的判断，意味着中国经济增长类型相应发生根本性的变化。

这个判断一度引起了广泛的讨论，如今已经得到绝大多数学者和政策研究者的认同。或许应该说，正是那场众说纷纭、莫衷一是的学术和政策争论，为人们认识后来被确认的经济发展新常态做了一些理论和经验的准备。

另一种方式是遵循相对规范性的传统，对社会和决策者提出具有警示性的预言。研究者和讨论者一般是以规范研究的方式参与政策争论，并且常常归纳出一些新鲜的说法。撇开某些耸人听闻的噱头，对于警醒人们对一些具有潜在风险的问题予以更多关注，亦无不妥。

社会上或学术界流传的诸多以"陷阱"为名的概念，包括"中等收入陷阱""梅佐乔诺陷阱""去工业化陷阱""比较优势陷阱""塔西佗陷阱""修昔底德陷阱""金德尔伯格陷阱"，便属于这类风格的研究。无论恰当与否，仍然值得每个研究者做出自己的思考。这些冠之以"陷阱"的说法，虽然也包括了若干经济学家讨论的实证性命题，但多数属于规范性学术传统的内容。

或许有的学者对这类关于"陷阱"的概括不以为然，认为是一些研究者在造概念，甚至指出其有哗众取宠之嫌。一种有趣的讨论现象是，人们甚至一度发现，媒体上有多少种关于"陷阱"的概括，几乎就可以找到多少种对应的斥之为"伪命题"的指责。

然而，概念作为思维体系中一个最基本的构筑单位，是理论家把所观察到的事物进行抽象，意图最终概括成理论的工具。因而，造概念也就是进行研究的必不可少的中间过程。经济学家在形成相对成熟或成体系的理论之前，常常把现实中的观察结果提炼为一些特征化的事实，就是依据这个道理。至于哗众取宠之说，如果提出的问题的确有意义，抛砖引玉地启发更多同行参与讨论应该是有益无害的。

当然，我并不全然赞成上述各种"陷阱"之说，更无意认为中国必然或者有很大的概率会陷入其中一个、两个、若干个或所有"陷阱"。而且，前面所列举的这些"陷阱"概念跨越了经济、社会、政治、国际关系等不同领域，每种概括在认知的成熟度上差异也颇大。但是，它们在一个问题上具有共同点，从而使得对之进行研究具有价值。

这就是以上种种"陷阱"之说对中国当前发展阶段面临的问题所具有的或大或小的针对性，以及理论上和政策上的启示性。其实，也正是由于诸多"概念"具有较强的针对性，才引起争论各方跃跃欲试。换句话说，如果从未雨绸缪或者预则立、不预则废的立场出发，这些假说既值得我们认真对待，同时也要据此做出自己的独立思考与判断。

是"中等收入陷阱"还是"门槛效应"

"中等收入陷阱"这个命题曾是学术讨论、政策研究和舆论界的热点。如果说，这个所谓"陷阱"的含义就是指出一个国家长期徘徊在中等收入阶段，始终不能进入高收入国家的行列，似乎这个命题对中国的意义越来越小了。2019年，中国的人均GDP已经跨过1万美元大关，达到10 262美元。虽然2020年遭遇新冠肺炎疫情的强烈冲击，但中国经济仍然实现了正增长，人均GDP再次超过1万美元。即便保守预测，在"十四五"时期，中国人均GDP也一定会跨过12 535美元这个进入高收入国家行列的门槛。那么，"中等收入陷阱"这个命题是否对中国不再具有针对性？

早在2014年，针对人们关注的这个经济学概念和发展现象，习近平总书记就指出："对中国而言，'中等收入陷阱'过是肯定要过去的，关键是什么时候迈过去，迈过去以后如何更好向前发展。"[1] 在谈到中国取得的伟大成就和仍需付出的努力时，习近平总书记还多次引用《战国策》中的一句——"行百里者半九十"，旨在提醒众人前面的道路更加曲折艰难。

可见，习近平总书记拓展了"中等收入陷阱"这个命题的意义，将其与中国经济处于更高发展阶段需要迎接什么挑战、需要跨越哪些沟坎联系到一起。实际上，从跨国研究的角度来看，经济增长停滞不前的现象并不仅限于中等收入国家，还包括很多临近甚至跨过高收入国家门槛的国家。

我曾经根据世界银行的数据进行过一项分析，2011年，按照2010年不变价计算，全世界有21个国家人均GDP在10 000~20 000美元之间，我们可以把它们所处的这个区间看作"门槛区间"，把人均收入刚刚超过10 000美元的国家称为"准高收入国家"。到2018年，其中有8个国家经历了人均GDP的负增长，还不包括一些小型经济体和委内瑞拉等遭遇严重经济衰退的国家。

---

[1] 中共中央文献研究室.习近平关于社会主义经济建设论述摘编[M].北京：中央文献出版社，2017.

我们可以看到，2011—2018 年，处于这个"门槛区间"的国家，有高达 38% 的概率出现人均收入倒退的现象，更谈不上改变"准高收入国家"的身份。在以往的讨论中，人们常常把"中等收入陷阱"等同于"拉丁美洲陷阱"。的确，如果以拉丁美洲为样本框，我们可以成批地找到长期处于中等收入阶段却始终未能升级为高收入国家的案例。

以阿根廷这个拉丁美洲的重要经济体作为观察对象，我们可以更清晰地看到"门槛区间"的影响。为了与中国的经济增长做今昔对比，我们选择 1978—2019 年这个阶段，观察阿根廷的人均 GDP。早在 1978 年，阿根廷的人均 GDP 无疑就已符合中等收入国家的标准，按照现价美元和 2010 年不变美元计算，分别为 2 146 美元和 7 285 美元。当时，中国的这两个人均收入数字分别为 156 美元和 307 美元。

如图 7-1 所示，对应中国经济的高速增长时期，阿根廷的人均 GDP 增长十分缓慢。具体来说，在 1978—2002 年基本处于停滞状态，人均收入并无提高。在 21 世纪的第一个 10 年中，人均 GDP 明显增长，大体上在 2011 年达到高点，按 2010 年不变美元计算的人均 GDP 达到 10 883 美元。说到这里，我们需要强调一下，当时阿根廷人均收入达到的高度恰好也是中国 2019 年起达到的水平。

阿根廷人均 GDP 达到 1 万美元这个高度之后，人均收入便再次开始下降。按现价美元计算的人均 GDP，主要由于汇率的因素持续了稍长时间的增长，于 2017 年达到最高水平——14 592 美元，随后再次跌落。2019 年两种方法计算的人均 GDP 都回到 1 万美元这个"准高收入国家"门槛水平。

图 7-1　阿根廷人均 GDP 的徘徊与起落
资料来源：世界银行数据库 https://data.worldbank.org，2021 年 3 月 1 日下载。

可见，把"中等收入陷阱"转化为"门槛效应"这个命题，对于中国经济具有更直接的借鉴意义。不过，正如托尔斯泰在《安娜·卡列尼娜》开篇所说——"幸福的家庭都是相似的，不幸的家庭各有各的不幸"，徘徊于"中等收入陷阱"或者遭受"门槛效应"困扰的国家，因各自的国情和特殊的外部环境，面临不尽相同的风险、难点和挑战。因此，每个国家都应该因地制宜、因时而异，找准解决突出问题的关键政策，才能良好应对，跨越关口。

发展中的问题和"成长中的烦恼"

根据前文对人均收入水平处于中等偏上以及接近甚至略微超过高收入门槛国家的观察，我们可以发现这些国家是一个经常变动的群体，并呈现两个标志性的特点：第一，经济增长减速，这些国家的人均GDP增长率都在原基础上显著下降，美国经济学家巴里·埃森格林及其合作者甚至认为会出现两次下降；第二，国家之间增长率分化，一些国家的人均GDP增长表现得比较好，而一些国家的下降幅度非常大，整个组别的增长表现出显著的发散性。

用数学语言来描述处于高收入门槛附近的国家，可以说它们的经济增长有两个明显的特点：一是平均期望值下降，二是方差扩大。前者是指几乎所有国家都显著减速，后者则指各国表现不尽相同，国家之间出现分化的现象。一般来说，这两个数学特征在经济学上被称为不确定性的增加。

中国即将跨越高收入门槛，也恰恰处在不确定性增加的阶段，存在诸多风险及随之产生的问题。这个时期面临的发展中的问题和"成长中的烦恼"具有若干新的特点，例如需要探讨和解决的问题包括经济增长可持续性问题与社会发展风险问题的协调、应对短期冲击问题与解决长期增长动力问题的交织、保持经济增长处于合理区间的手段与发展目标的有机统一，等等。我们可以从以下几个方面认识这些问题，并找准着眼点和着力点。

首先，认识变与忧的相伴相生。在中国经济发展进入新常态之前，高速增长主要依靠生产要素的积累和重新配置支撑。随着经济发展阶段的变化，以往的增长因素逐渐减弱，新的增长动能需要逐步培育，因而长期潜在增长率趋于下降，转向高质量发展也需要付出更多的努力。因此，中国经济增长从高速转变为中高速，甚至可能进入中速也就势所必然。

在更高的发展阶段，要素投入型的发展方式必须让位于生产率驱动型的发展方式。世界经济史表明，高速经济增长可以通过要素驱动型发展方式实现，高质量发展却只能依靠生产率驱动型的发展方式。在高速增长阶段，生产率提高的重要源泉是劳动力从农业向非农产业转移。在高质量发展阶段，提高生产率越来越需要依靠市场主体之间的充分竞争，让生产率表现更优的企业胜出，使缺乏竞争力的企业退出。在这种优胜劣汰的选择过程中，显然不会尽是鸟语花香、闲庭信步。

随着近年来中国人口增长加快减速，老龄化程度日益加深，出口、投资和消费三大需求因素已经显现羸弱势头，经济增长感受到越来越明显的需求侧制约。诚然，庞大的人口总量和日益扩大的中等收入群体规模是可持续内需的来源，也是中国扩大需求的显著优势。然而，发挥这个优势要求增强发展的共享性，持续提高居民收入，改善收入分配状况，推动基本公共服务更加均等，这些都是既紧迫又需要持之以恒的任务。

随着中国经济在世界经济中的重要性日益增强，既需要面对更大的挑战，例如无可避免地遇到一些国家的恶意遏制，也需要为发展中国家和国际事务承担更多的责任。一方面，中国经济与发达经济体之间仍然保持互补性的同时，竞争性的方面逐渐增多，遭遇来自这些经济体的更多钳制也是意料之中的；另一方面，面对世界经济下行压力增大、经济全球化逆风以及气候变化的不利因素，中国经济运行也会受到更大的干扰。

所有这些风险和挑战的存在，都是不以人们的期望为转移的客观必然性。理解这个道理就可以清楚地认识到，中国经济发展基本面并没有变坏，只是在更高的发展水平上，我们必然遇到更大的挑战，一旦成功应对了这些挑战，就能迎来柳暗花明又一村。

其次，促进从危到机的转换。习近平总书记在庆祝改革开放40周年大会的讲话中指出：我们现在所处的，是一个船到中流浪更急、人到半山路更陡的时候，是一个愈进愈难、愈进愈险而又不进则退、非进不可的时候。①中国发展仍处于重要战略机遇期，经济的基本面总体向好、稳中有进，但是我们仍然要对各种重大风险隐患保持高度警醒。

这里所讲的并不是已经来临的危机，而是强调危机意识、忧患意识，意在未雨绸缪，志在有备无患。可见，防范化解重大风险的要求与主动作为的意愿是高度统一的，转危为机也不仅指把出现的危机转化为新的发展机会，更应该牢固树立危机意识，通过防范化解风险开启新的改革和发展机会窗口，用好面临的重要战略机遇期。

面对经济增长下行趋势，推进经济体制改革的内在动力和紧迫感都进一步增强。对中国而言，新冠肺炎疫情后的经济复苏固然要密切注意国内外宏观经济动向，充实和调整政策工具箱，必要时出手进行短期的逆周期调节，但是稳定增长速度更是一种主动的作为，立足于通过推进经济体制改革，特别是供给侧结构性改革，从供给侧培育新的增长动能，提高潜在增长率，同时扩大以内需为主的需求侧能力，实现潜在增长率。

实现国内国际双循环与高水平对外开放，是应对经济全球化逆风、打破面临贸易摩擦以及供应链和技术脱钩的根本出路。正如世界经济的大海不可能退回到一个个孤立的小湖泊、小河流一样，在面对针对中国的贸易摩擦以及应对经济全球化的逆风中，我们在战略层面的选择是义无反顾地加大开放力度，进一步提高开放水平。

在引导应对气候变化的国际合作和防治环境污染的行动中，推

---

① 参见 http://cpc.people.com.cn/gb/n1/2018/1219/c64094-30474989.html。

动生态文明建设,将绿色发展理念付诸行动,以实现"30·60目标"。从国际角度看,气候变化是包括中国在内的全球生存所面临的重大风险,应对气候变化是中国作为负责任的大国应尽的义务。从国内看,打赢保卫蓝天、碧水和净土的污染防治攻坚战,是转向高质量发展的当务之急。中国作为全球生态文明建设的重要参与者、贡献者、引领者,加快转变发展方式,推进绿色发展,既是可持续发展的必由之路,也是不断满足人民日益增长的美好生活需要、实现平衡和充分发展的内在要求。

最后,织密织牢民生保障网。面对经济领域的重大风险与挑战,需要特别强调把社会政策的重点放在兜底上,守住民生底线。党的十八大以来,中国在保障和改善民生方面取得了巨大的成就,短板不断被补齐,为防范化解重大风险,社会政策托底奠定了坚实的基础。同时也要看到,无论从以人民为中心的发展思想出发,还是从坚持底线思维,着力防范化解重大风险的实际要求出发,在主动加大改革开放力度以及应对复杂多变的国际经济环境中,保障和改善民生愈加重要,同时面对着新任务和特殊挑战。

在推进供给侧结构性改革和应对可能出现的宏观经济周期波动的情况下,坚持增进民生福祉和相应的体制机制建设,努力缩小收入分配和基本公共服务差距,对暂时遇到困难的人群给予政策兜底,确保民生链条在任何时候都能正常运转,不仅是稳定民生的必要之举,还可以通过增加居民收入和解除社会保障方面的后顾之忧,扩大城乡居民消费,有效稳定宏观经济需求因素。

在防范化解重大风险的过程中,坚持以保障和改善民生为出发点,就能实现经济发展和民生改善之间的良性循环。民生工作从表现形式来看,常常是老百姓身边的琐事和小事,对增强人民的幸福感却是大事，从中国共产党人的执政理念来说则是天字号的重要事情，唯此为大。因此，抓民生工作既需要全面部署，政策措施也需要事无巨细、精准到位。

区域经济发展及其特征化事实

解决东部、中部和西部三类地区之间的发展均衡性问题是中国面临的一项旷日持久的课题，也是未来长期发展不容回避的任务。在人们所观察到的东中西差异逐渐转变为南北差异这一新特征出现时，恰恰意味着区域发展均衡问题的严峻性和复杂性加剧。

区域经济发展与国家整体经济发展之间的关系，既有相对独立的一面，也有双向互动、相互依赖的一面。诚然，区域经济自身的发展或人口、产业和经济活动的聚集决定了该地区发展的活跃度和可持续性，然而整体经济增长和产业结构变化对区域经济也具有显著的促进作用。区域发展的不平衡既表现在各自经济表现方面的差异，也表现在与国民经济整体的相互关系上。

在很大程度上，区域经济发展的经验教训也隐含了一般经济发展的诸多规律性现象，因此，对热衷于探索国家兴衰的经济学家来说不乏吸引力，促进他们努力揭示其对国家经济发展的借鉴意义。基于诸多区域发展的案例和相关讨论，旨在探寻其成败得失背后的经济学逻辑，特别是着眼于从理论上认识哪些因素对经济发展来说最为重要，下面尝试归纳若干关于区域和城市发展的特征化事实。

首先，制造业是培育中等收入群体的温床。几乎所有陷入凋敝的城市和地区都经历过制造业发展不足或鼎盛之后的衰落。产业结构优化升级的一般标志是：第一产业产值比重和就业比重持续下降,直至降到很低的水平;第二产业产值比重在人均收入达到较高水平后开始下降,相应地,以生产性服务业为代表的第三产业产值比重大幅度提高。

然而,实际情况远比这个一般性原理复杂。一方面,很多国家在仍然处于中等收入阶段时,制造业比重便开始早熟型下降,导致就业岗位的损失以及收入差距的扩大,这或多或少成为"中等收入陷阱"的成因。另一方面,一些发达经济体的制造业比重下降和服务业比重提高,同时导致劳动力市场两极化,因而使得产业结构的升级并不必然具有分享性。

一般来说,制造业岗位具有更明显的同质性,随着制造业的升级优化,劳动者相应地提升了自身技能和职业地位,总体保持其作为中等收入群体的位置。相比而言,服务业所提供的是高度两极化的岗位。一方面,高科技和金融行业的岗位对人力资本有很高的要求,同时能够给就业者提供较高的报酬,在"赢者通吃"的大型科技公司蓬勃兴起以及脱实向虚的金融发展环境中尤其如此。另一方面,一般生活性服务行业的劳动生产率很低,并不要求劳动者有很高的人力资本,因而也不能支付体面的报酬。

从各国过去的经验中可以直接观察到,制造业比重下降的速度和程度决定了中等收入群体萎缩的速度和程度。进一步推论可知,一个社会如果没有不断升级的制造业,就不能形成规模足够大的中等收入群体,社会流动性也必然相应降低,导致社会凝聚力下降。

其次,经济主体的无障碍进入和退出是竞争性市场的核心。对于制造业比重在不同的发展阶段的变化,或者说制造业比重随人均收入提高趋于下降这一现象,我们可以做出经济学的解释。从供给侧来看,制造业升级优化对教育、研发以及相关产业提出更高的需求。换句话说，制造业发展需要越来越多的生产性服务业支撑。从需求侧来看，随着收入水平的提高，人们的消费需求逐渐从物质产品转向服务以及精神产品。

然而，制造业随发展阶段变化而趋于萎缩却不是经济规律。换句话说，制造业比重下降并不必然降低制造业的产业地位，关键在于这个产业结构变化过程是如何发生的，是否水到渠成。现实中，无论在发达国家还是发展中国家，制造业过度萎缩往往出现在遭遇外部竞争的条件下，未能通过生产要素的重新配置找到自己的动态比较优势和规模经济优势的情况下。

以农业向制造业转变为特征的早期产业结构变化，同以制造业向服务业转变为特征的更高阶段的产业结构变化，在性质上有很大的区别。在前一场合，劳动力从低生产率的农业转移到高生产率的制造业，微观上劳动者扩大了就业、增加了收入，宏观上产生资源重新配置效率，因而这种产业结构变化是典型的库兹涅茨过程，具有帕累托改进的性质。

至于劳动力从制造业向服务业转移，收入增长和生产率提高都不再是必然的，甚至由于服务业生产率较低，使这个过程成为逆库兹涅茨过程。面对这种情形，对企业给予保护、补贴或者纵容其垄断行为，都因抑制充分竞争而进一步降低整体制造业的生产率。保持制造业的竞争力和合理比重，只能在保护劳动者的前提下拥抱创造性破坏机制，通过单个企业的进入、退出、生存和死亡的竞争提高整体生产率。

再次，维持和扩大人口规模是所有区域和城市发展的命脉。城市和经济增长极的本质就是人口的聚居，唯其如此，才有产业的聚集和经济活动的规模经济。在历来经济发展的成功案例中，最著名的如北美洲和大洋洲的新大陆奇迹、日本和"亚洲四小龙"展现的东亚奇迹、"凯尔特虎"创造的爱尔兰奇迹，及至以色列成为"创业者的国度"，无一例外都得益于人口红利。中国改革开放期间创造的经济发展奇迹，特别是沿海地区率先发展，区域经济形成梯度性特征，都是对人口红利假说的最完美验证。

虽然狭义上的人口红利终究要式微乃至消失，但无论是在老龄化程度已经加深的发达国家，还是在逐渐进入老龄化或者经历未富先老的国家，广义上的人口红利就像海浪一样，一波之后还有另一波。特别是在一个国家整体人口红利消失的情况下，单个地区仍然可以采取恰当的政策，获得其独特的人口优势。

就中国的区域和城市发展来说，在具有劳动力无限供给特征的二元经济发展时期，劳动力充足构成劳动密集型制造业的比较优势，而在那个特定的发展阶段，劳动力似乎无须刻意吸引。随着发展阶段的变化，技能、创意和企业家精神等人力资本的重要性受到越来越多的重视。

然而，有些地方政府或城市当局以为可以把人口与人才区别开，并行不悖地实施引进人才和限制人口的政策，殊不知劳动力以及技能和创新能力都是以人口为载体的。皮之不存，毛将焉附？没有人口的蜂拥而至，人力资本的培育和积累不过是无米之炊。

在这方面，国际上有过很多教训，应该引起我们的关注。例如，一项关于美国地区之间发展差距的研究，分别以县、州等地区为单位，观察到住户的中位收入、贫困发生率、失业率和受教育程度等发展指标都直接或间接地与人口流失率相关。[①] 此外，东欧剧

---

① D. Schultz. Regional Disparities in Economic Development: Lessons Learned from the United States of America[J]. RUDN Journal of Public Administration, 2017, 4(2): 180–201.

变之后，欧洲一些发达国家先后对前计划经济国家（也是居民收入很低的国家）开放了劳动力市场，造成高素质劳动力大规模从中东欧流向西欧国家，从德国东部流向西部，最终造成这些劳动力输出国家和地区的人口负增长，经济陷入衰落。欧洲一体化程度越来越高，历史上出现的"俱乐部趋同"现象反而不复存在。

最后，创造"近者悦，远者来"的政策环境是政府职责。人们在争论政府在经济发展中的作用时，通常着眼于政府应该干什么、不应该干什么，这场争论旷日持久，迄今为止仍然莫衷一是。但是，这些争论往往把中央政府和地方政府混为一谈，以致造成语焉不详、各说各话的局面。

中国在改革开放前30年实现高速增长的经验表明，地方政府有促进经济增长的强烈动机，因而提供了各种政策优惠吸引投资者，包括压低土地价格、为本地企业做出担保、督促金融机构提供优惠信贷，等等。这一时期中国拥有大量的农业剩余劳动力，吸引投资扩大就业的增长不仅是当务之急，实际上也具有分享性。

随着劳动力无限供给特征的弱化，劳动力供给充足、人力资本改善速度快、投资回报率高，以及资源重新配置提高生产率等传统增长动能逐渐消失。以过去的增长方式配置生产要素，企业很难再得到合理的回报，因此，地方政府仅靠压低要素成本并不足以促进经济增长。

熊彼特式的创新意味着重新组合生产要素，则地方必须着眼于聚集各种创新要素并使之相互配套。这就要求政府通过实施公共政策创造一种环境，不仅吸引物质生产要素，而且对包括高素质人才和普通劳动者在内的人力资源、创意和企业家精神都产生足够的吸引力，聚而用之。

跨越关口的三个必要"变革"

党的十九大报告提出，推动经济发展质量变革、效率变革、动力变革，提高全要素生产率。这几个方面的要求对于中国经济在新发展阶段的增长具有现实的针对性，是有机的统一。特别是，三大变革之间具有相互促进或彼此制约的关系，需要在充分认识这种关系的条件下协调推进。

重视经济增长的质量，应该坚持把发展经济的着力点放在实体经济上，以制造业立国，提高经济质量效益和核心竞争力。显然，我们已经处于追求中高端产业结构的发展阶段，不再靠数量取胜，把质量提到了更高的位置。能不能以平常心适应和引领经济发展新常态的关键，最终要以能否真正提高经济增长的质量予以检验。

高质量发展讲的是经济发展本身的效益和质量，并非产品质量。但是，我们仍然可以从居民消费需求的角度出发：一方面，把高质量发展与解决发展不平衡、不充分的根本问题结合起来；另一方面，把需求侧改革与供给侧改革结合起来。此外，对微观市场主体来说，站在满足消费者需求的角度，从提高产品质量出发，也是最易于把握的要求。随后，我们再进入针对提高经济增长质量的宏观讨论。

追求质量是内涵式增长的常态。我们过去的消费模式叫排浪式消费，消费热点集中，产品不需要创新，只需要在数量上满足需求，但这样的消费阶段已经过去。要适应当前个性化、多样化的消费模式，必须追求产品创新、产品质量，从而促进经济增长。因此在新常态下，以平常心追求质量是必然之路。

追求质量也是包容性增长的应有之义。现阶段我们更应该强调增长的目的，提供更安全、更优质、更绿色的消费产品和服务。在居民收入水平提高的条件下，消费者对产品质量有了更高的要求，产品质量的内涵也相应地扩展了，可以创造出更多的经济增长点。

由此可见，改善产品和服务的质量是提高经济增长质量的重要内容、微观基础和显示性指标。其中最重要的一条就是产品质量，以提高质量为核心的创新才能转换为经济增长的动力。既充分发挥市场的机制，也更好地发挥政府的作用，形成全社会共建质量的格局，形成重要的经验，包括政府推动企业的主体作用、协会带动技术支撑以及消费者参与等方面。

追求产品和服务的质量需要市场发挥决定性的资源配置作用，同时，政府发挥有为的作用、履行应有的职能也尤为重要。当前，主要应着眼于三个机制的建立：一是确保形成企业追求质量的激励机制，二是下力气完善保障质量的监管体制，三是为提高质量建立一个宏观和微观皆可控的机制。

追求经济增长质量是创新驱动的要义，以劳动生产率的提高为标志。提高劳动生产率，通过效率变革实现增长动力变革，存在两个需要关注的问题：第一，采取什么样的方式提高劳动生产率决定着这个过程的可持续性；第二，宏观层面劳动生产率指标的改善并不自然而然地导致创新驱动和经济发展方式转型，要使两者对应，必须追求微观环节的生产效率。

一般来说，劳动生产率可以通过三种方式得到提高，这三种方式分别为全要素生产率、资本劳动比和人力资本。其中资本劳动比的提高如果过快，会导致资本报酬递减。至于人力资本，一般用劳动者的平均受教育年限表示，需要较长时间的积累才能明显地改进。因此，提高劳动生产率最可持续的方式便是提高全要素生产率。

经济学家尽可以从不同方面阐释全要素生产率在经济增长中的意义。从经济史的角度，大量经济学文献显示，全要素生产率表现如何，既可以解释一个国家何时经历可持续经济增长与何时遭遇经济停滞之间的反差，也被证明是许多国家陷入"中等收入陷阱"的根源，同时也是一些高收入国家经济增长表现乏善可陈的主要原因。

在20世纪80年代末，日本股市和房地产泡沫破灭之后，经历了"失去的十年"，经济增长持续低迷至今，一个教训便是，其全要素生产率对劳动生产率的贡献微乎其微，甚至一度为负。这方面，亚洲生产力组织、日本经济学家林文夫和星岳雄以及美国经济学家爱德华·普雷斯科特等都提供了经典的研究证据。

在推动全要素生产率提高的过程中，企业的微观经济活动是创新的中心，政府的作用是在宏观层面创造良好的激励机制和政策环境。可以从两个方面把握提高全要素生产率不容回避的路径：一方面，优化劳动力、资本、土地、技术、管理等要素的配置，激发创新创业活力；另一方面，要做到这一点，必须更加注重运用市场机制和经济手段化解产能过剩，完善企业退出机制。这就要求创造一个充分竞争的市场环境，形成一个能者进、庸者退、劣者汰的创造性破坏机制，实现生产要素向效率更高的产业、行业和企业集中。

全要素生产率应该以适当的形式成为引导创新发展的指标。新的发展理念要转化为相应的发展实践，应在具体的规划中形成对应的指标，或许不必直接用于考核，但作为一种宏观激励信号，有助于引导政府、社会、企业了解什么是全要素生产率、如何提高全要素生产率，以及各自在其中应该扮演什么角色。

例如，保罗·克鲁格曼和艾尔文·扬（Alwyn Young）等西方经济学家在批评东亚经济发展模式时就把新加坡作为一个靶子，认为新加坡的经济增长只由生产要素驱动，没有全要素生产率的提高来保持其可持续性。虽然学术上可以有不同的争论，但是新加坡采取从谏如流的态度，政府认识到全要素生产率对于经济增长可持续性的重要性，于20世纪90年代把全要素生产率每年提高2%设定为国家目标，从此创新能力和竞争力不断提高。

第三部分

应对增长挑战,抓住发展机遇

第八章
如何提高潜在增长率

人口老龄化的加速和深化，给中国经济增长带来供给侧和需求侧的双重挑战。应对这一严峻挑战，既需要分别从两侧着眼并着力推进改革，又要实现两侧改革的有机结合。其中，来自供给侧的挑战应该从供给侧着眼应对，持续推动结构性改革，实现发展动能转换，即转向更加依靠全要素生产率驱动的经济增长。

作为经济增长的一个重要源泉，在生产要素供给因素不变的条件下，如果全要素生产率提高的速度放缓，则经济增长会减速；在生产要素供给减弱的情况下，如果全要素生产率不能加速提高，经济增长也会减速；如果生产要素供给和全要素生产率增长都趋于停滞，则经济增长的减速更加明显。中国经济增长的换挡、减速，既有生产要素供给制约的因素，也有全要素生产率减速的因素。

进一步深化改革，可以通过清除各种制度性及体制机制障碍，挖掘生产要素供给的潜力，例如，户籍制度改革就具有促进劳动力转移和农民工在城镇落户，从而改善劳动力供给状况的立竿见影的效果。但是，劳动力供给等因素由于受人口结构变化的影响，既定的变化趋势终究无法逆转。归根结底，全要素生产率可以成为经济增长的不竭动力，同时可以通过供给侧结构性改革以及推动制度创新和技术创新得到不断的提高。

传统增长动能的式微

20世纪90年代起，克鲁格曼、扬等经济学家就开始批评东亚发展模式，认为所谓的"四小虎"不过是纸老虎，只有生产要素的投入，没有技术进步，没有全要素生产率的提高，因此不是什么奇迹，经济增长也不可持续。1994年，我和林毅夫、李周出版了《中国的奇迹》一书，标志着中国经济发展到了引人注目的时刻。果不其然，他们很快把矛头转向批评中国，认为中国也像"四小虎"一样，不可能有可持续的发展。

当然，这个"克鲁格曼—扬诅咒"已经又一次被打破。中国40多年来取得的经济发展成就，充分条件是改革开放。中国在劳动积极性、经营激励、企业治理结构、价格形成机制、资源配置模式、对外开放体制和宏观政策环境等众多领域推进改革，逐渐拆除了计划经济时期形成的阻碍生产要素积累和配置的体制障碍。

至于中国取得高速增长的必要条件，至少在经济增长减速之前可以当之无愧地说是人口红利。过去占主流的经济理论，不管声称自己属于哪个学派，看待经济增长的眼光大都是新古典式的，奉新古典增长理论为圭臬。克鲁格曼和扬便是如此。这个理论假设劳动力是短缺的，资本投入必然遭遇报酬递减。即便有资本积累可以给一个国家提供赶超发达国家的机会，但根据有些人的测算，可能要花一两百年才能实现与发达国家的趋同。

这个观点其实很悲观，意味着后起国家几乎无法找到经济发展的必要条件。但是，中国的确找到并利用了这些必要条件。中国高速增长时期的贡献因素主要是资本积累、劳动力数量和质量的改善，以及全要素生产率的提高。中国在2012年减速之前的平均增长速度达到9.9%，对这个增长做具体的构成分析，可以发现最大的贡献部分确实是资本积累。

很多中国经济学家这么认为，包括克鲁格曼和扬在内的国外经济学家也这么认为，大家不约而同地看到了在中国经济高速增长中资本积累的重要作用。经济增长需要要素的投入，自然包括物质资本的积累和投入。为什么大规模投入物质资本，而没有出现报酬递减现象呢？因为在中国处于人口机会窗口期的条件下，资本积累本身也体现着人口红利的因素。

一个特定的经济发展时期，人口结构特征可以成为资本积累的重要支撑。道理何在呢？其一，劳动年龄人口数量不断增加、人口抚养比持续下降，构成一个生之者众、食之者寡的人口结构，可以使剩余得到储蓄、积累，进而变成投资；其二，资本投资的可持续性需要回报率来维持，而中国在这个发展阶段刚好劳动力几乎无限供给，资本的投资也不会因扩大而出现报酬递减。事实证明，过去几十年，中国的资本回报率相当高。有这两点支撑，资本积累对中国经济增长做出巨大的贡献并未违背经济学的道理。

劳动力供给充足给经济增长带来的好处，首先当然是劳动力数量对经济增长的贡献。其实还不仅如此，劳动力的充足供给，即数量上不断有新生劳动力成长且陆续进入劳动力市场，同时意味着有更高人力资本的劳动力增量，可以不断改善劳动力存量的人力资本禀赋，由此，人力资本也因人口红利得到了改善。

伴随有效的生产要素投入，以及生产率的改善，其中符合人口红利逻辑的构成部分主要表现为资源重新配置的效率。人们都关注到，中国经历了人类历史上和平年代最大规模的人口迁移。其实，这个人口迁移或劳动力流动背后的经济学含义就是资源重新配置。在经济高速增长时期，随着中国产业结构的调整及城镇化的推进，规模庞大的劳动力从生产率低的（农业）部门转向生产率高的（非农）部门，从农村转向城市，从中西部转向沿海地区，资源配置由此得到改善，生产率相应得以提高。这分别表现在劳动生产率和全要素生产率的明显提升上。

国内外经济学家做了许多计量研究，揭示了资源重新配置对生产率乃至经济增长的贡献。我估计，1978—2015 年，中国的劳动生产率共提高 16.7 倍，其中 50% 以上来自第一、第二和第三产业自身劳动生产率的提高，还有略微超过 40% 的部分来自这三个产业之间的资源重新配置，也就是劳动力等资源按照生产率原则发生流动带来的。

所有这些经济增长的贡献部分都与人口因素相关。由此可见，正是因为上述人口红利的表现使得生产要素供给和生产率均得到改善，支撑了中国经济的高速增长。与此同时，中国的改革开放和发展提供了同时做大蛋糕和分好蛋糕的成功经验。充分开发和利用人口红利同时意味着就业的扩大、社会流动性的增强，因而低收入家庭和普通劳动者的收入增加很快，分享了改革开放发展的成果。

然而，正如可以预期的，随着第一个人口转折点的到来，即劳动年龄人口达到峰值，人口红利便趋于消失，经济增长减速也应该在预料之中。我们观察跨国数据便可以看到，人均收入水平越高的国家，经济增长速度越慢。为什么会这样？其实非常好理解，正如一个孩子的成长，在长身体的阶段，一定是长得很快的，但到生理年龄成熟之后，身体方面就不可能再长了，而需要"横着长"或者说在内涵上成长，长的是智力、智慧和经验。

经济发展也是这个道理。总体上说，中国已经告别了人口红利时代，二元经济发展的种种特征逐渐弱化，进入新的发展阶段，传统增长动力弱化，经济发展速度必然下降，实现持续发展必须寻找新的动能。而这个新动能的核心要义就在于推动高质量发展，推动经济实现更高质量、更有效率、更加公平、更可持续的发展。

用增长经济学的语言来说，中国经济已经到达这个阶段，必须从依靠生产要素投入转向依靠生产率提高，从依靠大规模劳动力转移带来的资源重新配置的效率转向依靠创造性破坏带来的全要素生产率。在这个时候，也仅仅在这个意义上，克鲁格曼等人的建议具有了一定的针对性。

传统经济增长的式微，以及寻找新增长动能的紧迫性如图 8-1 所示，图 8-1 可以说是半经验性、半示意性的。说它具有经验性，是因为无论是 2011 年之前经济增长的因素分解，如图 8-1 中各部分面积所代表的相关因素对整体经济增长的贡献份额，还是曲线代表的整个时期的潜在增长率，都是计量模型估计的结果。说它具有示意性，是因为我把不同的估计结果放在这一张图中，衔接的逻辑并不严密。但是，图 8-1 的内容仍然是准确的，对我们所要解释的问题尤其有帮助。

如图 8-1 所示，2011 年之前的中国经济高速增长，分别是由劳动（即劳动力数量）、人力资本（即劳动者受教育程度）、资本（即固定资产形成）、重新配置（即劳动力转移）以及残差（即资源

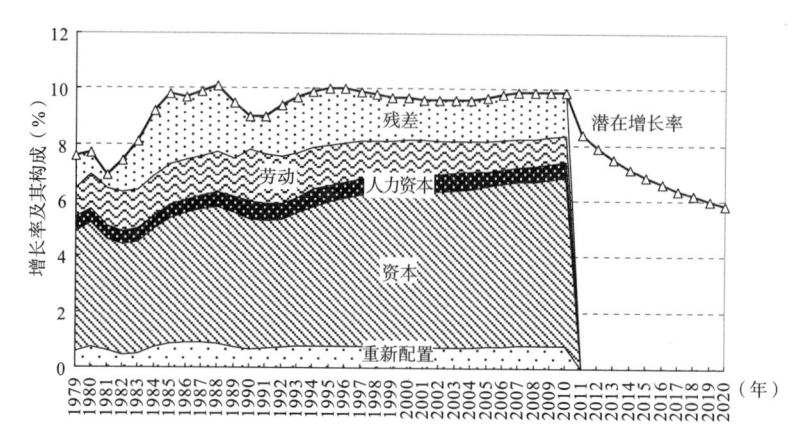

图 8-1 中国经济增长的贡献因素

资料来源：根据以前的研究结果绘制。Fang Cai, Wen Zhao. When Demographic Dividend Disappears: Growth Sustainability of China[M]. Masahiko Aoki, Jinglian Wu. The Chinese Economy: A New Transition. Basingstoke: Palgrave Macmillan, 2012: 75-90. Fang Cai, Yang Lu. The End of China's Demographic Dividend: The Perspective of Potential GDP Growth[M]. Ross Garnaut, Fang Cai, Ligang Song. China: A New Model for Growth and Development. Canberra: ANU E Press, 2013: 55-74.

重新配置的效率之外的全要素生产率）共同推动的。从 2012 年开始，中国经济发展便显著减速，在图 8-1 中反映在潜在增长率的陡然下滑。潜在增长率降低的原因，具体可以归结为上述增长因素的变化。我们说人口红利消失，就意味着上述变量中的劳动、人力资本、重新配置的贡献都将式微，资本的贡献也会因报酬递减现象的出现而难以为继。

实际上，在 2011 年之后，潜在增长率并不必然像图 8-1 所显示的那样断崖式下滑，这正是图 8-1 的拼凑中不可避免的一个缺陷。但是，劳动年龄人口数量从增长到萎缩、人口抚养比从下降到提高确确实实都发生在第一个人口引爆点到来时，即 2010 年前后，所以潜在增长率的大幅跌落也符合逻辑。不过，潜在增长率的下降轨迹是什么样终究不是"命中注定"的，而有事在人为的余地。

在中国经济增长的现实中，要想改变潜在增长率在 2011 年之后的跌落幅度乃至长期轨迹，固然可以挖掘一些传统动能的潜力，但是归根结底必须开启新的增长动能。换句话说，生产率驱动力必须尽可能地替代传统增长动能，这正是经济增长动力变革的必要性和紧迫性所在。

劳动生产率与全要素生产率的关系

2016 年 12 月召开的中央经济工作会议要求，提高劳动生产率，提高全要素生产率，提高潜在增长率。这样一个叠加的修辞方式，不仅是为了强调摆在我们面前的这三项同等重要的任务，而且具有严谨的逻辑性，阐释了三者之间的递进关系，有助于我们深刻领会，进而贯彻落实。

也就是说，在经济增长的传统动能式微乃至消失的情况下，要稳定潜在增长率，甚至提高潜在增长率，根本的途径是提高劳动生产率和全要素生产率。那么需要提出的问题是，劳动生产率和全要素生产率之间的关系是什么，在提高两者的过程中如何协调这种关系？

我们可以先从两者的共同点出发。劳动生产率和全要素生产率都是衡量产出效率的统计指标，更是具有经济学内涵的概念。劳动生产率是看单位劳动投入可以获得的产出，既可以用平均的方式来衡量，即以总产出除以投入的全部劳动计算出平均劳动生产率，也可以用边际的方式来观察和度量，即以每增加一个单位的劳动所创造的增加产出来衡量边际劳动生产率。

显然，在劳动数量不变的情况下，增加资本投入，譬如为固定数量的工人配备更多的机器设备，或者提高工人的技能水平，可以增加产出从而提高劳动生产率。然而，全要素生产率是假定所有生产要素投入都不变的情况下产出的增加。可见，可以通过提高全要素生产率、增加资本投入和改善人力资本三种途径提高劳动生产率。

经济学家在估算生产函数时发现，在总产出增长与投入的生产要素增长之间有时存在一个差额，即有一部分产出的增长不能以要素的增长予以解释。那个无法解释的部分，最初在统计学或经济计量学中被称为"残差"，后来被认为是生产要素的配置效率改善后所带来的额外产出增长，于是便有了"全要素生产率"这个概念。

全要素生产率是劳动生产率提高中最可持续、最健康的贡献因素。为了更好地理解这一点，我们从微观市场主体的行为层面，进一步来看劳动生产率的提高与全要素生产率的提高之间还存在哪些重要的差别。

首先，两者具有不同的难易程度，以及不同的可持续性。劳动生产率的提高有时只需增加资本投入，因而往往过度依靠资本投入，使资本劳动比的上升过快，以致一旦超过某个临界点，便会出现资本报酬递减的现象。而全要素生产率的提高并非易事，因为这个过程就是创新的过程，即按照熊彼特的说法，可以引入新的生产要素或投入品、采用新的技术和工艺、开拓新的产品市场，或者对前述各个部分进行综合，以及重新组合各种投入要素。需要企业家付出更多的努力，全要素生产率的提高才具有无限的可能性。

其次，两者要求的外部条件和政策环境不尽相同，可能遭遇的风险往往天差地别。劳动生产率的提高可以不经过创造性破坏，常常容忍低效率企业继续存在，甚至可以在报酬递减的条件下发生。

例如，政府和宏观经济部门实施过度刺激性的宏观经济政策，可以压低投资者和企业使用资金的成本，实际上是扭曲了生产要素的相对价格，造成的结果并不是真正有效率的，但是用单位劳动产出来衡量的话，劳动生产率的确提高了。

与之相反，提高全要素生产率，靠扭曲要素价格或者任何刺激性政策都无济于事，必须在创造性破坏的环境中进行，让企业和创业者经历进入、退出、生存、消亡的挣扎和洗礼才能实现。单纯用资本深化的方式提高劳动生产率，可能把风险转嫁给工人，如造成机器排挤劳动者的情形，而提高全要素生产率的过程中，投资失败、创新不力、经营不善带来的风险，首先需要企业及其投资者和经营者自身承担。

最后，两者的应用分别适合不同的发展阶段。似乎有这样的规律性现象，即在高速增长时期，产业结构变化剧烈，存在大量的资源重新配置的空间。也就是说，由于地区之间、产业之间和部门之间存在明显的劳动生产率差异，生产要素的流动和重新配置可改善经济整体的劳动生产率。并且，在这个发展阶段，在劳动生产率提高的过程中，资本深化与全要素生产率提高的贡献相对均衡。但是，要做到有效的资源重新配置仍然需要进行必要的改革，以清除要素流动（特别是劳动力流动）的体制性障碍。

当经济发展进入更高阶段，随着增长速度放缓，资源重新配置的空间相应缩小。就是说，低垂的果子已经被摘尽。这时，如果没有足够的改革力度和改革纵深度，就不那么容易找到或者开发出资源重新配置的机会，这时，更简单的手段（即依靠资本深化）会乘虚而入，其与全要素生产率提高对劳动生产率的贡献就容易失衡。

这里，我忍不住再次援引日本的教训。20世纪80年代末，日本在股市和房地产泡沫破裂后，经济增长进入低迷期，企业感受到提高劳动生产率的极大压力，再加上刺激性的宏观经济政策使流动性过剩，廉价资金充裕，因此，资本深化独自支撑了劳动生产率的提高。与此同时，由于企业不愿退出或者难以退出，以致一度造成僵尸企业横行，全要素生产率对劳动生产率和经济增长的贡献竟是负值。

资源配置的僵化与退化

劳动生产率及其最重要的组成部分全要素生产率归根结底是一种配置效率。因此，如果资源配置机制不健全，或者在资源配置中遇到要素流动的体制障碍，或者存在要素价格扭曲的情形，配置就不是有效率的，整体生产率便难以提升。

在人口红利与传统制造业的比较优势加速消失的情况下，经济增长越来越倚仗生产率的提高来支撑。然而，此时恰恰产生了两个不利于生产率提高的现象。下面，我们分别进行讨论。需要指出的是，当我们讲到生产率的时候，既泛指劳动生产率，也强调其中最重要、最可持续的组成部分——全要素生产率。

我把第一个不利于生产率提高的现象称为"资源配置的僵化"或"逆熊彼特化"。经济整体比较优势的弱化在部门间和企业间反映不尽一致，总有一些企业遭遇更多的压力和痛感，如果不能良好应对不断变化的处境，未来会成为最先出局的市场主体。的确，现实中很多企业在这个时刻难以为继，以致退出市场。但是，也有一些企业心存侥幸，试图抓住救命稻草，在生产率和竞争力并未提升的情况下，仍然能够留在市场上继续生存。救命稻草确实是存在的。

中国在推动经济高速增长时期的一个众所周知的特点是,地方政府之间开展GDP竞赛,为此不遗余力地为本地企业创造尽可能好的引资筹码、贷款条件、政策优惠等开办和经营企业的政策环境,一些企业也一度成为地方所仰仗的就业创造者和纳税大户。

当这样的企业在比较优势丧失的新发展环境中难以生存的时候,它们便会寻求政府的保护。撇开情感因素不说,政府异常关注地方的就业、税收和增长,并且常常难以区分企业面临的是暂时性困难,还是不可避免的竞争力消失,也难以判断企业面临的是经济不景气时的周期性冲击,还是趋势性的结构性变化。于是,很多保护性措施应运而生,使得一些没有生存能力的企业继续苟延残喘。

这类保护措施有多种形式,有的比较积极,有的相对消极,但是低生产率的市场主体、过剩或者无效产能乃至僵尸企业仍然占用着资源和生产要素,大幅度降低整体生产率这个结果却是一样的。一个统计上的表现便是,企业间的生产率差异不是像充分竞争环境中所预期的那样缩小了,而是由于没有做到优胜劣汰而扩大了。

这类保护手段包括但不限于以下几种形式。第一,政府或明或暗地予以担保,采取包括注资救助在内的种种方式,维持无效率的企业生产和经营。第二,政府寄希望于企业能够转型为新兴产业的生产者,因此在产业政策的框架内给予补贴等政策支持。固然,这种产业政策本来是允许失败的,但是如果对象是生产率一向表现不佳的企业,则失败就是注定的,政策支持也被证明是错误的。第三,由于缺乏有效的退出机制,或者政府不情愿启动这种机制,让一些企业处于苟延残喘的状态,甚至任由僵尸企业存在。

根据经济学家熊彼特的理论逻辑,生产率的提高要依靠创新,而创新必然产生于创造性破坏机制。如果没有落后产能和低生产率企业的退出，不能宣告僵尸企业的死亡，资源配置就是僵化的，生产率就不能得到提高。正是在这个意义上，我把前面所讨论的现象叫作"资源配置的僵化"或"逆熊彼特化"。

我把第二个不利于生产率提高的现象称为"资源配置的退化"或"逆库兹涅茨化"。传统比较优势的弱化乃至消失促使一批无效和过剩的产能退出，阻碍了一批缺乏竞争力的新产能进入，直接表现在制造业增长不再像以往那样迅速，由此产生的一个必然结果便是制造业占整体经济比重的下降。

以城镇单位就业这个指标来看，从 2013 年开始，城镇单位就业总数和城镇单位制造业就业总数都处于下降趋势，这一方面是劳动年龄人口负增长的结果，另一方面也受到比较优势变化因而经济增长减速的影响，后者的影响应该是趋势性的。例如，2013—2019 年，城镇单位就业总规模缩小了 5.2%，城镇单位制造业就业的下降幅度更大——减少了 27.1%。

制造业就业减少和比重下降，意味着劳动力从该产业向其他产业转移，或者对新成长劳动力的吸纳减少，使其更多地进入其他产业。这里所谓的其他产业，并不会是劳动力退回到农业中，而主要表现为服务业（特别是传统服务业）就业比重的提高。例如，在同一时期，包括批发和零售业、住宿和餐饮业、租赁和商务服务业、水利、环境和公共设施管理业、居民服务、修理和其他服务业在内的传统服务业的城镇单位就业总规模增加了 7.0%。

总体来说，中国第二产业的劳动生产率比第一产业高 3.9 倍，比第三产业高 22.6%。如果将制造业与传统服务业相比，前者的劳动生产率比后者高出的幅度应该更大。一旦生产要素从高生产率部门向低生产率部门流动，则意味着资源重新配置趋于降低生产率。在统计意义上，这种状况会导致产业间或部门间生产率差异扩大。

经济学家库兹涅茨把资源和生产要素按照生产率提高的方向及顺序重新配置作为产业结构变化的要义所在。换句话说，产业结构变化的结果应该是生产率的提高。因此，一旦发生生产要素从高生产率部门向低生产率部门流动和配置，就违背了库兹涅茨产业结构变化的原则，意味着资源配置的退化，也可以叫作"逆库兹涅茨化"。

从人口红利到改革红利

人口红利是在特定的人口转变阶段，因劳动年龄人口增长快于总人口增长而产生的。因此，这个有利于经济增长的人口因素终究会在新的人口转变阶段（即老龄化加剧的特定时期）自然消失。

实际上，中国曾经具有的人口机会窗口，在那个特定时期的世界范围内本来就是独有的。例如，1980—2010年，中国15~59岁劳动年龄人口以年均1.8%的速度增长，而该年龄段之外的依赖型人口基本处于零增长状态（-0.2%）。在同一时期，无论是发达国家作为总体，还是不含中国数据的发展中国家作为总体，劳动年龄人口和依赖型人口的相对增长态势都远远不如中国的情况有利。

可见，人口红利消失是客观规律。相应地，人口红利消失导致中国经济的潜在增长率下降也就是一种必然结果。认识这一点有助于我们理解经济发展的新常态，以平常心看待经济增长减速。针对一些学者主张加大经济刺激力度，稳定经济增长速度，甚至希望回归以往的高增长轨道，我们应该大力强调尊重规律，唯其如此才能保持定力，适应新常态。

进一步说，实际增长率不应超过潜在增长率，因为如果采取实际增长超过潜在增长能力的政策措施，便属于过度刺激的做法，会妨碍调整经济结构和转变经济发展方式的大局。一旦造成进一步的产能过剩，甚至在非实体经济领域刺激出资产泡沫，还会酿成系统性风险。

话说回来，潜在增长率自身却是可以得到提高的。我们估算和预测的潜在增长率，其实只是假设在没有新的增长源的条件下可能实现的增长能力。从比较动态的角度分析，这样的预测并非一成不变。实际上，由于中国所处的特殊改革阶段和发展阶段，经济运行的现实中仍然存在一系列体制和机制障碍，既妨碍对生产要素供给潜力的充分挖掘和利用，也阻碍全要素生产率的进一步提高。

因此，通过全面深化关键领域的改革，消除这些体制性、机制性障碍，一方面挖掘传统增长源的潜力，另一方面开发新的增长源，可望显著提高潜在增长率，就意味着可以赢得真金白银的改革红利。在第二章中，我引用了针对2021—2035年中国潜在增长率的两个预测，即中位预测和高位预测，后者就是加入了改革因素后得出的。

关于改革红利，我们应该把握三点认识。第一，改革与增长不是此消彼长、非此即彼的关系，而是相互促进的。曾经有国外学者建议我们放弃一些对速度的考虑，以便能够推进改革，这就是对改革与增长关系的曲解。第二，改革红利是真实存在的，是消除生产要素供给和配置的体制性障碍带来的增长，表现为潜在增长率的提高。第三，改革越是深入，改革红利就越大。

随着中国经济发展进入新常态，一方面，仍然有挖掘生产要素供给等传统增长源的潜力；另一方面，增长动力终究要实现向创新或全要素生产率驱动转换，获得改革红利的潜力即在这里。应该说，正如当年中国的人口红利是得天独厚的一样，很多潜在的改革红利也是中国在这个阶段所特有的。

以下让我们举例说明，在若干领域进一步推动改革，如何立竿见影并显著地提高潜在增长率。首先，户籍制度改革既有利于提高非农产业的劳动参与率，增加劳动力供给及其稳定性，又可以通过劳动力转移保持资源重新配置效率的提高。其次，通过教育和培训体制改革和劳动力市场发育，改善人力资本积累及其激励机制，满足产业升级优化对技能和创造力的需求。再次，深化投融资体制和金融体制改革，更有效率地配置资金，可以延缓投资回报率的下降。最后，简政放权等一系列促进发挥市场作用的改革，将创造一个能者进、庸者退的竞争环境，从而大幅度提高全要素生产率。

在对劳动参与率、劳动者素质、全要素生产率做出一定幅度改善的合理假设之后，我和合作者曾经对改革红利进行了定量模拟。估算的结果是，在前述关键领域深化经济体制改革，可以使中国经济的潜在增长率在静态预测的基础上提高 1.0~1.5 个百分点。值得指出的是，改革红利的测算是高度理论化、理想化的，只能作为一种方向性的预期来看待，而不必拘泥于具体的数字。

第九章
如何实现潜在增长率

人口老龄化的两个引爆点给中国经济带来供需两侧的冲击。其中，第一个人口引爆点造成的供给侧冲击也可以转化为需求侧冲击。与此同时，第二个人口引爆点还具有造成需求侧冲击的特殊性质。因此，在应对供给侧挑战的同时，来自需求侧的挑战也需要从需求侧改革着眼予以积极应对。

从长期经济增长的视角，一个国家的经济增长归根结底在于潜在增长能力。然而，在具备一定的生产要素供给和配置潜力的条件下，既定的经济增长潜力能否实现，或者说实际增长率能否与潜在增长率吻合，取决于社会总有效需求的保障水平。在中国所处的国内国际环境中，内需是经济增长长期可持续的需求动力，因此，扩大内需应该成为确保经济增长处于合理区间的战略基点。

立足这一战略基点，通过深化改革和政策调整，挖掘并充分发挥包括投资需求和居民消费需求在内的超大规模内需潜力，是构建国内国际双循环新发展格局的关键，也是实现潜在增长能力，使中国经济行稳致远，如期实现中长期发展目标的重要保障。

投资需求、储蓄和资本形成

在经济学家探讨人口红利作用时，通常会指出有利的人口年龄结构对提高储蓄率的积极效果。这从理论逻辑上很好理解，如果一个社会的人口抚养比很低且处于持续下降的阶段，其他条件相同的话，经济活动产生的剩余也就比较多，可以支撑较高的储蓄率。

在具有投资意愿的情况下，储蓄率实际上就等于资本积累率。从早期的发展经济学家开始，到后来的经济增长理论者，都高度重视资本积累的作用，甚至认为一定水平的资本积累率是国家经济能否起飞的关键标志，持这一观点的经济学家包括威廉·刘易斯、华尔特·罗斯托、罗伊·哈罗德、罗伯特·索洛等，不胜枚举。

不过，储蓄率并非在任何时候都等同于资本积累，后者也称资本形成或者物质资本投资。在经济发展早期，经济增长的瓶颈的确是储蓄率不足，也就是没有足够的资金用于必要的投资，意味着存在负储蓄缺口，即总储蓄减总投资的差。随后，较好的人口年龄结构有利于提高储蓄率，进而满足资本形成的要求，这个缺口便消失了，投资对经济增长做出积极的贡献。当人口老龄化加剧和深化后，储蓄能力固然会逐渐减弱，但是投资意愿可能下降得更快，在一些国家便形成过度储蓄，出现负储蓄缺口。

如前所述，从人口结构来看，中国的人口机会窗口期从20世纪80年代开启，整个1980—2010年期间都是潜在的人口红利期。但是，从改革和开放为利用人口红利创造出必要的制度条件来看，90年代中期以后直到2010年，是最典型的人口红利收获期。也正是在这一时期，中国的储蓄率和资本形成率都达到很高的水平。例如，在储蓄率达到最高点（2008年）时，中国比世界平均水平高出26.2个百分点，在资本形成率达到最高点（2010年）时，中国比世界平均水平高出22.3个百分点（见图9-1）。

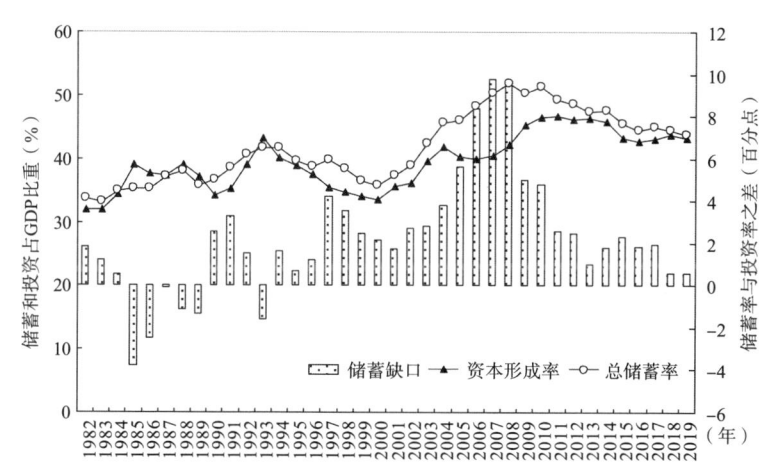

图9-1 中国的储蓄率和投资率变化
资料来源：世界银行数据库 https://data.worldbank.org，2021年3月1日下载。

值得再次强调的是，在有利于经济发展的人口结构中，还存在一个十分重要的因素，那就是劳动力无限供给的性质，这帮助延缓了资本报酬递减现象的出现，得以在收获人口红利的时期保持资本回报率在较高的水平。这是高储蓄率能够转化为高投资率的关键。经济学家有很多研究结果都表明在中国高速增长时期，储蓄率、资本形成率和投资回报率都在世界上位居前茅。

同时，我们也可以在图9-1中看到，在储蓄率和投资率都达到峰值的几年中，储蓄缺口也达到最大。当时出现那种情形与世界经济的失衡有关，也同中国的居民消费率过低有关。2008年全球经济危机以后，中国经济均衡性水平明显提高，也对世界经济再平衡做出了贡献。具体的表现是储蓄率和投资率都有所降低、储蓄率与投资率之间更加协调以及最终消费率显著提高。相应地，我们关于人口因素与储蓄率、投资率和消费率之间关系的关注点似乎也需要一个转向。

随着经济发展阶段和人口转变阶段的变化，保持经济持续增长必然要求人们不断转向迎接新的挑战、采用新的办法以解决新的矛盾。中国经济进一步发展的国际环境和国内发展阶段都发生了变化，世界经济的长期停滞和中国的未富先老是不可回避的大背景。那么，我们在储蓄、投资和消费这些需求因素方面面临的挑战和难点究竟是什么呢？

在关于人口老龄化与储蓄率关系的讨论中，存在两种彼此间有一定对立性的关注。一种关注来自人口经济学家的观点，这些研究者把高储蓄率作为人口红利的主要表现，这样随着老龄化加深，人口抚养比提高，储蓄率将会下降。因此，这类研究者便把关注点放在了如何在老龄化条件下保持储蓄率上。另一种关注来自宏观经济学家的观点，如以前曾经介绍过的萨默斯等人的观点，他们认为老龄化会导致投资意愿和消费能力下降，因而出现过度储蓄的现象。

从理论上和经验上对上述两种观点做出孰是孰非的判断并非易事，也无必要。我们不妨采取更加实用且有益的态度，即着眼于挖掘中国现存的投资潜力，以及提高资金配置效率的潜力，一旦可以保持合理的投资回报率，适宜的储蓄率及其转化为资本形成率便不再是问题。

"投资中国"与"中国投资"

中国高度对外开放的一个重要体现是大规模引进外资。中国经济的高速增长以及投资环境、营商环境不断改善，吸引了大量外资，"投资中国"成为世界性的现象。即便在全球外商直接投资（FDI）显著下降，并且中国引进FDI也有所下降的情况下，2019年，中国的FDI的净流入规模仍居全球第二位（美国居第一位）。

一个引人注目的现象是，21世纪以来，中国对外直接投资的增长迅速，特别是在过去10余年中，中国一跃成为对外直接投资的大国，2019年对外直接投资总规模位列日本、美国和德国之后的第四位。这就是说，"中国投资"也日益成为世界级现象。

不过，此处讨论的"中国投资"指的是把中国的储蓄转化为中国的投资，扩大支撑中国经济增长的强大内需。所以，相应的话题就是如何扩大有效资本形成，发挥投资对经济增长的重要内需拉动作用。具体来说，以下几个方面是拓展投资空间的重点。

首先，新发展阶段的新增长极。这里，我把具有巨大投资空间的区域性发展机会作为增长极。这些增长极包括按照国内版并双向推动的雁阵模型思路，以及一系列旨在促进区域协调和均衡发展的战略，如西部大开发、推动东北振兴、促进中部地区加快崛起等。这些战略既有延续的内涵也有新的任务，可望产生赶超发达地区的新势能和新势头。与此同时，东部地区加快现代化，以及推进京津冀协同发展、长江经济带发展、粤港澳大湾区建设、长三角一体化发展等，可以强化发达地区的规模经济优势和辐射力，实现技术和制度创新以及产业升级，也推动国内版雁阵模型的回移。

推动乡村振兴和实施新型城镇化战略，是未来需要按照实事求是、量力而行的原则进行大规模投资的方面，旨在促进乡村产业兴旺和提升生活品质的建设，以及以农民工市民化为核心的城镇化建设，具有一定的公共品性质，也能带来直接的投资回报，或者通过产业发展和居民生活水平改善带来间接的回报。乡村振兴的资金来源，除了国家必要的投入外，关键是要盘活农村资产存量，而新型城镇化的资金来源是从新市民的强大需求中通过市场渠道筹措。

其次，新发展阶段的新增长点。这里，我把具有巨大投资空间的产业和行业发展机会作为新增长点。为迎接新一轮科技革命和相应的产业革命、新一轮经济全球化、应对气候变化，以及探索动态比较优势，需要实施体现竞争原则的产业政策，特别是为实现碳达峰和碳中和目标，需要在低碳经济领域实施相关产业政策。其中，在清洁能源、碳捕获、节能减排技术等产业领域都具有大规模和长期的投资机会。

此外，补齐经济社会发展中的短板，打通国内经济循环中的堵点，也能形成新的增长极和增长点，具有巨大的投资潜力、社会效益和长期回报率。例如，新冠肺炎疫情暴露出来的公共卫生领域的短板，实施积极应对人口老龄化的国家战略，特别是加强与降低生育、养育和教育成本以及老年人医养结合和长期照护等方面的基础设施建设。

再次，针对创业者、中小企业和微型企业的需求，通过消除投融资机制不健全甚至扭曲、资金成本高、贷款通道不畅等缺陷，让它们更顺畅地获得所需资金，是拓展投资领域和支持创新创业的重要举措。在科技进步及其应用于生产的速度都加快的情况下，中小企业往往是创新的主体，也是潜在的成功者。金融机构和银行应该借鉴互联网平台金融服务的技术和经验，解决经济史上从未实现突破的中小微企业贷款难题。

最后，消除导致资本报酬递减现象的各种体制机制障碍，改善资金配置和使用效率，提高投资回报率。一方面，要推进生产要素供给的均衡化，例如，通过推进户籍制度改革，促进劳动力流动，同时实施统筹城乡的积极就业政策，挖掘劳动力供给的潜力；另一方面，通过教育深化和在职培训，增进劳动者的人力资本禀赋，提高劳动力市场匹配水平。此外，建立和完善对市场主体的奖优罚劣机制，及时处置无效产能和僵尸企业，对提高资本回报率也至关重要。

"中国制造"与"中国消费"

2019年，中国的人口数量占世界总人口数量的18.2%，中国的GDP占全球经济总规模的16.4%，中国的最终消费总额占世界消费总额的比重只有12.4%，三个占比之间仍然有很大的差别。GDP的占比小于人口数量占比，可见中国人均收入与世界平均水平的差距，但这个差距已经越来越小，很快中国的人均收入将达到世界平均水平。最终消费总额占比与GDP占比的差距则标志着"中国消费"与"中国制造"之间的不对称，也亟待以消费赶超的方式予以弥补。

进一步说，在2019年世界全部制造业增加值中，有28.0%是由中国企业生产的，全球商品出口中有13.1%是中国贡献的。从一个角度来看，当时在世界经济继续徘徊于长期停滞、经济全球化处于低潮，以及供应链或多或少脱钩的环境中；从另一个角度来看，促进全体人民共同富裕，以及消除人民日益增长的美好生活需要和不平衡、不充分的发展之间的矛盾，都要求持续扩大消费需求，用中国消费引导中国制造，提高中国制造的质量和效益。

经济增长需求拉动方式的转变是一项艰巨的任务。一方面，投资长期以来在需求拉动中占据主导地位，经济快速增长也总是伴随着高投资率。例如，在过去20年中，资本形成对GDP增长的贡献率超过50%是一种常态，并且GDP的增长率与资本形成的贡献率高度正相关。另一方面，扩大投资常常被用来作为遭遇经济冲击（如出口萎缩）时的替代需求因素。例如，在过去20年GDP增长的需求因素中，资本形成贡献与净出口贡献呈现显著的负相关关系。

看到任务和挑战的艰巨性的同时，也应该看到在启动内需，特别是消费需求方面，中国也有独特的优势。超大规模的市场优势和内需潜力，既是中国经济长期向好基本面的优势保障，也是化解贸易战、新冠肺炎疫情和供应链脱钩带来的经济冲击的制胜法宝。可以从几个方面认识中国超大规模市场优势和消费需求的现状、趋势和潜力。

首先，从国际比较来看中国消费市场规模超大的特点。根据世界银行的统计，2018年最终消费总额，全球为62.6万亿美元，中国为7.3万亿美元。按照世界银行的收入分组，中国自2010年就进入了中等偏上收入国家行列，中国的最终消费总额在这组国家中占比高达46.9%。虽然就人均收入水平和人均消费水平来说，中国与发达国家相比还有较大的差距，但是由于中国的人口规模和经济规模庞大，最终消费总额已经相当于欧元区国家加总水平的71.8%。

其次，更重要的是，中国的最终消费总额仍保持着持续增长的趋势，具有巨大的潜力和充沛的后劲。2008—2018年，中国的最终消费总额年均增长率高达8.5%，远远高于世界平均水平（2.3%）、其他中等偏上收入国家平均水平（2.3%）以及欧元区国家平均水平（0.7%）。并且，中国还保持着最终消费总额增长快于GDP增长的势头。这种消费增长领先于经济增长的趋势是在过去10年中形成的。从最终消费总额增长率与GDP增长率之比来看，1998—2008年为0.903，2008—2018年提高到了1.072。随着新发展理念的进一步贯彻实施，预计这个领先趋势将保持下去。

最后，上述事实也标志着中国经济增长贡献因素的构成发生了重要变化。在拉动经济增长的需求因素（即净出口、投资和消费）中，2018年最终消费总额对GDP增长的贡献率达到76.2%，与2008年的44.2%相比提高幅度巨大，10年间平均每年提高3.2个百分点。在2018年的最终消费构成中，城乡居民消费占70.0%。

同时也要看到，在居民消费的构成中也存在城乡之间不平衡的问题。目前，接近中国人口40%的农村人口消费占比仅为22%，与农村居民收入增长的势头还不对称。这说明与城市居民相比，农村居民面临更多的消费障碍。把超大规模消费市场潜力转化为现实的经济增长拉动力，需要着眼于构成消费市场潜力的三个主要因素，其中需要针对农村居民消费的短板着重用力。下面，我们基于经济正常运行和遭遇冲击两种情形进行简洁的概括说明。

第一是人口因素，既取决于人口规模，也取决于劳动年龄人口参与经济活动的程度。在正常经济增长时期，需着眼于最大限度地提高适龄人口的劳动参与率，即促进农业劳动力转移和扩大非农就业；在应对各种宏观经济冲击时，则要尽快让劳动者和创业者各就其位，让农民工返城返岗，恢复正常经济活动。

第二是收入因素，既包括居民收入水平，也包括各人口群体的边际消费倾向。在经济运行的正常情况下，促进经济增长和改善收入分配均有助于形成大规模的居民消费能力；在应对各种突发情况和经济冲击时，则需要进行特别的收入扶助和消费引导。

保市场主体无疑是重要的，但是遭遇经济冲击时，市场通常也会淘汰很多过剩和无效的产能，以及生产率和竞争力低下的企业。经济学家常说不要浪费任何一次难得的危机，也就是说要抓住这个机会充分利用市场出清机制，取得不可多得的创造性破坏成果。

经常发生的情况是，一方面，政策并不能准确地辨别哪些市场主体应该得到保护，哪些应该任其消亡；另一方面，保市场主体与保居民就业和居民收入两者之间未必完全一致。撇开一些企业在领取稳企援岗补贴的同时仍然解雇员工这类情况不说，如果个人和家庭的收入减少了，预期变坏了，消费就会受到冲击和抑制，这时，即使市场主体保住了，经济活动的复苏却屡弱乏力。因此，从稳定和扩大居民消费着眼，确定保市场主体和保就业的政策措施相互对应，可以在政策实施中取得事半功倍的效果。

第三是供给因素，包括产出的数量、质量和供给品种。在经济活动正常运行的情况下，应该着眼于推动制造业的设计、市场营销、售后服务等相关的生产性服务业在深度和广度上的发展；在应对各种类型的冲击时，则要尽快推动以居民消费为对象的服务业率先复苏，特别是借助互联网时代的新平台、新模式和新业态，尽快形成超常规的商业便利性。

打破抑制消费的老龄化效应

2019年，中国有1.76亿人口年龄超过65岁，占总人口的12.6%，已经进入老龄化社会。人口老龄化既带来挑战也孕育着机遇。生育率下降和人口老龄化都是不可逆转的趋势，因此我们应该善于与老龄化共存，把挑战转化为机遇。为此，需要把只争朝夕与久久为功两种精神状态相结合的任务便是抑制老龄化阻碍经济增长的不利因素，挖掘其潜在的新增长点。

把挑战转化为机遇的一个重要着力点是打破人口老龄化抑制消费的效应，提高消费对社会总需求的贡献率，提升总需求与供给侧潜在增长能力的适应性。下面，我们结合一般规律和调查中获得的数据，逐一分析人口老龄化导致的三种明显抑制居民消费的效应。

第一，人口总量效应。就个人来说，消费是收入的函数。也就是说，有收入才能有支出。但是，在家庭共济的条件下，每个人无论是否工作都要消费，即便没有劳动收入的家庭成员，也同等地进行一般性的生活消费。一般来说，没有劳动收入的群体要么依靠家庭成员的收入，要么依靠社会转移性收入，或者依靠自身的储蓄，以满足自己的消费需求。

但是，从一个方面来看，家庭统筹消费或分享收入的基础强弱，归根结底取决于有劳动收入家庭成员的人数，从另一个方面来看，把个人消费的结果汇总到全部人口后，仍然要遵循以下规律，即在其他条件不变的假设下，人口总量增加，消费就扩大；人口增长快，消费增长就快；人口增长减速，消费也会减速；人口总量减少，消费就萎缩。

城镇住户调查数据结果如图 9-2 所示，我们可以从中观察家庭成员不同年龄的劳动收入和消费支出。劳动收入仅出现在 20~60 岁之间，在 30~40 岁之间达到最高水平，这是由于就业参与程度具有年龄别的差异。也就是说，劳动收入在年龄分布上是极端不平衡的，在人的整个生命周期形成一个陡然的倒 U 字形曲线。

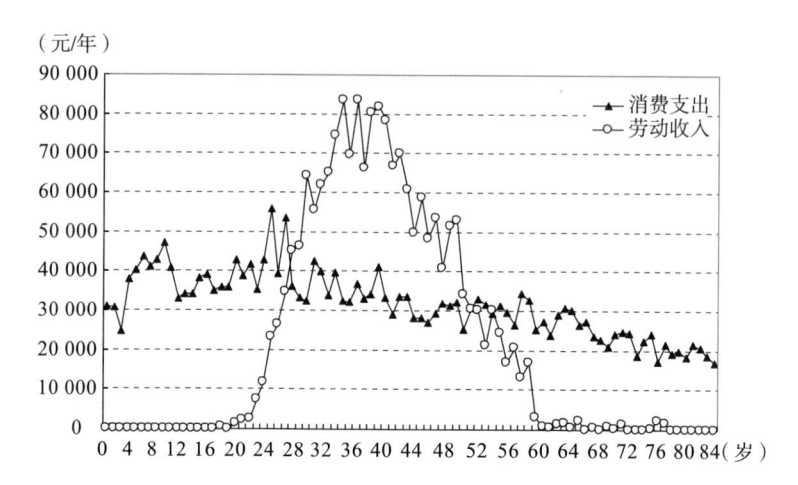

图 9-2　城镇住户不同年龄的劳动收入与消费支出
资料来源：根据中国社会科学院人口与劳动经济研究所 2016 年城市劳动力调查数据计算。

然而，在每个年龄段，家庭成员的消费差异并不十分明显，甚至可以说消费与劳动收入的正相关关系并不显著存在。多劳多得这个原则在家庭这个共同体中并不起支配作用。在以下的分析中，我们将一步一步地，在中国家庭强烈的利他主义倾向中，同时揭示居民消费遇到的现实障碍。

第二，年龄结构效应。已有的研究认为，消费水平倾向于随着年龄的增长而下降。国际上也有研究发现，临近退休和已经退休的群体的边际消费倾向趋于降低。在发达国家，这个现象与人们随年龄增长收入和财富得到积累的情况相悖，所以被称为"退休消费之谜"。从中国人口的年龄与消费关系看，也有消费能力和边际消费倾向随着年龄增长而减弱的趋势。不过，这种现象在中国的情形下算不上是一个"谜"，因为老年人收入是明显降低的，消费水平变化与收入水平变化的轨迹一致。

然而，如果深入分析调查数据的话，我们可以发现，在中国当前的情况下，前述年龄结构效应的表现比表面上的逻辑要复杂得多。如图9-2所示，在整个生命周期中，消费支出水平都是随年龄递减的。

在少年儿童阶段，虽然没有劳动收入，却是消费支出最高的。这反映了两种当前中国特有的现象：其一，在少子化特别是独生子女占孩子比重很大的条件下，孩子对家庭来说十分金贵，家长舍得为孩子花钱；其二，市场也好，不应该市场化却利欲熏心的有关组织也好，对此做出的反应是，引导性产品和服务花样迭出，致使家庭要承担高昂的养育和教育费用。

处在就业阶段的家庭成员虽然是家庭收入的主要挣取者，却未必在消费支出上面明显高于其他年龄段的家庭成员。正如俗话所说：这个人群处在"上有老，下有小"的境地，在承担社会责任的同时，为孩子花钱和赡养老人都是他们的义务。此外，缴纳社会保险费用的支出，以及子女上学、家庭成员生病、自己的失业和退休，都是回避不了的后顾之忧，使他们不得不进行预防性储蓄。

其中，受老龄化日益加速和加深的影响，就业群体面临当下和未来的双重负担。一方面，在现收现付制度下，他们要缴纳养老保险，即时支撑着当前的养老金给付；另一方面，在预期人口抚养比显著提升的情况下，他们也不可能完全寄希望于未来的养老金缴费者，只好在可能的情况下增加家庭储蓄，或者为了储蓄保值，勉为其难地购买资产。

如图9-2所示，家庭中尚处于就业年龄段且年龄偏大的那部分成员，或者借用一个并没有失去针对性的说法——"40—50"人员，陷入了一种劳动收入和消费支出双双下降的窘境。这恰好说明，在未富先老的条件下以及在抚养比提高的预期下,劳动年龄人口面临诸多不能放手消费的现实制约。

中国的退休群体,或者广而言之中国的老年人,的确表现出消费能力和边际消费倾向都趋于降低的情形。在图9-2中,把60岁及以上家庭成员的医药支出剔除后,可以看到这个群体是各年龄组中消费水平最低的,并且呈现出消费支出随年龄增长递减的趋势。

这种家庭成员在劳动收入与消费支出之间的不对称,以及消费随年龄递减的现象,完全可以放大为整体人口的状况。整个人口的收入和消费关系无非是家庭共济和社会政策的共同结果,因此,我们在全部人口这个层面也可以得出从家庭调查中观察到的同样的结论。

第三,收入分配效应。在存在较大收入差距的条件下,社会总收入的较大部分为因没有足够消费需求而只能扩大储蓄的高收入群体获得,与此对应的是,低收入群体由于不能获得足够的收入,他们的消费需求得不到充分满足。两相对比,收入差距造成社会整体消费不振和过度储蓄的结果。可见,收入分配越不均等,消费需求越是受到抑制。

这个效应看似与人口老龄化关系并不大,但是由于收入分配状况受人口变化以及劳动力市场状况的影响,而且老龄化具有放大收入分配效应的作用,所以将其作为老龄化抑制消费的一种效应并不算十分牵强。

借助表9-1,我们可以理解收入分配状况与居民消费之间的关系。总体来说,消费能力是由收入水平决定的,但是边际消费倾向并不与收入水平成正比。我们可以看到,高收入群体的边际消费倾向低,挣的钱花不掉,所获得收入的很大部分必然用于储蓄,其高储蓄率必然主导整个社会的储蓄率。相反，低收入群体的边际消费倾向高，储蓄率较低，对社会整体的消费—储蓄关系影响却十分有限。

表 9-1　收入分配与居民消费的关系

	消费能力	消费倾向	储蓄倾向	净效应
高收入	高	低	高	净储蓄
中等收入	中	中	中	消费储蓄均衡
低收入	低	高	低	负储蓄

因此，在存在较大收入差距的条件下，社会总收入的较大部分为富裕群体获得，与此同时，相对贫困的群体却未能获得足够的收入，以充分满足自身的消费需求，并且由于社会保障水平和覆盖率与收入水平具有一定的关联性，所以低收入家庭往往还要进行预防性储蓄。结果便是居民消费受到抑制，造成总需求不足的情形。

由此可见，如果收入分配状况得到改善，中等收入群体规模扩大，占人口比重显著提高，则会产生扩大消费需求的明显效果。由于这种情况既缩小收入差距、增进社会公平正义，又扩大居民消费，保持社会总需求的不断提高，有利于经济增长，所以扩大消费需求的政策具有公平与效率相统一的性质。

第十章
善用均衡与不均衡的辩证法

在中国区域经济发展趋于均衡化的背景下,如何准确认识仍然存在的区域差距,以及"东北现象"等区域发展新特点,对于实施好区域协调发展战略,以及京津冀协同发展、长江经济带发展、粤港澳大湾区建设、长三角一体化发展等一系列区域重大战略,打造创新平台和新增长极十分重要。同时,认识区域经济发展新特点,有助于判断当前中国经济增长现状,也是展望未来经济增长可持续性的必要理论准备。

长期以来,经济增长理论认为落后地区可以实现赶超的依据在于其缺少的是物质资本和人力资本,分别表现为基础设施落后、民间投资不足、劳动者技能缺乏以及营商环境导致资本配置效率低等。但是,过度强调经济增长的线性特点和均质共性,很多研究忽视了落后地区具有的后发优势。只有找出并发挥这种后发优势,经济发展的趋同和赶超才能实现。

一个地区,无论经济发展水平处于何种状况,仍然有其资源禀赋的比较优势,只是由于历史原因,落后地区实现增长所需的临界最小物质和人力资本积累水平较低，能力也嫌不足，因而难以在短期内自行实现突破。因此，国家主导的区域均衡发展战略给予有针对性的支持，帮助其打破超稳定均衡状态，是必要的干预和预期有效的支持。由于存在资本报酬递减这个规律，这些新兴地区预期可实现比发达地区更快的经济增长，因而形成赶超过程并达到趋同目标。

重读和重解"胡焕庸线"

"胡焕庸线"是以中国著名地理学家胡焕庸教授命名的，出自 1935 年他的一篇论文。在这篇短短的文章中，胡焕庸提出一个看似简单却含义深邃并引人思考的命题。当时，为了说明中国人口区域分布的不平衡和梯度特征，他在黑龙江省的瑷珲至云南省的腾冲之间画出一条人为的连接线，这样就把中国大陆的版图划分为面积大体相当的东南和西北两部分。他发现，当时中国 96% 的人口集中在东南部，只有 4% 的人口居住在西北部。①

从胡焕庸的论文发表算起，80 多年过去了。地理学家们没有淡忘这位前辈及其堪称百年地理大发现的贡献，"胡焕庸线"这个概念还引起更多人的关注，甚至产生一种网红效应。人们发现，这条关于中国陆地国土的西北—东南分界线，不仅继续把中国人口不均衡地分布在两端，从人均 GDP、专利注册数量、人力资本密集度、市场活跃水平，乃至具有综合效应的夜间灯光分布等，都可以看到"胡焕庸线"两侧对比分明的差异。

---

① 胡焕庸. 中国人口之分布 [M]. 胡焕庸人口地理选集. 北京：中国财政经济出版社，1990.

也就是说，当代人对"胡焕庸线"的扩展观察，揭示了中国的区域经济活动水平和城镇化水平仍然存在明显的差异，西北地区严重落后于东南地区。不仅如此，很多人注意到，原来的东中西差异越来越表现为南北差异。这种国土空间布局的特点，既是经济和自然地理规律的作用，也是经济社会发展历史的产物。当然，这种格局终究要改变，既需要打破"胡焕庸线"所表达的这个似乎不可逾越的地域性发展障碍，也需要尊重客观必然性，利用规律促进发展中的均衡。

2014年，李克强总理在国家博物馆参观人居科学研究展时，现场把"胡焕庸线"与中西部地区的城镇化问题联系在一起，提出"如何打破这个规律，统筹规划、协调发展，让中西部老百姓在家门口也能分享现代化"这样一个重要命题。记者称之为"李克强之问"。①

回答这个重要的命题，要求我们增进两方面的认识：第一，"胡焕庸线"作为一个人口分布事实，在多大程度上反映不可违背的客观规律，又在多大程度上是依特定条件而发挥作用的，可以随着条件的变化而改变；第二，如何通过创造必要的发展条件促进相对落后地区的基础设施建设、营商环境改善和人力资本提升，进而实现赶超型经济增长。

虽然在中国的区域发展差异中，体现了农业与非农产业的差异以及乡村与城镇的差异，但是区域差异与后两种差异毕竟具有不尽相同的性质，因而未必可以从中得出相同的政策含义。例如，作为产业演变过程中农业份额下降规律，以及城乡发展过程中城镇化提

---

① 参见 http://politics.people.com.cn/n/2014/1128/c1001-26113082.html。

高规律的作用结果，通常必然出现产业和城乡的此消彼长现象。

换句话说，非农化和城镇化是一种必然。但是，区域之间虽然存在持久性的差异，却不能由此推导出不同区域之间应该具有此消彼长的关系。也就是说，经济发展中的沿海化现象不具备必然性，生产要素的"孔雀东南飞"现象也只能是暂时的，并不应该是区域发展的终点。

可见，"胡焕庸线"所揭示的人口分布现象，并不像随着经济发展和人均收入水平提高，农业份额下降和城镇化率提高一样是经济发展的"铁律"。无论是从经济发展和区域经济的规律来认识，还是从中国经济发展的现实需求来认识，区域均衡发展才是终极目标。

"十四五"规划对实施区域重大战略、区域协调发展战略和主体功能区战略等做出部署，强调资源环境可持续和发挥各地比较优势。特别是对多年来实施的区域协调发展战略提出了新要求，即推动西部大开发形成新格局，推动东北振兴取得新突破，促进中部地区加快崛起，鼓励东部地区加快推进现代化。在以后的讨论中，我们举例来看不同地区应该如何有针对性地发挥自身的比较优势，形成新格局、取得新突破、创造新奇迹。

创新打造东北版雁阵模型

根据东亚的发展经验，当先行的制造业大国遭遇劳动力成本上升，从而比较优势丧失之时，通常都是通过外资流向的变化，把制造业从这些国家或地区转移到发展水平较低但具有劳动力成本优势的经济体。例如，这个产业转移和承接先后经历过从日本到"亚洲四小龙",再到东南亚国家和中国大陆沿海地区的轨迹,被称为"雁阵模型"。

按照这个外资和贸易流向变化以及产业转移模型,在中国的劳动力成本大幅度上升的情况下,劳动密集型产业会大规模转移到其他具有潜在人口红利的发展中国家。然而,由于中国幅员辽阔,具有典型的大国经济特征,地区间资源禀赋和发展水平差异巨大,所以完全可以形成一个国内版雁阵模型。

中国的改革开放存在时间的相继性,经济社会发展水平也具有空间的差异性。进入21世纪以来,实施西部大开发、中部崛起和东北等老工业基地振兴等区域平衡战略,明显改善了中西部地区的人力资本、基础设施和营商政策环境,吸引了大规模投资流向这些省份,使其能够承接沿海地区转移的劳动密集型产业,已经形成一个国内版雁阵模型。

不过,正如早期沿海地区成为制造业中心既依靠劳动力成本优势也依靠聚集效应一样,扩展版的雁阵模型也不必拘泥于是否具有劳动力丰富的要素禀赋特征。把各种区域优势考虑在内,完全可以期待其他类型的雁阵模型出现。理论上,粤港澳大湾区建设就可以定位为依据聚集效应和规模经济的另一种雁阵模型。至于东北地区,完全可以凭借特殊的相对优势,打造具有自身特点的雁阵模型。

资源和要素禀赋既是相对的,也随时间的流逝及发展阶段的转变而发生变化。以农民工工资为例。曾经有一段时间,东中西三类地区的农民工平均工资快速趋同。例如,2017年中部和西部地区农民工平均工资分别相当于东部地区的90.6%和91.1%,地区之间的工资差异已经很小。随着产业转移效果的显现,三类地区农民工工资差异随后又有一定程度的拉动，例如，2019年中部和西部地区农民工平均工资分别相当于东部地区的89.9%和88.2%。

归根结底，随着中国迈入高收入国家行列，资源禀赋必然发生变化，劳动密集型产业不可能永远保持比较优势。实际上，逐步把传统比较优势潜力挖掘殆尽，进而实现产业结构升级换代，就是从高速增长转向高质量发展的具体路径。因此，雁阵模型终究要回归国际版。"一带一路"建设的推进，应用改革开放发展共享实践所证明的有效经验，着眼于改善沿线国家基础设施条件，实现互联互通，进行国际产能合作，正在培育这个国际版雁阵模型。

其实，雁阵模型既可以从国际版转化为国内版，也可以回归国际版，而且每次产业转移都未必是同一水平的平移，也伴随着产业结构的升级。同时说明，在中国各地区之间，产业转移应该也完全可以是双向的。从这些经验看，东北地区完全有机会创新一个规模经济版雁阵模型。从雁阵模型本意及变形版本的共性，可以得到以下启发。

第一，不应该过分拘泥于当前的生产要素禀赋特点，而应该一并考虑包括历史遗产在内的各种发展条件。如果仅仅从发展水平看，中国仍处于中等偏上收入阶段，似乎还有发展劳动密集型产业的潜力。然而，一方面，中国人口红利正在加快丧失，而东北的人口老龄化更是处在加速阶段；另一方面，东北的装备制造业基础不是包袱，而是特殊的发展条件。显然，复制沿海地区传统制造业发展模式，必然不能取得期望的东北振兴结果。

第二，产业结构调整方向的确立不应该一概而论，而是要遵循劳动生产率不断提高的原则。从理论逻辑和中国现状来看，各产业的劳动生产率之间存在显著差异，由低到高的排列顺序依次为农业、建筑业、服务业和制造业,因而产业结构调整必须按照相同的方向。具体对东北地区来说,在产业结构调整中,既不能误判误导,从装备制造业退回到劳动密集型制造业,从制造业退回到低端服务业、建筑业或农业,更不能缘木求鱼,从农业规模经营退回到狭小农户。

第三,推进改革开放,营造良好的营商环境和市场竞争环境,是颠扑不破且有高度共识的道理。在新发展阶段,经济增长的源泉归根结底要转到全要素生产率的提高上。一方面,尚存的传统生产率潜力仍需要体制机制的改革予以挖掘;另一方面,新的生产率提高必须在创造性破坏中实现。供给侧结构性改革体现的正是这种不破不立的原则,是东北再振兴的必由之路。

如何处理聚集效应与合理规模的关系

习近平总书记指出:"产业和人口向优势区域集中,形成以城市群为主要形态的增长动力源,进而带动经济总体效率提升,这是经济规律。要破除资源流动障碍,使市场在资源配置中起决定性作用,促进各类生产要素自由流动并向优势地区集中,提高资源配置效率。当然,北京、上海等特大城市要根据资源条件和功能定位合理管控人口规模。"[①]

我对总书记这一重要指示精神的理解是,要求在遵循经济规律的同时,北京、上海等特大城市根据自身的资源条件和功能定位,在发展中重视特殊的约束,让一般规律有独特的作用方式,但并不

---

① 参见 https://www.ccps.gov.cn/xxsxk/zyls/201912/t20191215_136835.shtml。

是屏蔽这些规律的作用。因此，如何遵循这一重要讲话精神，处理好聚集效应与合理规模的关系，是特大城市经济社会长期持续发展的关键。

中国人口老龄化总体上构成长期可持续发展的重大挑战。在老龄化过程中，有两个人口转折点影响最为显著。第一是劳动年龄人口峰值以及随后的负增长，对中国经济造成供给侧冲击，潜在增长率和实际增长率都显著降低，并处于继续下行的趋势。第二是总人口峰值以及随后的负增长，预计将对中国经济造成需求侧冲击，若不能妥善处理需求不足因素，可能制约中国实现自身的潜在增长率。

中国的特大城市都是经济发达地区。除去深圳这样高度依赖人口迁移且对外来人口持更加包容的态度的城市，按照人口转变与经济发展的一般关系，这些地区通常会在两个人口转折点上都领先于其他地区，因而遭遇老龄化冲击的程度也更严重。

中国老龄化面临的通常是未富先老的独特挑战；很多发达国家的老龄化特点是先富后老，也不无挑战。未富先老的影响往往是供给侧的潜在增长率降低，而先富后老的不利影响更可能在需求侧，因需求不足使经济增长长期处于低于潜在增长能力的水平。例如，目前美国、日本和欧洲许多国家都处于后一状态，被称为经济增长的"长期停滞"，并且由于一系列问题积重难返，所以也可以叫作"高收入陷阱"。

如果说中国整体上面临未富先老的状况，北京、上海等超大城市更接近于先富后老。我们以北京为例进行说明，2019 年北京市人均 GDP 为 16.42 万元（约 2.38 万美元），在全国人均 GDP（10 262 美元）尚未跨入高收入国家门槛的情况下，北京市人均 GDP 已经达到中等发达国家水平（2035年全国人均GDP的目标）。换句话说，把世界银行定义的高收入国家分为三等分，北京市已经跨过中间这个等分的收入门槛。

与此同时，从目前数据看，北京市的老龄化程度并不高于全国平均水平，其老年人口比重和老年抚养比都低于全国水平，劳动年龄人口比重高于全国水平。相对而言，北京市先富后老的问题或许并不明显，或者说第一个人口转折点的冲击并不突出，但是第二个人口转折点的出现可能更早，冲击可能更显著。

因为北京、上海这样的超大城市目前尚存的较为有利的人口年龄结构是外来人口带来的优势，长期看并不具有可持续性。例如，北京目前处于极低生育水平状态，京津沪0~4岁人口比重全国最低；人口自然增长率显著低于全国3.81‰的水平，2018年仅为2.66‰；2014年"单独二孩"和2016年"全面二孩"后，人口出生率的反弹都低于全国水平；近年来流入外来人口数量已经明显减少，常住人口也呈现稳中有降的态势。

也就是说，北京已经进入人口负增长时代，对此应该有所警惕。世界上有21个国家的人口负增长，经济增长表现明显比其他条件相同的国家差，如苏联和中东欧国家，以及传统市场经济国家中的葡萄牙、日本、希腊和意大利。在一些经济增长表现尚好的国家内部，人口负增长的地区呈现凋敝景象，如德国的东部地区。

虽然情况并不完全可比，但是，北京的长期可持续发展的确面临人口挑战，主要表现在过去外来人口流入多，形成较有利的人口年龄结构存量，未来将显现流量接续不上的问题。由于北京制造业的比重低，例如，第二产业增加值比重比全国低22.8个百分点，资本形成率低于全国水平，缺乏制造业也导致中等收入群体比重不够高，收入差距较大，所以投资需求和消费需求都将日益不足。

其他超大城市也或多或少面对相同的挑战，需要未雨绸缪改变政策取向，调整城市发展思路，避免陷入先富后老导致的"高收入陷阱"。特别是，北京、上海应该利用自身优势，特别关注以下领域，加大解决问题的工作力度。

第一，增强城市承载力，稳定人口机械增长，即合理适度地保持外来人口的持续流入。这方面，北京确实具有一定的特殊性，也就意味着面临的两难挑战更为严峻。北京在保持合理人口规模和疏解非首都核心功能的同时，应该充分发挥中心城市和城市群带动作用，围绕城市副中心发展建设现代化都市圈，加大城市辐射力，用好周边地区的资源，唱好"双城记""多城记"，但不要唱"空城计"。

第二，服务业要拓宽幅度，加强城市就业的容纳度。建设更加开放的国际大都市要体现在服务业的水平、幅度和开放度上。北京的第三产业比重全国最高——2019年为83.5%，上海也高达72.7%。服务业不仅要升级，与新技术革命接轨，还要着眼于应对老龄化挑战，围绕全面促进消费加快发展。

第三，探索形成适合超大城市定位的制造业。没有适度比重和不断升级的制造业，就不能形成足够规模的中等收入群体。美国和中国香港经济社会乃至政治上出现的问题，在很大程度上与制造业萎缩进而中等收入群体萎缩密切相关，其中的教训值得反思和记取。应该依托北京作为科技教育中心的地位，发展与首都功能和国际大都市定位相关的智能制造和高端制造。

第四，按照特色化的思路解决地方高等教育的"光影效应"问题。北京、上海等城市是高等教育中心，代表着中国教育的最高水平。但是，市属院校与顶级大学的差距突出，对比格外醒目。好学生、好教师和好科研人员，地方院校也留不住。实际上，很多中心城市都存在地方性高校与驻地的全国著名大学之间的强烈反差。这种竞争力差距几乎是不可能缩小的。固然，这不影响这些城市的发展，仍然可以获得强大的科技支撑，但是终究要突出特色，办好自己的大学。

第五，显著提高基本公共服务水平和均等化程度，率先建成福利城市。发达国家的经验表明，基尼系数降到一个合理水平，最终手段是再分配政策。中国加大再分配力度的特色路径是，把劲儿用到提供更好、更多、更均等的基本公共服务上面。超大城市利用自身户籍制度改革的特殊性，可以率先实现基本公共服务全覆盖。新老市民后顾无忧才能放心消费，才能防止这些城市率先出现有效总需求不足的现象，避免"高收入陷阱"。

沿海地区发展的"虎头豹尾"效应

在构建以国内大循环为主体，国内国际双循环相互促进的新发展格局过程中，沿海地区具有独特的优势。发挥这些优势，应该成为东部发达地区应对人口老龄化冲击的制胜法宝。这方面可以以江苏省为例进行说明，也就是说，该省不仅在供给侧和需求侧均占据高端地位，而且具有广大苏北地区的后发优势，两头都比全国整体状况强劲，因此我称之为"虎头豹尾"效应，在"十四五"时期乃至更长时期应着力予以充分发挥。

江苏省在率先改革开放过程中，最大限度地利用了中国劳动力丰富的比较优势，在全国经济增长中处于领先地位，同时近年来也感受到劳动力短缺、工资成本提高、制造业比较优势弱化的压力。

根据世情、国情、省情拓展比较优势，是江苏省未来高质量发展的关键。形成双循环的新发展格局有赖于实施比较优势发展模式的新版本，而江苏省最具潜力和优势。

第一，充分利用比较优势从产品贸易到价值链贸易拓展的发展机会。江苏省是制造业大省，与全国一样，工业体系比较齐全完整，为江苏省在全球价值链的每个端节占有一席之地提供了独特的优势，得以紧密镶嵌在全球供应链之中，可以避免不必要的和有害的脱钩。

第二，形成雁阵模型的国际版到国内版的转换。江苏省的苏南、苏中和苏北类似于全国的东中西三类地区，近年来苏北的赶超速度十分明显，产业在区域间转移本身，以及派生的具有补短板性质的后发地区基础设施建设，都可以显著地提升投资需求。由此看来，补齐发展短板与开启新增长点，两者既是一致的也同样拥有巨大的需求潜力。

第三，率先实现从关注供给侧到关注需求侧的转变。江苏省人口规模大，人均收入水平高，中等收入群体庞大，形成超大规模消费市场的潜力明显。与此同时，这种优势仍然有巨大的拓展余地。着眼于推进以人为核心的新型城镇化、加快户籍制度改革、深化收入分配制度改革和加大政府实施再分配政策的力度，江苏省的消费潜力和市场空间可以得到进一步开发，这是东部地区得天独厚的需求侧优势。

大湾区的经济学逻辑

经济学家把东亚经济体之间由于比较优势差异及变化而形成的

产业转移概括为雁阵模型。对该模型，有三个要点需要强调，即如果从不同经济体或不同区域之间关系的角度观察经济发展的话，第一是具有梯度性，世界经济或区域经济发展有先行者和赶超者，有领头雁和追随群；第二是具有渐次性，经济体各自按照资源禀赋和比较优势变化定位自身发展模式，把握发展和变革的节奏；第三是具有动态性，随着比较优势和其他条件的变化，不同经济体的相对地位会发生变化，原有发展模式也会改变。

按照雁阵模型的内在逻辑而非表面现象，我们可以预期到并确实可以观察到，日本向"亚洲四小龙"以及后者向东盟国家和中国大陆进行产业转移的雁阵模型，在此时此地发生了形态的变化。

首先，随着西部大开发战略和中部崛起战略效果的显现，并且由于这些地区相对而言仍然保持劳动力成本较低的优势，尽管出现了制造业转移到其他国家的情况，产业转移也普遍地发生在沿海地区与中西部地区之间，国际版的雁阵模型变成了中国国内版。

迄今我们已经看到，劳动密集型制造业开始加快向中西部地区转移，表现为中西部省份的工业投资领先增长。例如，规模以上工业企业的固定资产增长速度，中西部地区自2005年以来明显超过东部地区。其结果是，中西部地区的经济增长相对加快，地区差距呈现缩小趋势。

其次，随着人均收入水平持续提高，以及劳动力短缺现象渗透整个中国内地省份，进而各地工资水平进一步趋同，中国在一些劳动密集型产业上的比较优势终究会丧失，因而雁阵模型不可避免要回归国际版，即劳动密集型制造业向尚享有人口机会窗口的国家转移。这在前文已有说明。

最后，正如贸易与合作并不仅仅以生产要素具有互补性为唯一前提，规模经济效应也曾对传统制造业的区位布局产生重要影响一样，更高水平的聚集效应和规模经济，应该是粤港澳大湾区建设以及九个城市进行合作的经济学依据，也是提高产业在全球价值链中地位的必然要求，我们可以称之为"雁阵模型的规模经济版"。相应地，这一区域合作模式也是中国经济更加开放，获得新的动能，以实现更有效率、更加公平、更可持续的高质量发展的重要抓手。

粤港澳大湾区的特有优势既体现在每个局部地区，也体现在相互间产生正面的溢出效应。广东省是全国的改革开放先行区，拥有最早四个经济特区中的三个，也是第一批获准建设的自贸试验区之一。香港特别行政区以其高开放度和经济自由度，以及作为金融、贸易和现代服务业中心，具有特殊的优势。澳门特别行政区的旅游服务业和区位特点也使其独具优势。

鉴于粤港澳大湾区合作的功能定位，在实施推进中应该立足该区域的初始条件特点，在发挥各自优势的同时，重点凝聚其作为整体的规模经济和聚集效应优势，唯此才能成功完成其独特使命。与此同时，在充分进行顶层设计的前提下，在先行先试中应及时总结形成更具一般性的经验，使其在理念和实践层面可推广、可借鉴、可复制。

第一，发挥和扩大交通运输通信等基础设施密度和网络化程度高的既有优势，进一步推进其在区域内的互联互通。特别是提高金融、保险和生产性现代服务业的一体化程度，形成区域性优势并辐射全国，促进人流、物流、资金流、信息流畅通，为区域内实体经济服务，带动全国产业优化升级，为推进"一带一路"建设服务，并成为全国乃至全球制造业的金融等专业服务、创新、科技中心。

第二，促进生产要素的流动与集聚，探索高质量发展条件下通过资源更有效配置提高全要素生产率的经验，为全国提供有益的借鉴。这个地区具有世界上其他已有湾区不具备的特殊优势，即在提高劳动生产率的条件下，仍然在一定时期保持人口红利潜力可供挖掘。

为此需要广东省的政策思路实现从"腾笼换鸟"到"凤凰涅槃"的提升，率先于全国突破户籍制度改革的最后关口，推动农民工市民化进程，提高区域经济发展的共享水平，防止外来劳动力返乡倒流，形成吸引各类外来人才和劳动力的聚集地，在区域内保持并尽可能长期延续人口红利。

第三，聚集、培养和扩大企业家群体，激励具有创新创业精神和现代经营理念的企业家蜂拥而至、成批涌现，推动创新创业活动空前活跃、排浪式展开。中国经济发展已经进入新阶段，必须通过创造性破坏实现生产率的提高，进而推动中国经济向高质量发展转变。因此，企业家的内涵已经从单纯的投资者和经理人员回归其创新本意，在优胜劣汰中应用新技术、创新产品、开拓市场、形成新业态、创新产业组织形式，迎接新一轮科技革命和工业革命。

第四，借鉴和吸收国际有益经验，遵循国际规则和惯例，推动该区域各地的政策、制度和规则的有效衔接，促进产品市场的统一、完善和一体化程度，形成现代化经济体系所要求的市场机制和市场制度。大湾区既具有强大的产业集群，也是一个庞大的消费市场，还是高质量产品的输出地，这都决定了该区域产品市场的发育和完善不仅对自身具有决定胜负的作用，也对全国具有举足轻重的示范意义。

迄今为止，我们观察到的雁阵模型所描述的对象是劳动密集型制造业的竞争优势转移。如果理论解释仅局限于此的话，即便形成雁阵模型的国内版，随着比较优势的动态变化，即劳动力无限供给特征在中国的整体消失，该产业终究要转移到国外，即回归雁阵模型的国际版。换句话说，制造业终究要转移到生产要素价格更加低廉的国家和地区。

然而，更高版本的雁阵模型把制造业竞争优势作为考察对象，并考虑到规模经济效应，便可以帮助我们认识另一种可能的前景：制造业竞争优势以在中国地区间双向、重复转移的方式得以长期持续保持。为了更确切地描述这种现象，我们可以称之为"飞龙模型"，既表明中国经济规模之庞大，又取其"神龙见首不见尾"之意。

经济发展的不平衡总是存在的，旧的不平衡消除了，还会产生新的不平衡。从全国来讲，实际上经济发展就是在区域间不均衡与均衡的不断转换中实现的，要在发展中营造相对平衡；对一个地区来说，如果能够把握好比较优势效应和规模经济效应这"飞龙的两翼"，则可以始终立于不败之地。

我与合作者的研究表明，1998—2008年，在中国制造业的区位决定因素中，规模经济效应的作用下降了46.5%，同期工资水平和土地价格等成本效应或比较优势效应的作用提高了80%。根据飞龙模型，我们预期规模经济效应在制造业区位决定中的作用完全可以再次加强。同时，这并不意味着要回到以规模经济为主，而是要取得"飞龙两翼"的平衡。任何地区做到这一点，制造业便可以继续展翅高飞。

全国已经经历过规模经济和比较优势两种效应同时发挥作用，到规模经济效应作用递减、比较优势效应扩大的过程，结果便是制造业从沿海地区向中西部地区转移。在这个过程中，与其他珠江三角洲地区一样，深圳特区一度也尝试"腾笼换鸟"。这种努力表面看上去似乎效果不显著，其实并不是坏事。如果把"腾笼换鸟"的思路换成"凤凰涅槃"，意味着深圳不能没有制造业，只不过是走向更高水平的制造业。同时，在制造业优化升级的条件下，服务业发展才是高端可持续的。

对深圳来说，今后也不能放弃制造业。以往的认识以为，高度发达的经济体可以不需要制造业，不需要非熟练劳动力，后来的事实表明，这种做法最终导致极其惨痛的后果，最初主要表现在拉丁美洲国家，可以称为"拉美病"，后来又可以叫作"美国病"，实际上也是许多其他发达国家和地区的通病。事实证明，没有制造业及其升级换代，普通劳动者就不可能有梦想和未来，中产阶级也必然萎缩，社会也就没有凝聚力。

中国特色社会主义先行示范区和粤港澳大湾区建设，为深圳提供了千载难逢的打造高端规模经济，重塑比较优势的机遇，为深圳塑造"飞龙的两翼"提供了两大优势，即同时拥有大湾区的规模经济（高端聚集效应）和广大中西部地区的人力资源，是世界上任何发达地区都不具备的，不能有丝毫的放弃、浪费或滥用。

美联储前主席艾伦·格林斯潘曾在2019年指出，人口老龄化是全球投资萎缩的根源。这个判断并未囊括全球投资萎缩的全部原因，但是哪怕其中有部分正确，也意味着在21世纪，对任何地区而言，都可以说"得人口者得天下"。深圳的示范作用不应该再是高速度，而是要转向高质量，不仅是促进人口的横向流动，更是为人口的社会纵向流动搭建阶梯，在以人民为中心的发展上先行先试。

第十一章
用好用足改革这个关键一招

党的十八届三中全会指出，经济体制改革的核心问题是处理好政府和市场的关系，"使市场在资源配置中起决定性作用和更好发挥政府作用"。这是我们党对中国特色社会主义建设规律认识的一个新突破，标志着社会主义市场经济发展和市场化改革进入了一个新阶段。把改革开放进行到底，继续推进经济体制改革，仍然要把处理好政府和市场的关系置于核心位置。党的十九届五中全会在"充分发挥市场在资源配置中的决定性作用"和"更好发挥政府作用"这一对表述之后，又增加了一句"推动有效市场和有为政府更好结合"。

政府和市场的关系问题实际上是一个全球性问题，既是经济理论讨论中的焦点，也是各国经济发展实践中的难点。中国经济体制改革 40 余年的实践，特别是党的十八大以来开创性的探索，既提出了相关的问题，也积累了宝贵的经验，提炼出关于政府和市场关系的最新中国智慧，有助于我们加深理论认识，并有针对性地用来指导进一步改革的实践。

自 20 世纪 70 年代末以来，中国实现了高速经济增长，综合国力明显增强，人民生活水平不断提高，归根结底得益于改革这个关键一招。在新发展阶段，中国将应对各种风险与挑战，只有继续用好用足改革这个关键一招，才能贯彻好新发展理念，构建起新发展格局，实现每个时期的发展目标。因此，一方面要坚定改革的决心，认识到不改革或者延误改革是前进途中最大的风险；另一方面，认识改革要摒弃西方政治经济学框架，推进改革也要破除民粹主义的出发点。

寻求市场和政府的最佳结合点

党的十九大报告指出，使市场在资源配置中起决定性作用和更好发挥政府作用。这个重要的表述是改革开放以来不断解放思想的理论创新成果，或者说是改革开放实践的最新理论概括。这个理论认识同经济改革发展方面的其他理论成果一道，不仅有力指导了中国经济发展的实践，而且开拓了马克思主义政治经济学的新境界。

无论是在中西方，无论是站在哪个立场的经济学家，其实都是在思考和探索市场和政府的最佳结合点。哪怕是那些持比较极端观点的代表性人物，除非其身份和立场已经超出科学研究的领域，也只是在两者之间的关系上有较大倾斜而已。也就是说，凯恩斯主张政府干预经济的时候，并不会认为市场机制不再重要；哈耶克和弗里德曼在倡导市场原教旨主义的同时，也不会真的认为政府作用从此可以彻底休矣。

所以，或多或少、或左或右，经济学家都是在探讨并表述一个市场和政府结合的均衡点。我们以图 11-1 做一个不那么严谨的示意，来看两者之间如何通过制度变革和政策调整趋于更加均衡。我们以横坐标代表制度变革或政策调整的方向，以寻找最佳结合点，纵坐标代表无论是市场还是政府的作用力度，两条曲线分别表示市场机制和政府作用的大小交替。对于两者的相对作用力度及其关系，我们采取简单化的"强"或"弱"来形容，但仅具有相对意义。

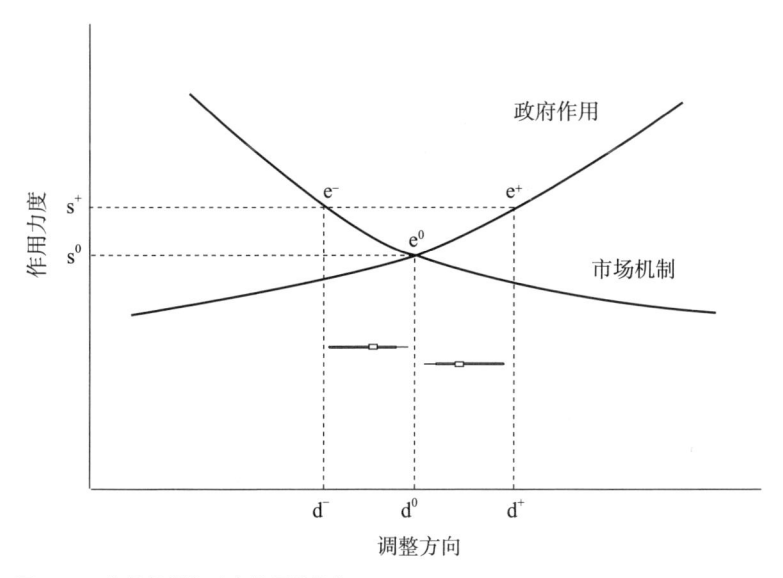

图 11-1　市场机制和政府作用的均衡

如图 11-1 所示，两种作用力度在没有达到交点 e^0 的情况下，无论是强政府与弱市场的组合，即在均衡点的右侧，如 e^+，还是弱政府与强市场的组合，即在均衡点的左侧，如 e^-，都存在调整的余地，直到制度变革和政策调整使两者的作用力度达到均衡，即图中的两条曲线相交，才达到最佳结合点。在现实中，大多数经济体都在尝试纠正市场失灵或政府失灵现象的情况下，不断进行着这样的制度变革或政策调整。

然而，在实际面对市场机制和政府功能孰轻孰重的替代关系时，秉持不同政治理念和学术立场的经济学家和政策制定者必然选择大相径庭的结合度或均衡点。当具有不同政治理念的政府执政时，或者不同流派的经济学家在学术团体乃至社会舆论占主流的时候，社会思潮便会发生变化，在体制上和政策上也会进行重新选择。一旦社会思潮具有过于偏激的倾斜度，对于选择市场和政府之间的最佳结合点，无疑具有极端化甚至扭曲性的影响。

值得再次强调的是，并非只是从计划经济向市场经济进行体制转轨的国家，在改革的过程中进行上述市场机制与政府职能结合点的重新选择，实际上，在实行资本主义制度和市场经济体制的国家，强调市场机制和重视政府作用两种理念及其各种程度的组合观点始终进行着针锋相对的争辩，实践中也同样不断进行着选择和重新选择。

20世纪80年代末，美国经济学家弗里德曼夫妇写过一篇文章，认为无论是笃信自由市场还是崇尚政府干预，都分别会以两股潮流的方式存在，先是形成意见层面的思想潮流，随后当相应的思想取得统治地位从而成为政策，便形成了实践层面的实务潮流。[①]一种思想和政策潮流占上风的情形延续一段特定时间之后，最终会逐渐让位于另一种思想和政策潮流占上风的情形，而危机往往是重大转变的催化剂。

通过回顾经济史和经济学说史，弗里德曼夫妇指出，在欧美经

---

① 参见 https://fee.org/articles/the-tide-in-the-affairs-of-men。

济发展的历史进程中，倾向于市场与倾向于政府（他们常称后者为"集体主义"）这两种思想及政策潮流是以 50~100 年的周期间隔交替占主导地位。他们引用莎士比亚戏剧《裘力斯·凯撒》中的一段话："世事如潮。激流勇进，便可成就一番事业；错过潮汐，终将一事无成。"意思是说，经济学家如果不能随潮流而进，成为市场的倡导者，便会终身蹭蹬，一事无成。这里面的机会主义色彩十分明显。不过，这句话也启示我们，实际上，经济学家也好，政策制定者也好，他们追逐潮流的结果就会形成 50 年乃至更长时间为一个周期的政策倾向长波，无论在哪种波段中，制度设计和政策选择都会产生偏移、倾斜乃至扭曲。

中国以建立社会主义市场经济为导向的改革没有受新自由主义经济学的主导，也没有遵循所谓的"华盛顿共识"。在逐步扩大市场机制作用范围的过程中，始终没有放弃政府的作用，而只是减少政府对经济活动的直接干预。尽管这样的探索也会不可避免地出现一时或一地的偏倚，但是正如渐进式改革所体现的那样，总体上把握住了市场与政府的平衡，避免了造成巨大损失的那种忽左忽右和循环往复。

虽然中国在过去 40 余年的改革开放过程中，已经明显增进对市场和政府关系的认识，也得益于不断探索两者合理结合的实践，但改革无止境，认识无止境，对于这个关系的探索仍然有巨大的空间。总体而言，在推进改革的过程中，我们应该抱持以下理念。

首先，政府和市场的关系本身并非一成不变，围绕这个问题的改革既不会一步到位，也不可能一劳永逸。因此，对问题的认识需要与时俱进，相应的改革重点也会发生变化。从面临的问题出发，当前的改革重点仍然是转变政府职能，减少政府对资源的直接配置行为，给市场自主调节和企业理性反应留出充足的空间。

其次，在政府职能和市场作用之间，要清晰地划分出两者的边界，使之各司其职，既不能鸠占鹊巢，把不该交由市场来做的事务一放了之，也不能越俎代庖，政府承担配置一般性资源的职能。同时，还要充分发挥两者之间的协同作用，无摩擦地或最小摩擦地产生作用力相同的效应。

最后，市场经济体制和机制不是自然而然形成的，既需要以足够的历史耐心使其全面发展，也需要以时不我待的态度进行重点培育。这两种导向都提出相同的任务，即需要通过不断拓宽和深化改革，在顶层设计和于法有据的前提下推动各个参与市场的主体进行制度创新，推动市场经济的成熟。

坚持市场配置资源的主体地位

中国经济体制改革遵循的方向，以及决策者日益坚定的决心是，在资源配置领域和直接经济活动中发挥市场的决定性作用。市场是一种资源配置制度，可以与任何基本制度相配合。世界范围的经济发展实践表明，市场既为经济活动主体提供最有效的激励机制，也为各种生产要素和资源提供最有效的配置方式，同时市场经济具有多种模式。

在改革开放发展的实践中，我们在逐步深化对市场作用以及政府和市场关系认识的同时，增进了对市场机制配置资源的必要性、必然性的认识。例如，在计划经济时期，由于完全排斥价值规律、商品经济和市场调节作用，经济发展付出了惨痛的代价。从改革初期开始，我们也分别经历了对市场作用的若干认识阶段，从排斥市场机制到把市场作为计划经济的辅助手段,进而强调计划与市场结合。

邓小平在1992年的南方谈话中明确指出,计划和市场都是经济手段,不是社会主义与资本主义的本质区别。[①] 党的十四大明确了建立社会主义市场经济体制的改革目标。党的十五大以后提出要发挥市场在配置资源中的基础性作用,直至党的十八届三中全会明确提出使市场在资源配置中起决定性作用和更好发挥政府作用,实现了我们党对中国特色社会主义建设规律认识的新突破,标志着社会主义市场经济发展进入了新阶段。

市场在资源配置中起决定性作用,就是要在生产、流通和消费等经济活动各个环节,通过形成和完善生产要素市场与产品市场,以要素的相对稀缺性和产品的供求关系决定价格,形成对投资者、创业者、生产者、流通者和消费者的引导信号,依此配置资源、平衡供给、鼓励竞争,进而达到提高资源配置效率和激励经济活动的目的。

过去40余年的经济体制改革,无论是从思想认识上,还是从实际推动中,可以说始终围绕着建立社会主义市场经济体制进行,而最终明确确立市场机制发挥配置资源的决定性作用,则是理论创新的逻辑结果以及创新实践的必然结果。

不过,市场是一种制度,既然它总是处在不断的演变和进化过程中,也就完全有可能发生变异或异化。一般来说,市场机制虽然是计划经济的对立物和替代品,却也是孕育垄断的母体和温床。我们从一段时期的理论争论中可以发现,人们对市场经济向计划经济

---

① 参见 http://cpc.people.com.cn/n1/2017/0606/c69113-29319752.html。

或计划思维的回归有足够的警惕，却忽视了产生垄断的潜在危险，更不用说，市场原教旨主义的思维常常有意淡化垄断的存在及其危害。在科技革命和全球化的背景下，一些新的垄断因素也在滋生，不啻市场发挥配置资源决定性作用的大敌。

围绕人工智能和大数据的飞速发展，中国的企业家与经济学家之间就计划经济是否可以复活展开了讨论。有的经济学家援引哈耶克的相关论述，试图否定计划经济的复活或回归。按照哈耶克的观点，知识和信息是分散的，只有通过价格体系或市场机制，而不是通过中央计划者，才能将其转化成千千万万个企业家或其他当事人的有效经济活动。

参与这场争辩的经济学家实际上被企业家蒙蔽了，以致走到了错误的论证方向。面对具有学习能力的人工智能和具有无限发展空间的大数据，即使不是现在，不远的将来也会证明，我们已经不能再百分之百地确定知识和信息必然是分散的，因而也无须假设只有在试错中才能筛选出可供决策使用的正确信息。其实，当下提出所谓计划经济的问题，本质上反映的是执新技术发展之牛耳的巨星企业所有者或代理人，对于自己在未来社会中控制地位的判断和意图。

看来经济学家忘记或者忽略了一点，恰恰是在他们所引用的《知识在社会中的运用》中，哈耶克早就先知先觉般地指出在中央计划与市场竞争之间还存在第三种状态，并警告其存在的危险性。他说的这个第三种状态，正是企业的垄断。

对于在新技术革命和全球化环境中脱颖而出的一类巨无霸般的企业，人们有很多词语称呼：超级明星企业、大型科技公司、公司巨人、独角兽企业，等等。它们的共同特点是超级大，并且从诞生那天就以大为美，因而不遗余力地追求扩大自己的规模。为达到这个目的无所不用其极，从收购与兼并到上市与私募，一切服从于扩大规模。

独角兽企业就说明了这种规模倾向，这个名称的发明者将其定义为通过公开上市或私募使估值超过10亿美元的创业公司。有众多案例表明，这类企业并不在乎是否盈利，甚至风险投资人也不管其是否盈利，只是一味支持其扩大、扩大再扩大，好像这类企业的创立和发展失去了目标。

据说马克·扎克伯格学生时代的梦想就是把全世界连接起来，他后来所做的事业正是建造一个以数据为中心的社交网络，连接整个世界。然而，正如历史学家尼尔·弗格森指出的那样，社会网络每个节点的地位并不相等，其中的个体（可以是个人、企业、组织以及其他社会活动参与者）彼此之间也并不具有相同的连接性。

因此，所谓"连接"，说穿了就是把所有的信息集中到一个中央指挥部来统筹，或者说亿万普通人由这些巨型企业来"连接"。从这个目的着眼，我们便可以看到，此类企业已经表现出无所不做、无所不能、无往不胜的特质。

例如，亚马逊就绝不能仅仅界定为打折零售商，它同时是市场营销平台、派送和物流网络、支付服务商、信用贷款机构、拍卖行和出版商……互联网、大数据时代的金融科技和经营零边际成本性质则如为欲望之火添加助燃的薪柴。天下熙熙皆为利来，天下攘攘皆为利往，它们的利益究竟何在呢？无非是获得尽可能大的市场份额，进而排挤掉竞争对手。

市场高度集中、过度集中所导致的垄断从来都是恶魔。在欧美国家，越来越多的当事人和观察者发现，在当今这个时代，从制造挤出效应、阻碍技术创新、把千千万万参与者的信息加以垄断拥有、滥用、欺诈、侵权、扭曲，从而造成对供应链的破坏，以及导致工资增长停滞、收入不平等，直至政治上滋生民粹主义、民族主义，无不与这种巨型企业的垄断有关。一旦这种垄断行为再寻求政府的保护和补贴，那就更是如虎添翼，危险至极。

可见，吸取一些国家已经产生的教训，关注中国大型科技和平台企业扩张中已经出现的问题和显现的端倪，我们需要认识到，坚持市场配置资源的主体地位、创造市场经济运行的良好制度环境等一系列举措是题中应有之义，包括强调平等准入和公平竞争，强化反垄断和反不正当竞争，保护用户信息安全和利益，促进形成国内统一市场，对平台经济要加强监管和规范秩序，促进公平竞争，反对垄断，防止资本无序扩张，等等。

更好发挥政府作用

我曾经多次引用刘易斯在其著作《经济增长理论》中的一句话："政府的失败既可能是由于它们做得太少，也可能是由于它们做得太多。"无论从修辞意义上，还是从理论逻辑意义上，我们都可以将这句话看作一个"刘易斯悖论"。在以往关于市场应该如何与政府结合的研究中，始终有所谓"板块论"与"渗透论"之间的交锋。其实，如果一定要在两者之间争出个孰是孰非，可能反而不利于市场与政府作用的良好结合，进而无法更好发挥政府作用。

第一，市场是一种制度，必须进行一系列制度安排使其发挥应有的作用。市场经济与法治不可分离。让市场机制发挥激励经济活动的作用，政府必须以强制手段保护各种市场主体和参与者的产权及其相关的受益权，做到有恒产和有恒心的有机统一。此外，还有很多市场领域需要法律法规的约束。特别是，诚信体系既是一种文化，涉及非正式制度安排，也需要正式的制度安排予以保障，确保市场在交易费用尽可能低的条件下运行。

第二，政府作为国家的代表和执行机构，在涉及各种国家安全问题、关乎国计民生的重大决策，以及推进重大战略、应对突发事件或进行危机管理等方面，有着义不容辞、责无旁贷的职责。中国打赢新冠肺炎疫情防控阻击战并做好"六稳"（即稳就业、稳金融、稳外贸、稳外资、稳投资、稳预期工作）、落实"六保"（即保居民就业、保基本民生、保市场主体、保粮食能源安全、保产业链供应链稳定、保基层运转工作）的成功经验，充分表明政府这方面职能的不可或缺性，以及新型举国体制的强大优势。

我们可以从新冠肺炎疫情对经济社会影响的特殊性角度，认识在面对突发事件和各种外生冲击时，政府职能的不可或缺性，以及这种情况下政府发挥作用的特点。

经济史上充满了经济衰退、金融危机以及疾病大流行造成的经济冲击与灾难，这些事件也成为经济理论和经济政策的长期热门话题，在某种程度上也可以说是经济学理论创新的孵化器或催生剂。人们习惯于说：千万不要浪费掉一次难得的经济危机。意思是说，由不同起因导致、后果严重程度不一的经济衰退和经济危机，终究造成人们不希望看到的、或大或小对国家经济和人民生计的伤害，如果不能最大限度地从惨痛经历中吸取教训，以便作为后事之师，这些代价就白白付出了。

疾病大流行的经济影响特点可以一言以蔽之：流行病学曲线决定经济影响及其复苏轨迹。而经济活动主体的市场行为，既不能识别流行病学曲线的变化特征，也没有适应这种变化调整自身市场行为的经验。由此决定了这种事件具有显著的外生性和外部性，单纯依靠个体层面的市场反应行为难以奏效，因而必须从社会层面统一决策和行动。

新冠肺炎疫情发展的特点和方向决定经济复苏的时间、方式、路径和效果，因此需要依据事件发展的进程和顺序，按照宏观政策的类型和手段特点，选择恰当的出台时机。

在中国疫情发生的早期，流行病学倒V字形曲线处于峰值前的上升阶段，为了控制疫情大范围传播，最重要的任务莫过于实施严格的防控措施，包括封城、隔离、取消聚集活动等，这时不可避免地要减少甚至遏止经济活动。而在疫情发展达到峰值之后，倒V字形曲线进入下行阶段，在疫情传播确保可以得到控制的情况下，经济复苏便居于更高的优先序。相应地，宏观经济政策以及其他政策手段也受这个特点的影响，需要选择恰当的时机依次出台，否则不能取得预期的成效。

例如，旨在刺激居民消费（特别是鼓励补偿性消费）的政策，在社会尚处于隔离状态时并不能产生预期效果；旨在保持必要且充分流动性的货币政策可能在不同阶段都是需要的，但是应该与每个时点的主要政策目标相适应，而不应成为一个独立的目标；旨在恢复和刺激投资的宏观经济政策，显然不能在全社会普遍隔离期间及经济活动开始恢复之前实施；至于保障居民基本生活的社会托底政策，从一开始便不能缺位，应该以各种形式贯穿于疫情发展及其经济冲击的始终。

疫情防控与恢复经济活动都是不得不为的硬要求，必须科学处理两者之间存在的取舍权衡和两难决策。虽然新冠肺炎死亡率低，但也正是这个特点使其传播速度快，最终以感染群众庞大而造成生命健康损失。因此，以全社会动员的方式实行严格防控措施是不可避免的，也是中国为世界贡献的一个成功经验，是放之四海而皆准的硬道理。

与此同时，在疫情得到总体控制的条件下，在继续保持严格防控的前提下，及早复工复产进而复商复市也是头等大事，同样是颠扑不破的硬道理。然而，两个硬道理之间的确存在取舍权衡的关系，因而常常不得不面临两难抉择。

新冠肺炎疫情的流行病学曲线在很多国家都没有像中国那样形成一个倒 V 字形轨迹，而是呈现多种模式，有的不断升高，有的形成了长时间处于顶部的情形。实际上，在不同国家，新冠肺炎疫情的流行病学曲线既呈现倒 U 字形，也显现出明显的倒 W 字形趋势。相应地，各国经济复苏过程分别可能经历 U 字形或者 W 字形的轨迹，甚至还显示出不同社会阶层分化的 K 字形复苏形态。这些都意味着应对疫情及其经济社会影响，必然成为政府职责和公共政策的内容。

一些国家的决策失误和应对不当造成的恶果也从反面印证了上述结论。这次新冠肺炎疫情及其对全球经济造成的冲击，与历史上的疫情大流行、经济衰退和其他危机事件有着诸多相似之处。例如，疫情本身的不确定性和信息的不充分性、政府对形势判断的不及时致使决策失当、当事人推卸责任的"甩锅"举动、事件导致的市场震荡和经济复苏的徘徊踟蹰等都是历史上（特别是经济史上）屡见不鲜的情景。

此外，新冠肺炎疫情及经济影响事件的暴发及演变过程中也暴露出一系列在常态条件下被忽视的问题。例如，公共卫生应急响应体系、全球化条件下国家之间协同合作、紧急物资的储备和调运、制造业供应链的维护与修复等都在疫情事件中遭受严峻的挑战。正因如此，经济学家需要进行更深刻的思考，以便提出对解决所面临各种困境的对策建议，同时能够未雨绸缪地预见将来。

第三，在诸多提供公共服务特别是基本公共服务的领域，由于涉及城乡居民的基本民生、体现社会公平正义、关乎全体人民共同富裕等社会主义本质问题，决定了政府必须承担主要责任和职能。

职能一是缩小城乡之间、地区之间、部门之间以及居民群体之间的收入差距及享受基本公共服务的差距，需要政府实施以税收和转移支付为主要内容的必要的再分配政策，然而这种再分配应该以不伤害激励机制为前提；职能二是诸多公共服务的供给领域具有明显的外部性，或者说具有社会收益大于私人收益的性质，因此政府是适合的供给者；职能三是与社会保护相关的制度建设需要政府出面进行，以减少社会层面的交易费用。

从经济合作与发展组织成员国政府的社会支出占 GDP 比重，我们可以看到政府职能在这方面的重要性。除了墨西哥，所有国家的该支出比重都在 10% 以上，平均为 20%。在 38 个成员国中，有 9 个国家（以北欧国家为主）的该比重在 25% 以上，其中法国高达 31%。进一步观察法国，可以看到其社会支出在政府的全部支出中占比十分突出。例如，政府提供产品和服务活动的支出占 GDP 比重这一项，法国也居于世界第一位，高达 46.5%。也就是说，社会支出在全部政府支出中占到 2/3。

对政府来说，花什么钱就表明办了什么事，花多少钱也就意味着承担了多大的责任。实际上，从另一个支出比重也可以看到政府的这种责任。从全部政府活动的支出占 GDP 比重看，世界上几乎所有国家都在 10% 以上，世界平均水平为 29.1%。也就是说，无论是低收入国家、中等收入国家还是高收入国家，无论是奉市场原教旨主义为圭臬的政府，还是主张更多干预和责任的政府，实际上都不能回避最基本的职责和职能。

第四，即便在与直接经济活动相关的领域，政府也需要承担宏观调控和引导的职能，包括：实施财政政策和货币政策，调控宏观经济运行，熨平经济周期；实施产业政策和区域政策，探寻动态比较优势，促进区域经济平衡发展；实施以基础科学研究及相关基础设施建设相关的促进科技创新的政策等。

毋庸讳言，在履行政府经济职能的实践中，许多国家的政府都犯过一些错误，走过一些弯路，甚至有的还曾付出沉痛的代价。然而，政府职能的必要性和必然性意味着在进行再选择时不能因噎废食。重要的是，在履行上述职能时，政府不要直接担当市场主体，应该最大限度地减少直接参与经济过程，杜绝任何对激励机制和生产要素价格的扭曲，防止对不同经营主体的厚此薄彼。

第五，在一些市场和政府分别可以发挥作用的领域，也有必要在两者之间形成一种你中有我、我中有你、相互补充的渗透作用关系。一方面，市场形成的激励机制对于市场主体的参与十分重要，也具有提供信号使市场主体做出合理反应的必要功能。同时，鉴于在一些领域存在外部性，市场机制也会有失灵的表现。另一方面，政府需要履行的自身职能中，也有很多方面可以引入市场主体的资源和活动。

外部性的存在以及处理外部性的多种路径和路线，使得在政府与社会以及私人市场主体之间存在相当大的合作空间，可以发挥各方的积极性和比较优势，弥补单方面行动可能存在的不足或低效。

例如，这方面的合作模式包括政府和社会资本合作进行公共基础设施建设，以及政府把公共服务外包给社会组织或私营企业进行，等等。

报酬递增的改革

从1978年党的十一届三中全会算起，中国经济体制改革已经走过40余年的历程，社会主义市场经济体制也日臻成熟并逐步定型。特别是党的十八大以来，中国全方位推进经济体制改革，主要领域的"四梁八柱"性改革基本出台，取得了开创性的成绩。改革围绕转变政府职能、处理好政府和市场关系，在设立自由贸易试验区、发展民营经济、深化国资国企改革、发展混合所有制经济、推动简政放权和"放管服"改革、创新和完善宏观调控等方面取得了显著成效，激发了各类市场主体的活力，推动实现了科学发展和更高质量发展。

然而，正如党的十八届三中全会指出的，实践发展永无止境，解放思想永无止境，改革开放永无止境。因此，在新发展阶段，深化改革仍然是重要任务。讲到经济改革时，我们常常讲两句话，一是将改革进行到底，二是改革进入攻坚期和深水区。这表明在前期改革的基础上，越是到后续的改革，难度越大，风险也越发突出。

关于这种现象，西方的政治经济学有一个经典的模型。我们完全可以借助图11-1，加一点儿小小的改动，即可用来解释这个关于改革的政治经济学模型。如图11-2所示，横坐标为改革的广度和深度，纵坐标表示改革的边际成本和边际收益，具有正斜率的曲线表示边际成本，具有负斜率的曲线表示边际收益。

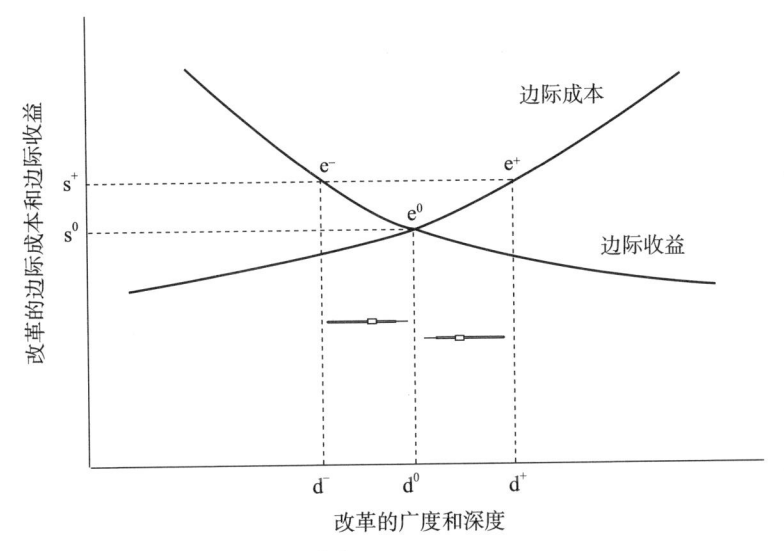

图 11-2　边际成本和边际收益的均衡

这个模型假设改革的边际成本递增、边际收益递减，认为在边际成本与边际收益相等的均衡点 e^0 上，改革的力度和深度恰到好处，增之一分则导致改革成本过高，减之一分便意味着尚有改革的余地。现实中观察到的改革的推进、停顿、倒退，实际上就是寻找边际成本与边际收益的均衡点，一旦达到均衡，改革就此落幕。

值得注意的是，在这个关于改革的政治经济学模型中，所谓的成本和收益，分别为进行改革的政治成本和政治收益。对西方的改革决策者来说，两者都是以选票的多少来衡量的。前者指进一步改革付出的边际成本，即丧失的选票；后者指进一步改革获得的边际收益，即获得的选票。改革按照净收益最大化来决策，直接取决于选票是净增加还是净减少。

这个模型把制度变革、政策调整或改革视为一种公共品无疑是恰当的，然而在这个模型中，代表选票丧失的边际成本是递增的，代表选票增加的边际收益是递减的，两者相等的均衡点的决定表明西方政治家追求的是选票数量的最大化。显然，他们的决策依据并不是改革本身的成本和收益，而是自身获得和保有权力的可能性的变化。利用这种模型来进行改革决策，常常导致民粹主义的政策倾向。

因此，一旦我们放弃这种分析框架，即不再以选票为目标函数，马上便可以看到边际成本未必始终具有递增的性质，边际收益也未必一定会递减。实际上，从以人民为中心的发展思想和改革目标出发，改革的真正社会收益，即对于解放生产力、增强国力和提高人民生活水平的效果，在很多场合下是递增的。

一般而言，现行的经济运行中仍然存在的各种体制和机制弊端，妨碍着生产要素的充分供给和有效配置，因而仍有提高潜在增长率的余地，也意味着凡是可以改善生产要素供给潜力和配置效率的改革，均会产生从供给侧提高潜在增长率的效果。直到改革完成，这种收益往往是连续性的，可以源源不断地产生。

特殊而言，在通常情况下，很多类型的改革或者某些改革在彻底完成之前甚至可能不产生收益。换句话说，改革的收益不一定是一条连续的曲线，必须持之以恒地推进，以见到可以收获真金白银的改革红利为止。就教训来说，历史上有过无数失败的改革，或者源于改革进程的半途而废，或者源于改革内容的"半截子"性质。

如果说上述关于改革的政治经济学模型有那么一点儿意义值得借鉴的话，那就是随着改革的进一步深入，确实会遭遇更多的困难。例如，竞争的艰难和失败的风险可能促使一些企业和部门寻求保护，甚至试图阻碍必要的体制改革。而那些维护既得利益格局的体制障碍，也必然进一步阻碍经济的可持续增长，最终造成更严重的减速，甚至经济增长停滞。

因此，从中国经济长期可持续发展、实现中华民族伟大复兴的历史大局出发，必须突破显性和隐性既得利益集团的阻挠，坚持以人民为中心的发展思想和改革出发点，以更大的政治勇气和政治智慧推进重要领域的改革，以获取人口红利消失之后志在必得的制度红利。

红利丰厚的关键改革领域

从改革是为了获得更好的配置资源和要素的逻辑出发，推进改革有两种方式：一是在外延上寻找新的改进空间，二是在内涵上完成既定的改进初衷。一般来说，由于外延型改革具有"帕累托改进"的性质，即推进这类改革只有获益者而没有受损者，各种市场主体具有内生动力，去找到并抓住新的改进机会。而由于内涵型改革可能面对既得利益者的抵制，或者改革红利遭遇免费搭车的问题，所以直接当事人在这方面的改革积极性偏弱。

然而，如果推进内涵型改革仍然具有改善资源配置效率空间的话，就意味着改革可以获得净收益，完全可以通过特定的制度安排解决外部性问题，即实现"卡尔多-希克斯改进"（用改革收益补偿受损者），以政府为主导推进改革，恰当地分担改革成本、分享改革红利。可以说，这就是顶层设计的本意所在。

换句话说，政府主导改革并不意味着政府对于改革的方向、推进的节奏和方式可以做到先知先觉，因而可以越俎代庖，而主要是指政府顺应市场及市场主体变化的制度需求，确立改革方向，设计改革路径，承担推进改革的责任。改革的这种外部性和报酬递增性质，恰是顶层设计的必要性和可行性所在。

具有报酬递增性质，因而亟待推进后半程改革的关键领域不胜枚举。下面，我们选择几个学术界和政策研究界已有共识、改革红利效果明显、目前也确实处在前半程已经取得成效且后半程亟待出发才能获得递增收益的关键改革领域予以说明。

首先，推进户籍制度改革，促进更加完整的城镇化。在改革开放的 40 余年里，中国的城镇化速度超过了世界发展史上任何时代的任何国家，不啻中国经济发展奇迹的一个重要组成部分。城镇化对改革期间经济增长的贡献，主要表现为劳动力从低生产率部门转到高生产率部门，包括从农业到非农产业、从国有经济到非公有经济，创造出资源重新配置效率。

例如，正如已经说明的，在改革开放期间，中国劳动生产率整体得到提升，除第一产业、第二产业和第三产业各自的提升之外，劳动力从农业向第二产业及第三产业转移，完成了资源重新配置过程，做出了大约 44% 的贡献。农村劳动力转移是中国城镇化的显著推动力，因此这里显示的三个产业之间的劳动力重新配置效应，可以看作城镇化的贡献。

随着经济发展进入新常态，增长速度进入下行区间，城镇化速度也有减缓的趋势。与此同时，中国城镇化远未完成。因此，继续推进新型城镇化，使其继续为中国经济增长做贡献就是一个报酬递增的改革过程。通过户籍制度改革，以农民工的市民化为核心，完成新型城镇化的后半程，既是改革深化的必然逻辑，也是获得报酬递增改革红利的推进路径。

户籍制度改革的重要性质之一是其供给侧的贡献，即可以显著提高潜在增长率。在较早的一篇文章里，我与合作者曾对户籍制度改革的红利进行模拟。我们当时发现，如果在2011—2020年这10年中，每年把非农产业的劳动参与率提高1个百分点，就能够使GDP的潜在增长率提高0.88个百分点；若今后10年中全要素生产率每增加1个百分点，它所对应的GDP潜在增长率将提高0.99个百分点。这两项改革加总起来，理论上可以实现2个百分点的GDP额外增长。显然，这个结论如今依然成立。

同时，户籍制度改革也可以产生需求侧的改革红利。进城农民工群体没有取得城镇户籍，这并不是一个抽象的概念，现实中没有城市户口的人其就业岗位的稳定性差，没有均等地获得基本公共服务，孩子上学就有困难，自己的养老也不能得到很好的满足。根据城市劳动力调查数据分析，仅仅受户籍制度这一因素制约，农民工消费支出受到抑制的幅度就高达21.3%。反过来说，如果农民工具备城镇户籍，即使其他条件不变，其消费也可以提高27%。

其次，让农村土地"三权分置"服务于规模经营，释放出改革红利。早在20世纪80年代后期，随着农业劳动力剩余现象逐渐显现，在劳动力转移压力渐渐增大的同时，也出现了利用规模经济的需要，相应地便形成了对土地流转的要求。这就是一种对制度的需求，旨在催生一种土地流转的机制。

通过多年的探索，农民、自治组织和地方政府也实现了很多经验的积累，着眼于在坚持土地集体所有、充分保障农户承包权利的基础上，推动土地的流转和集中，明显有利于促进规模经营，达到了提高农业劳动生产率和务农收益的目标。党的十九大报告提出的完善农村承包地"三权分置"制度作为农村土地制度改革方向，就是这些制度创新实践经验的结晶。

即使将来中国农业劳动力比重进一步降低，保障务农者的收益也十分重要，这归根结底有赖于农业劳动生产率的提高，而后者又取决于土地经营规模扩大的程度，进而又与农业劳动力转移的速度和稳定性形成了互为条件、相互制约的关系。甚至可以说，这里似乎形成了一个农业劳动生产率、土地经营规模和劳动力转移之间的"制约三角"。

所以，要完成"三权分置"的改革，必须打破这个"制约三角"，才能取得实实在在的效果，真正促进农业农村现代化。换句话说，土地实现确权、允许"三权分置"只是改革的第一步，还需要进一步形成土地流转和集中的操作性机制。越是完全彻底的城镇化，越有利于实现规模经营，提高农业劳动生产率，实现产业兴旺的目标，避免出现农业衰落和农村凋敝的现象。

一言以蔽之，除非形成与提高劳动生产率要求相符的土地适度规模经营，否则土地"三权分置"这项改革的收益不会穷尽，因而改革也不能算完成。反过来说，这项改革也是改革报酬递增的一个典型。

最后，以营造创造性破坏的政策环境为核心，通过促进竞争性完善产业政策。使市场在资源配置中发挥决定性作用和更好发挥政府作用，要求探索一些两者实际有效的结合方式。这种探索也是改革，探索的过程同时也是改革的过程，其中一项相关的改革就是形成市场和政府作用良好结合的产业政策。但是，实施产业政策绝非在市场经济中保留一些计划经济的因素，而是探索一个全新的社会主义市场经济体制模式和运行机制。

无论在发展中国家还是在发达国家，产业政策都居于发展政策的核心。从政府对特定产业和地区经济的选择性支持政策角度认识产业政策，人们会发现，这类政策实践并没有因一个时期中新古典经济学占上风，以及"华盛顿共识"广为流行而销声匿迹。事实上，在早期东亚经济崛起以及后来新兴市场经济的赶超中，产业政策也发挥了或大或小的作用。

中国经济高速增长的有益经验之一也是其有效地实施了恰当的产业政策和区域政策。过去我们尝试占领一些战略性的新兴产业，摸索动态比较优势，出台了很多产业政策。对这些新兴产业给补贴，给更多优惠政策，刺激投资流入，政府参与在一定程度上也是合理的。然而，并非出台了产业政策，这项改革就万事大吉。实际上，在产业政策尚未形成市场机制与政府作用的良好结合之前，需要把这项工作当作改革举措继续推进，挖掘其改革红利。

这项改革需要特别注意的是，有为政府所要做的事情主要不是越俎代庖地确认哪些产业或企业具有提高生产率的潜力，因而通过产业政策进行干预，而是通过发育生产要素市场、维护市场竞争，营造创造性破坏的环境。

一个可能并非初衷却实际存在的问题是产业政策保护了落后，造成缺乏比较优势、没有竞争力、低生产率的局面，甚至让僵尸企业苟延残喘，降低了经济整体的生产率水平。正因如此，如果一定要使用产业政策这个概念，也不应该人为挑选赢家，而是抓住一些瓶颈性的行业，找出这些行业中存在的体制机制问题，着力消除其中存在的制度性障碍。

第四部分

创新经济政策和社会政策

第十二章
决策的人民中心和发展导向

以人民为中心和以发展为导向是贯穿经济政策体系和工具创新过程的红线，也是改革始终坚持的方针。在从计划经济到市场经济的体制转轨过程中，中国的宏观经济政策体系逐步完善，成为支撑社会主义市场经济体制的基础性"四梁八柱"之一。正是由于改革开放发展的过程中秉持了以人民为中心的理念，这一宏观经济政策体系及其工具箱具有清晰的人文维度。

贯彻新发展理念，要求进一步提升政策制定和实施的民生关注程度、着眼于生产率驱动的增长、决策的科学性和对未来的预见性，达到与新发展阶段和高质量发展相匹配的高度。因此，目标明确的改革措施、民生相关的社会政策、积极就业政策、应对人口老龄化等都应该纳入宏观经济政策的工具箱。同时，宏观经济政策的实施应该与产业政策紧密结合，发挥政策合力。

"稳中求进"导航中国经济

党的十八大以来,习近平总书记多次强调和阐释稳中求进工作总基调,历年中央经济工作会议也都加以重申,并于2016年中央经济工作会议被提升和定位为治国理政的重要原则和做好经济工作的方法论。在党的十九届五中全会确立的"十四五"时期经济社会发展指导思想中,再次强调坚持稳中求进工作总基调。在中国经济面临新发展机遇和严峻挑战的情况下,深刻理解、坚持和贯彻好这个总基调具有特别重要的意义。只有保持好"稳"与"进"的辩证关系,才能实现创新、协调、绿色、开放和共享的发展。

首先,强调"稳"与"进"的辩证法。"稳中求进"这个表述本身体现的就是"稳和进有机统一、相互促进"的辩证关系。唯物辩证法关于事物的发展是动与静的统一、新与旧的交替和质与量的转换的观点,奠定了经济工作中稳与进之间关系的认识论基础。经济发展本身就是在存量与增量关系的动态变化中实现的。这里所说的存量既包括经济总量也包括经济结构,表现为各个组成部分之间和各种经济变量之间的关系,要求具有稳定性和均衡性;增量则是在前者"稳定"的基础上,通过"进取"才能得以实现的。

例如,在质量和效益提高的基础上保持经济在合理区间增长就是这个道理。"稳中求进"的工作总基调,针对中国经济发展进入新常态条件下所面临的机遇与挑战,准确地表达了这个辩证关系。因此,稳的重点要放在稳定经济运行上,进的重点是深化改革开放、转变发展方式和调整结构。

战略上坚持稳中求进、把握好节奏和力度的同时,战术上要抓关键点。正是由于对经济工作的战略部署与推进经济工作方法论高度统一这一特性,"稳中求进"工作总基调成为党中央治国理政的重要原则。

以稳定经济运行为重点的"稳"是做好经济工作的基调和大局,把这个大前提确立下来,实现了经济社会的平稳发展,才能守住资源、环境和生态底线,守住保障和改善民生的底线,守住防范系统性风险的底线。中国发展中仍然存在不平衡、不协调、不可持续的问题,增长的效益和质量不够高。从这些方面着眼和入手,解决经济社会发展存量中的问题,就是工作总基调对"稳"的要求。

"稳"是为了"进"。在"稳"的前提下,要在关键领域有所进取,在把握好度的前提下奋发有为,努力实现经济社会发展的新进展、新突破、新成效。正是立足于"稳中求进"的工作总基调,党中央近年来多次强调着眼于整体政策方向与具体政策定位相统一的要求和部署,即分别从宏观政策要稳、产业政策要准、微观政策要活、改革政策要实、社会政策要托底等方面,有针对性地具体贯彻落实。

其次,以"稳定"立大格局。"稳中求进"的"稳"字,首先是宏观政策要稳,旨在稳住宏观经济。作为新常态特点的增长减速,迄今为止还主要不是需求侧冲击造成的,而是特定发展阶段上符合规律的供给侧的增长速度换挡。因此,"稳"的第一个要求就是适应新常态,保持战略上的平常心,不着眼于需求侧进行强刺激,避免形成经济泡沫从而酝酿金融风险。

"稳中求进"工作总基调中的"稳"字也要求经济增速保持在合理区间。在提高效益和质量的前提下实现经济增长,是稳定增长速度的内涵。在新常态下,传统的外推式的经济增长速度预测和预期已经不再有效,经济增长预期应以新常态下生产要素供给和生产率提高潜力决定的潜在增长率来确定，实际增长速度不突破潜在增长率下限，也不寻求超越潜在增长率加上适度扩大总需求政策效应，以及推进改革效应决定的上限，由此决定增长速度的合理区间。

根据中国社会科学院学者的估算，在"十三五"时期，符合"稳中求进"工作总基调的合理速度区间应该在6.2%~6.7%，剔除2020年新冠肺炎疫情这一新中国成立以来遭遇的传播速度最快、感染范围最广、防控难度最大的重大突发公共卫生事件的影响后，总体而言就是这样的速度区间，而且需求因素保障了供给能力的发挥。

在"十四五"期间，中国的潜在增长率是5%~6%，之后到2035年前为4%~5%。同样，我们既要努力实现既定的潜在增长率，又要在收获改革红利的前提下争取达到潜在增长率上限。那种不可持续、不健康的过快速度，宁可不要。也就是说，除非是改革带来的潜在增长率提高，不再追求超出潜在增长率区间的增长速度。

保障和改善民生是"稳"的落脚点。在供给侧新常态下，一方面，只要实际增长符合潜在增长率，就可以使经济整体处于充分就业状况，筑起民生底线；另一方面，增长速度下行使得可供分配的蛋糕增量变小，推进供给侧结构性改革也会加剧产业结构变动、促进企业优胜劣汰。此外，我们还会面临在实现"30·60目标"过程中可能遇到的制约，使部分劳动者受到结构性和摩擦性就业冲击。

因此，从以人民为中心的发展思想出发，落脚于保障和改善民生，增强发展的共享性，量力而行地加大再分配力度，巩固拓展脱贫攻坚成果和实现社会政策托底，让人民群众在改革、开放和发展中更有获得感，是在新发展阶段"稳中求进"的题中应有之义。

最后，以"进取"定新方位。"稳中求进"既是经济工作方法论，也是对预期达到的一种经济运行格局的描述。"稳"是为了求"进"，既"稳"且"进"则是一种格局。在经济发展新常态的几个显著特点中，速度换挡是对特定现象的描述和解析，也是适应新常态的认识前提，而发展方式转变和产业结构优化升级，并达到增长动能的转换，则是引领新常态的预期要求。

因此，新常态这个经济发展大逻辑，结合稳中求进的工作总基调，共同构成了引导必然王国到自由王国跃升的方法论。在稳定的前提下，把握好度和节奏，采取积极进取的态度，推动供给侧结构性改革，实现转方式、调结构和转动能，才能最终把新常态引领到新方位。

在改革开放期间的很长一段时间里，中国经济具有典型的二元经济发展特征，表现为劳动力充分供给、人力资本较快积累、资本回报率高、劳动力从农业向非农产业转移带来资源重新配置效率。改革开放将这些特征转化为产业、产品的比较优势，并实现高速经济增长和就业扩大，人口红利得以充分兑现，实际增长速度符合这一时期具有的潜在增长率。

随着人口转变和经济发展双双进入新发展阶段，特别是在2010年前后劳动年龄人口增长到达峰值、人口抚养比下降触及谷底，中国经济也成为世界第二大经济体，按照人均GDP衡量进入中等偏上收入国家行列，传统增长动能加快消失导致潜在增长率下降。这一经济发展新常态提出寻求和挖掘新的增长动能的迫切要求。

因此，贯彻稳中求进工作总基调的逻辑和路径，就是在认识和适应供给侧新常态的基础上，一方面，接受新的潜在增长率，降低增长速度预期，稳定宏观经济运行；另一方面，通过推进供给侧结构性改革，消除要素供给和配置中现存的体制性障碍，按照优化资源配置的方式进行产业结构调整，实现经济增长从主要依靠要素投入到主要依靠全要素生产率提高的转变。

随着中国人口数量即将达到峰值，需求侧对经济增长速度的制约也将显现出来。完成需求的扩大以支撑长期经济增长的任务，同样不能依靠扩张性刺激政策，而要着眼于需求"三套车"对症施策，分别从拓展比较优势、增加居民收入、改善收入分配等环节进行。

由此来看，一方面，经济发展方式的转变也就是增长动能的转换，以提高全要素生产率引导的产业结构优化升级，可以减弱潜在增长率的下行势头，表现为改革红利；另一方面，以促进全体人民共同富裕为根本目标，实施一系列扩大内需的政策，可以保障潜在增长率的实现。按照这样的逻辑和路径，"稳"字当头，"进"也就在其中了。

以人民为中心的改革哲学

绝大多数研究者和观察者都高度认同中国的经济改革是成功的。经济学家常常联系中国的经济改革成效和经验，进行关于改革目标模式和改革方式的讨论，涉及"华盛顿共识"和"北京经验"的比较、改革的渐进性和激进性的比较，以及政府作用和市场发育的讨论，等等。

然而，同样面对中国经验，中外学者常常会得出不尽相同的结论。造成这种对现象的观察和概括产生对立结论的原因，看似在于许多研究者囿于既有理论的教条，甚至存在某种自觉不自觉的偏见，无法解释中国的改革理念和实践相对于其他国家来说存在明显的独特性，更为根本的是他们未能理解这些中国特色背后的以人民为中心的改革哲学，及其所决定的改革出发点和推进逻辑。

改革仍在继续。因此，对已经经历的过程进行经验总结和理论提炼，不仅可以为其他发展中国家摆脱贫困、走向现代化提供可供借鉴的中国智慧和中国方案，对于中国自身进一步探索改革开放也具有弥足珍贵的指导意义。

我们先来观察改革方式及其主要特点。大多数研究者观察到了中国改革的渐进性质。针对计划经济条件下微观环节的体制弊端，农业中和企业中的改革直接切中缺乏激励和低效率的问题，可以采用承包制等改革形式即时改善激励，增加生产，推动经济增长。在显示了改革成效从而坚定了社会对改革的信心后，更有活力的微观经营单位开始寻求更多计划外的生产要素投入，以便进一步改善配置效率、增加经营利润和劳动收入。

由此，改革便顺理成章地进入资源配置的层面，在计划机制之外生长出新的市场机制，并不断扩大自身调节产品流通和生产要素配置的范围和规模。随着产品和要素市场范围的扩大，价格逐步摆脱了计划控制，转向由产品的市场供求和要素的相对稀缺性决定。

人们观察到的另一个特点是改革的增量性质。改革从解决激励问题和微观效率入手，却不过早地涉及存量的调整，因而不会过早伤害传统体制下的既得利益群体。这十分重要，因为在中国的改革过程中，在很多情况下，相当部分所谓的既得利益群体实际上是收入水平较低的普通居民，改革理所当然不能伤害他们的利益。

例如，对国有企业就业进行打破"大锅饭"式的存量调整，不可避免要波及职工群体，他们不仅工资水平低，而且年龄偏大，受教育程度和就业技能低,在劳动力市场并不具有竞争力。商品价格一下子放开这样的改革意味着物价上涨,可能伤及的居民也恰恰是在低工资体制下承受力最弱的人。因此,坚持增量改革的原则,适度保护既得利益群体,并不仅仅意味着对拥有特权的既得利益群体的妥协,更是着眼于降低与改革相伴而生的社会风险和个人代价。

许多国外的观察家和研究者不约而同地注意到,中国的渐进式经济改革是在没有总体蓝图的情况下起步,采取解决当时存在的紧迫问题和追求直接效果为出发点的方式分步骤进行的。即便在1992年党的十四大确立了建立社会主义市场经济体制的目标模式之后,"摸着石头过河"的改革特点也在很长时间里存在。这主要表现在对多数改革任务来说没有明确的时间表,改革次序也不是事先有意识确定的,并且呈现出改革推进方式因时、因地而宜的性质。直到党的十八大以后,改革的顶层设计特征才日益呈现出来。

在国外,研究经济体制转型的经济学家往往十分关注如何将改革对既得利益集团的伤害降到最低水平,从而最大限度地降低改革的政治成本和风险。采用这种政治经济学逻辑解释中国特色的改革方式,如果仅仅期望从理论出发纸上谈兵的话,似乎也不无解释力。然而,中国的改革固然避免了不必要的政治风险,其显现的特征却不是由此逻辑决定的。

毋宁说,中国的改革虽然在一段时间里并没有清晰地形成某个既定的目标模式,但是从其起步伊始,根本出发点与推进逻辑便十分明确,也就是邓小平所说的"三个有利于":有利于发展社会主义社会的生产力、有利于增强社会主义国家的综合国力和有利于提高人民的生活水平。正是这个改革出发点,成为改革方向是否正确、改革方式是否恰当、改革成效是否令人满意的衡量标准。

改革哲学决定方向和成效。正是由于坚持了这个改革哲学作为出发点和落脚点，使中国改革的指导原则和推进方式并没有陷入任何先验的教条，既不照搬任何既有的模式、道路或共识，又坚持渐进式改革方式，更秉持了改革、发展和分享理念。即使在党的十四大确立了建立社会主义市场经济体制以后，这个改革取向也没有成为一个无条件、独立的目标模式，而是服从于发展生产力、提高国力和改善民生的根本目的。

同时，这种改革出发点和推进方式也保证了改革的整体推进特点。虽然改革初期没有一个明确宣布的总体蓝图，但由于经济体制是一个整体，体制的每个环节需要统一配套运作并互相适应，又由于中国改革在推进上结合了"三个有利于"标准与尊重群众首创精神的统一，以及自上而下与自下而上相结合的性质，因此，改革领域的选择和改革进程的决定虽然有时具有自发的特点，却并不是随机的和任意的，仍然呈现出内在的逻辑性。

深入考察中国经济改革历程和逻辑，我们可以发现，在整体上表现为只涉及增量变化的循序渐进特点的同时，在不同时期、不同阶段和不同领域也交织着涉及存量变化的相对激进的改革。改革采取什么样的形式和步骤，取决于体制作为一个整体的相互适应性的需要和社会承受力。无论从局部效果还是阶段效果来观察，其实改革是整体推进的，并不存在实质上超前或滞后的领域。

邓小平提出的"三个有利于"标准作为改革遵循的原则，自始至终是明确的并得到坚持。在这个改革理念指导下，改革、发展和稳定成为一个整体，改革是为了发展，也要服从于稳定，而发展成效被用来检验改革道路的正确与否，稳定则为进一步改革创造条件。

党的十八大以来，中国特色社会主义进入新时代。坚持以人民为中心的发展思想是习近平新时代中国特色社会主义经济思想的基石。正如习近平总书记指出，我们党来自人民、植根人民、服务人民[1]，党的一切工作必须以最广大人民根本利益为最高标准[2]。中国共产党领导的改革也是一样，把人民群众作为改革和发展的推动主体，同时也是分享改革和发展的最大、最终极的受益者。

坚持以人民为中心的发展思想，是把中国共产党与世界上其他政党区别开来的试金石，其正确性也为中国实践对共产党执政规律、社会主义建设规律和人类社会发展规律的长期探索所检验。从世界经济发展长期存在的一个做大蛋糕和分好蛋糕的两难问题，我们可以清晰地看到中国改革开放发展具有的分享性质，同时进一步显示中国改革的独特成功之处。

经济增长、技术变迁和经济全球化，总体上无疑都具有做大蛋糕的效果，然而却不能自动产生分好蛋糕的结果，也就是说并不存在所谓收入分配的涓流效应。在一些国家，政治家出于争取选票的动机，在竞选中往往对福利和民生问题竞相做出承诺，而一旦当选要么口惠而实不至，忘记做出的许诺，要么采取民粹主义的政策，导致过度福利化，在蛋糕不能做大的条件下则根本无力兑现。

只有以全心全意为人民服务为宗旨的中国共产党，坚持以人民为中心的发展思想，通过体制机制和政策体系的安排，可以打破这个做大蛋糕和分好蛋糕的两难。与此同时，改革是一种制度变革，这个过程遵循了以人民为中心的思想，也就使改革得到了最大限度的拥护和参与。

---

① 参见 http://theory.people.com.cn/n1/2020/0811/c40531-31817605.html。
② 参见 https://www.thepaper.cn/newsDetail_forward_1829250。

充实和创新政策工具箱

每逢中国宏观经济面临困难，政策制定者常常表达这样的意思：中国的政策工具箱尚有足够的储备和后手。这些工具既包括财政政策、货币政策等宏观调控手段，也包括简政放权、商事制度改革等改善营商环境方面的改革举措。但是，很多人习惯于从需求侧的刺激政策去解读这个工具箱。

当国内外的市场界人士、首席经济学家、分析师或者财经媒体看待中国的政策工具箱时，往往等同于要向自己或者客户解说中国还有多少刺激政策可供选择，以及这些政策的执行空间还有多大。

例如，以下七个政策工具及其空间常常被提到：一是降息，从国际比较来说，中国降息的空间通常比较大；二是降存款准备金率，由于中国的准备金率处于世界最高水平，由此释放流动性的空间总是有的；三是直接贷款，这的确也是经常可以倚仗的刺激手段；四是人民币贬值，这自然存在资金外流的风险；五是中央银行出手直接买单；六是扩大财政开支，譬如加大基本建设投资等；七是中国有着世界上最大规模的外汇储备。

以上提到的这些政策工具显然都是着眼于刺激性的手段，而且着眼于外需和投资需求刺激。毋庸置疑，这些工具并不能囊括中国宏观经济政策应该具有的手段。因此，我们应该全面梳理一下宏观经济政策工具，讲清楚各自的性质，哪些确实可用、哪些应该慎用、各自的效果如何、如何选择使用的时机，以及分别具有什么样的和多大的成本和收益。

由于人口转变阶段在2010年出现了一个陡然的变化，人口红利瞬间消失，所以中国潜在增长率的下降轨迹十分突兀。为了稳定经济增长速度，在遇到周期波动时，一定的刺激政策或许是必要的，特别是在真正能够把刺激性投资落实到基础设施短板的情况下，才能避免经济增速的下滑过于剧烈。

然而，仅仅列举这些刺激类的政策作为工具箱中的有用兵器，显然不符合我们对中国经济减速及其带来挑战的供给侧因素的判断。一方面，我们应该认真分析这些政策工具，特别是各自具有的广义的成本和收益；另一方面，我们必须更加关注供给方的政策工具。

自 2008 年全球经济危机以来，外需的疲弱的确提前到来，强化和放大了中国的结构性减速。本来是人口红利消失导致的下降，严峻的外需形势又强化了这个压力。例如，危机后，世界贸易增长速度持续低于 GDP 增速。但是，外需不是原因，只是催化剂。固然，我们应该关注需求因素与供给因素的相互转化，理论上说政策可以从供需两侧发力，但根本出发点是提高并实现潜在增长率。

例如，更充分的劳动力供给和更快增长的生产率都可以通过降低产品成本，从而在消费者预算不变的条件下提高其购买能力，实现"萨伊定律"所谓的"供给创造需求"。另外，消费者收入增长可以放宽家庭的预算约束，使原来消费不起的产品数量成为可能，投资扩大导致的基础设施条件改善也可以降低生产成本和交易费用，增强企业的供给能力，从而提高潜在增长率。

不过，对中国来说，实实在在的增长源泉来自改革对生产要素供给、全要素生产率、人力资本和创新动力的激发。需求因素向供给因素的转化是有约束条件的，因而效果有限。这里有两个约束条件：首先，消费需求可以完全转化为供给能力的前提是封闭经济，即在不考虑进口产品竞争的情况下；其次，投资需求转化为供给能力的前提是不存在产能过剩。如果现实中不存在上述条件，需求侧的刺激就难以转化为供给侧的潜在增长能力。

短期的需求刺激可解燃眉之急，有实实在在的抓手，但不是可持续经济增长动力。因此，我们应该大力挖掘政策工具箱中的供给侧工具。这就是说要从供给侧结构性问题着眼，把改革红利落在实处。即便随着老龄化的加深，需求侧因素对经济增长的制约越来越大，解决需求的长期可持续扩大远比强心剂一般的短期刺激重要。

我们所做的估算表明，不同改革的组合效果可在短期、中期、长期，大致使中国获得1~1.5个百分点的额外潜在增长率。改革红利的核心是提高潜在增长率。人们关心通货紧缩问题，其实在流动性泛滥的条件下，我们看到貌似通缩的现象是非典型通缩，关键是流通中的货币并不缺，但没有进入实体经济，所以要用非典型的途径，即从供给侧解决通缩问题。

正确的思维是以远虑解近忧。就是说，现在最需要的是人力资本的提升和民生的改善，从而也是加快人的发展的最佳时机。例如，罗斯福新政的核心是社会保障体系的建立，具有长期增强需求的效果，产生长期影响的是建立了国民退休体系、失业保险、残疾抚恤制度、最低工资和最高工时制度、公共住房供给、按揭保护、农村电气化，以及产业工人通过工会进行集体谈判的权利等，而短期内发挥刺激效果的实际上是美国介入第二次世界大战，而这种刺激是不可持续的。

诚然，我们并不需要超越发展阶段盲目做出承诺，实行那种终究口惠而实不至甚至带有民粹主义色彩的政策，而是通过公共资源的均等化配置，构建长期可持续增长的供给侧动力。当然，借进入新发展阶段之强劲助力推进人的发展还可以扩大消费需求，平衡宏观经济中的三大需求贡献。

迄今为止在关于政策工具的讨论中，着眼于解决短期问题时，供给侧手段谈得相对不足，似乎是缺乏抓手，不像需求侧手段那样看得见、摸得着。在讨论短期需求侧手段时，对投资刺激容易说出个所以然，消费需求刺激的效果似乎就没有那么显而易见。所以，补足政策方面的短板，就要求我们既要加强对改革红利的分析，兼顾短期与长期，又要关注解决长期的需求侧问题。

无论是供给侧改革还是需求侧改革，都需要恰当地做出分担改革成本和分享改革红利的制度安排，实现改革推进过程中的激励相容。做到这一点的基础是，改革常常可以带来实实在在的红利，分别从供给侧和需求侧有利于经济增长。这个原理古往今来概莫能外，即使那些看上去并不直接针对经济活动的改革，也是如此。

例如，20世纪90年代，美国经济学家、诺贝尔经济学奖获得者詹姆斯·赫克曼教授走进美国财政部的一间办公室，向时任财政部副部长的拉里·萨默斯游说，呼吁政府确保贫困家庭三四岁儿童的教育机会，指出这个政策建议并不是某种善良而含糊其词的愿望，而是一项讲求实际的投资，能够以减少社会福利支出、降低犯罪率以及增加税收的形式带来实实在在的回报。

合理选择政策工具的关键在于识别哪种手段最有利于资源重新配置，解决中国经济长期可持续增长的供给侧动力和需求侧拉力问题。固然，很多相关的结构性改革都不可避免地要触动既得利益：一方面，推进改革需要更大的政治勇气，做出顶层设计；另一方面，推进改革需要更大的政治智慧。

例如，既然现在的改革越来越缺乏不触动任何人既得利益的"帕累托改进"的性质，利用改革可以帮助提高和实现潜在增长率这样的显著收益，借助"卡尔多-希克斯改进"的方法，即把改革收益进行有利于参与各方的再分配，通过改革成本的分担和改革红利的分享，实现改革实施中的激励相容。

如何把就业置于宏观政策层面

在第十三届全国人民代表大会第二次会议上，李克强总理在《政府工作报告》中首次提出，将就业优先政策置于宏观政策层面。这是对就业工作优先序的最新表述，旨在加强宏观经济决策部门对就业变化的政策反应，强化各方面重视就业、支持就业的导向，是扎实做好"六稳"工作、全面落实"六保"任务的重要政策方针。

这个安排和导向具有十分重要的政策含义。首先，在各项政府工作中给予就业更加突出的位置，在宏观政策中赋予就业更高的优先序。其次，把就业稳定作为宏观经济稳定的主要内容，宏观政策的目标更加明确，目标与手段更加统一，积极就业政策也更具可操作性。最后，适合中国当前就业形势的需要，与之相应的理念转变和机制调整恰逢其时。

把就业放在"六稳""六保"之首、置于宏观政策层面，标志着按照以人民为中心的发展思想，着力解决变化了的社会主要矛盾，宏观经济政策目标从"保增长，稳就业"转变到"保就业，稳民生"。

在市场经济条件下，经济增长会不可避免地发生周期性波动，出于稳定和改善民生的需要，政府就要对增长的波动性进行宏观调控或逆周期调节。一般来说，调控目标的选择并不是经济增长越快越好，而是要看是否符合潜在增长率，而后者是由生产要素供给状况和生产率提高速度决定的。

就业状况和价格水平从两端反映经济增长的健康状况，对应的指标分别是失业率和通货膨胀率。宏观经济政策就是依据这两个指标，实施旨在反周期的预期调控和相机调控。宏观经济状况与增长速度、失业率和通货膨胀率的关系通常有三种情形，分别要求不同的宏观经济政策取向和力度。

第一，当实际经济增长速度与潜在增长率保持一致的时候，既不会发生周期性失业，通货膨胀率也保持在可接受的水平，可以说经济增长处于合理的区间。这时，宏观经济政策应该保持中性，既不放宽也不收缩。

第二，如果经济增长速度超过潜在增长率，则会拉高通货膨胀率以及资产价格。这时，虽然往往失业率较低，但是经济过热本身及其引起的潜在风险不容忽视，宏观经济政策需要从紧。

第三，一旦经济增长速度低于潜在增长率，便意味着包括劳动力在内的生产要素得不到充分利用，则出现产能利用不充分的现象，就劳动力来说就是出现周期性失业现象。这种情况意味着需求不足和经济遇冷，宏观经济政策需要转向宽松，必要时还要加大刺激力度。

为了从理念上强调保障民生的重要性，以及解决好就业问题在其中的突出位置，在中央文件以及各种重要政策表述中，一直都是把确立和实现就业目标作为一项民生保障的要求，归入社会政策的范畴。这样做使得就业的重要性在政策表达中得到最高的体现，就业政策优先地位得到相应保障，也便于考核各级地方政府相关工作，起到了稳民生、惠民生的积极作用。

然而，未能把就业政策纳入宏观经济政策层面，特别是货币政策和财政政策的运用方向及出台时机尚未把劳动力市场信号作为依据，稳定就业的措施在政策工具箱中的位置不恰当，造成在政策实施中，就业目标的考量与货币政策和财政政策的实施衔接不够紧密，就业目标的优先序也容易在政策实施中被忽略，有时被保增长的要求所代替。

在市场经济条件下，反映劳动力市场状况的指标（如失业率）是宏观经济的充分信息指标和实施依据。长期以来统计部门公布的这类指标是城镇登记失业率，由于这个指标统计的范围较小，对劳动力市场状况的反映既不甚敏感也不够全面，十分有限的波动性使其难以作为宏观经济政策的依据。

所以，一直以来，调控部门主要还是依据通货膨胀率和GDP的增长速度判断宏观经济，就是说，有关就业状况的信息没有直接进入宏观调控决策的考虑，导致宏观经济政策不尽完善。

目前，国家统计部门已经执行和发布城镇调查失业率指标，为我们提供了新的认识和判断宏观经济状况的市场信号。我们可以从三个角度认识以城镇调查失业率替代通货膨胀率和GDP的增长状况，作为宏观经济调控依据的意义。

第一，通过稳就业实现稳民生，是比稳增长更优先的目标，是以人民为中心的发展思想在宏观经济调控中更直接的体现。诚然，在失业率与通货膨胀率之间，存在如宏观经济学中菲利普斯曲线所表示的替代性关系，政策要在两者之间取得尽可能合意的平衡。不过，也有研究表明，高失业率对人民总体幸福感的伤害比高通胀率严重两倍。因此，在宏观经济政策中给予就业更高的权重，对于面对冲击时保障民生具有事半功倍的效果。

第二，在潜在增长率稳定不变的情况下，经济增长速度与就业扩大之间有一个相对稳定的数量关系,被称为"增长的就业弹性"。然而,在经济发展阶段变化的情况下,一旦潜在增长率发生变化,就业弹性也会改变,就难以由先验的增长速度判断就业是否充分了。

例如,如果潜在增长率是9%而实际增长率只有7%,就意味着存在负的增长缺口,增长速度不足以实现充分就业,便出现周期性失业现象,这时就需要实施刺激性宏观政策。而如果潜在增长率下降到7%且实际增长率也达到了7%,则并不存在增长缺口,就是充分就业的增长,因而无须实施刺激性政策。

与潜在增长率相对应的失业率,或者说处于充分就业状态的失业率叫作"自然失业率",受结构性和摩擦性这些与周期无关的因素影响,具有相对稳定的性质。超出自然失业率部分的失业就是周期性失业。当我们知道自然失业率水平,就可以用实际失业率与之比较,判断实际经济增长速度与潜在增长率的差异。鉴于失业率指标兼顾民生目标和宏观经济目标,把宏观政策依据转变到就业信息上来,可以实现宏观经济政策本身的升级。

我们根据以往得出的计量研究结果,经过处理画出图12-1,从中可以看到一个重要的关系,即经济增长速度是否处于合理区间,可以在周期性失业的变化中反映出来。根据以往估算的潜在增长率,可以推算出增长缺口(实际增长率减潜在增长率之差),根据以往估算出的自然失业率,可以推算出周期失业率(调查失业率减自然失业率之差)。关于自然失业率,在2000年之前和之后分别采用4%和5%这一数据。

图12-1中显示的关系可以归纳为以下几点:其一,随着市场经济日渐成熟,经济增长与就业(失业)之间的关联程度逐渐增

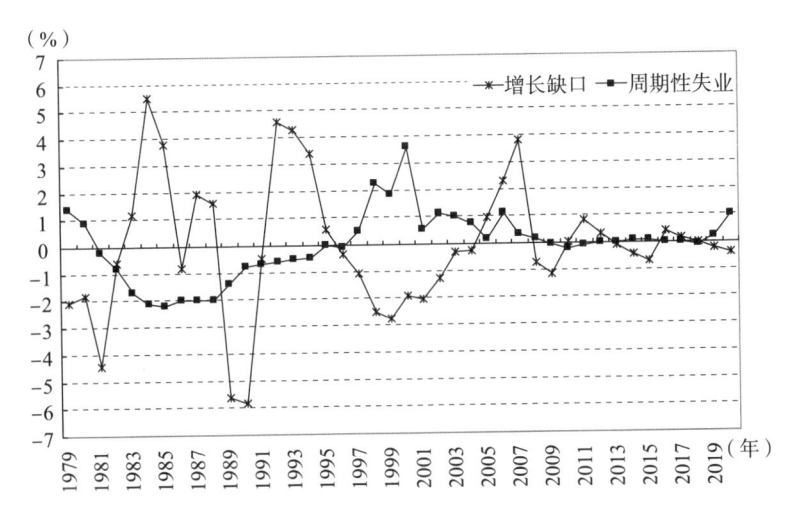

图 12-1　增长缺口与周期性失业的关系
资料来源：根据作者估计的数据绘制。

强；其二，经济增长的波动性与就业的稳定性大体呈现一致的变化；其三，增长缺口同周期性失业之间形成此起彼伏的关系。这些关系特征均符合宏观经济理论预期，也说明失业率是一个适宜的宏观经济指标。

在经济增长减速成为趋势的情况下，需要区分究竟是潜在增长率下降导致的自然增速下行，还是需求侧冲击导致的周期性减速。这时，如果仍然参照以往的增长速度调控宏观经济，就有可能反应过度。而直接观察反映就业状况的指标，如调查失业率，看是否发生超出自然失业率的周期性失业，是更加科学可靠的判断依据。

当然，在人口老龄化加剧，特别是人口数量迎来峰值和负增长的情况下，未来还可能出现需求因素制约，导致潜在增长率不能实现的情形。在那种情况下，同样不适宜用刺激的办法，而要着眼于借助增加收入和提高社会保障水平的民生政策，持续性地扩大居民消费。

调查失业率是国际劳工组织推荐并为很多国家采纳的指标，调查口径和方法比较严谨，也便于进行国际比较。中国统计部门经过多年的劳动力市场调查实践，逐渐完善了城镇调查失业率的统计，并于近年开始与 31 个大城市城镇调查失业率一并公布。此外，还逐步补充完善了区分本地户籍和外来户籍人口城镇调查失业率，以及区分 16~24 岁人口和 25~59 岁人口的城镇调查失业率。

根据各方面信息的比照和分析，表明这个指标与其他劳动力市场信息具有一致性，也可以得到宏观经济指标的相互印证，因而具备了作为宏观经济调控基本参数的条件。2020 年，中国先后经历了新冠肺炎疫情冲击导致停工停产、疫情得到控制开始复工复产，再到经济增长出现 V 字形复苏的几个阶段，城镇调查失业率显示出敏感反映宏观经济形势的功能。

可见，鉴于经济增长与就业之间具有理论所预期的关系，随着把就业优先政策纳入宏观政策层面，积极就业政策进入其更高版本的时代，宏观经济调控政策体系也相应得到升级，功能更加健全和完善，以人民为中心的导向愈加清晰。

公平与效率统一的产业政策

产业政策并不是随西方国家的早期工业化而诞生，而是在第二次世界大战之后，在开始独立自主实施赶超型工业化的发展中国家应运而生。由于强烈的工业化愿望、苏联计划经济的示范效应、激进的发展经济学影响，以及市场发展水平低等独特因素，使得在一些国家，产业政策从一开始便受到较强的意识形态因素的影响。

然而，也正是由于这个原因，产业政策的命运易于受到意识形态的影响。特别是在一些国家，随着新自由主义经济学的兴起，诸如"华盛顿共识"这样的政策主张被灌输到经济决策中，政策制定者也如同把孩子随洗澡水一起倒掉一样，纷纷放弃实施产业政策。在一段时期里，产业政策在经济学讨论中受到批评，在发展中国家实践中或者遭到放弃，或者遭遇失败。

经历了 20 世纪 60 年代至今的起起伏伏，人们往往在付出沉痛的代价之后，才逐渐回到更加现实的立脚点，重新审视产业政策的意义、内涵和实施原则。研究者发现，经过半个世纪，产业政策既有成功的榜样，也有失败的反面教材。关于产业政策的理念，恰好经历了一个完整的循环：早期人们强调的如市场失灵这样的实施产业政策的理由，不仅依然存在，而且重新回到人们的视野中。与此同时，一度认为政府失灵总是比市场失灵更严重、更具危害性的说法，现在也得到反思。①

这种情形恰好印证了前述弗里德曼关于市场和政府作用的假说，即每隔 50~100 年就会发生一个循环往复。当然，从进步的观点来看，这不是一个简单的重复，人们的认识无疑会提升到一个更高的层次。但是，这或许是另一种进步的表现，经济学家在提出政策建议的时候，却变得更加谨言慎行了。

产业政策意味着国家在某种程度上介入促进产业发展的过程，采用一些非市场化的政策手段，鼓励或阻止某些产业的发展。因此，恰如其分地界定政府职能，寻找到市场与政府作用的良好结合点，无疑是产业政策成功的基本前提。换句话说，政府参与产业发

---

① Helen Shapiro. Industrial Policy and Growth[R]. DESA Working Paper, 2007.

展过程，必要性在于针对市场失灵或外部性的存在，利用自己的定位和优势，在产业发展过程中促进公平与效率的有机统一。

产业发展中外部性的存在，表现为企业利益与社会利益、短期收益与长期收益、经济回报与社会目标之间某种程度的分离。因此，一个主动选择的产业政策必须是具有共享性质的公共政策。以此为出发点，产业政策就不仅仅是就产业而论产业，还必须考虑到私人投资者可能忽视的更多的问题。

例如，就一种特定的产业或特殊业态来说，必要的考量应该包括能否创造出更多、更高质量的就业岗位，职工工资是否可以随着产业利润的增长而提高，雇员与雇主关系能否保持和谐，从而在全社会范围内缩小收入差距和减少贫困，等等。总之，产业政策要保持与社会政策的方向相同和激励相容。

在实施产业政策过程中重视效率，归根结底要靠坚持竞争原则来体现。产业政策绝不意味着建立一个在充分竞争环境之外的世外桃源，使企业身处温室中，免于对手的竞争。相反，产业政策要尊重市场竞争，创造公平竞争的政策环境，否则企业就会缺乏提升效率的内在动力。同时，产业政策也要承认失败、允许失败，并且让失败者为失败付出恰当的代价。

产业政策的必要性就在于，由于存在外部性因素，私人投资者和创业者难以承受失败，导致在那些预期具有发展前景的产业投资不足。所以，从大的决策方面来说，一个产业发展方向的选择也好，从具体实施层面来看，一个投资项目的执行也好，失败终究在所难免，并不意味着产业政策的失败。相反，如果不允许失败、不承认失败，致使一错再错甚至将错就错，不能充分利用创造性破坏这种必要的创新机制，才是产业政策本身的失败。

充分发挥创造性破坏机制的一个理念上的障碍是，面临产业政策实施中的失败，当事人如果是政府自身或者国有企业，会产生难以收场的难题。其实，一方面，在实践中试错和纠错，应该是政府履行经济职能的应有内容之一，甚至可以是优势；另一方面，国有企业作为整体的做大、做强和做优，也必须在创造性破坏的环境中，允许单个企业、局部项目和具体投资经历试错和纠错的过程。

鉴于在新发展阶段，中国面临推动高质量发展、构建现代化经济体系、产业结构升级换代等一系列富有挑战性的任务，实施产业政策具有前所未有的必要性和紧迫性。下面，我们强调产业政策需要发挥作用的几个重要方面。

首先，在传统比较优势式微乃至逐渐消失的情况下，探寻动态比较优势，力争在新一轮科技革命中占得先机，需要国家在战略层面进行谋划并以产业政策方式推动。随着经济发展阶段发生变化，生产要素相对稀缺，相对价格必然发生变化，曾经的比较优势需要由新的比较优势替代。由于存在市场风险、信息不充分以及免费搭车现象，个体层面探寻动态比较优势的激励通常达不到最佳效果，而产业政策的职能恰恰可弥补这种单个市场主体面临的市场激励不足问题。

其次，针对制造业比重早熟型下降的现状，需要加强政策引导和必要的扶持，稳定和提升制造业，促进实体经济行稳致远。制造业比重下降，加快了资源（特别是劳动力）流向传统服务业，因而导致资源配置的"逆库兹涅茨化"，是在比较优势变化后要素价格信号的引导下，千千万万市场主体微观行为造成的整体不利结果，只能在不扭曲要素价格的前提下，通过产业政策的恰当引导才能得到纠正。

产业政策的一个新功能在于针对某些国家的恶意牵制行为,如运用产业政策实施针对中国的供应链脱钩、技术封锁、贸易制裁和摩擦等。例如,美国一位智库学者奥伦·卡斯便直言不讳地把实施产业政策与遏制中国的必要性联系在一起。[①]对中国来说,除了创造一个能够有效进行反制,从而保护自身产业链安全的制衡力量,别无他途。产业政策并不必然要发挥这样一种作用,但是在对方以此作为牵制手段的情况下,我们需要未雨绸缪,以其人之道还治其人之身。

再次,打造具有国际竞争力和战略领先地位的大型企业,需要产业政策的支持。培育国内企业的国际竞争力,本身就是实施产业政策的初衷之一。在新科技革命和全球化条件下,一个国家的企业竞争力往往超出地方甚至国界的界限,企业必须在国际范围内打拼。欧盟及欧洲一些国家的领导人甚至认为,打造国家级别的领军企业已经不够,还必须打造欧洲级别的领军企业。就国家层面来说,面对什么样的挑战就要以什么样的战略予以应对,这方面没有扬长避短的余地。

最后,如期实现碳达峰和碳中和的目标,需要筹措规模巨大的资金,调动所有经济活动领域的积极性,推动发展方式转变和生产生活方式的革命性变革,需要通过实施一系列产业政策达到。据中国人民银行行长易纲介绍,为达到"30·60目标",预计2030年前,中国需每年在碳减排方面投入2.2万亿元;为实现碳中和目标,在2030—2060年需每年投入3.9万亿元。

此外,实现碳达峰和碳中和目标的行动不仅是一项举国行动,

[①] 参见 https://lawliberty.org/resolved-that-america-should-adopt-an-industrial-policy/。

还涉及广泛的国际协调与合作。正如联合国气候行动和融资特使、英格兰银行原行长卡尼所指出的,以往在涉及外部性问题时,人们总是采用"公地悲剧"这样的经济学范式思考问题和提出对策,然而,应对气候变化这个外部性问题已经达到"地平线悲剧"的广度。因此,非有国家战略层面的产业政策,才能实施好必要的行动。

第十三章
以社会政策支撑生产率提高

高质量发展的核心标志是，生产率（特别是全要素生产率）成为经济增长的主要动能。然而，随着可供转移的劳动力逐渐减少，资源重新配置的空间缩小，高速增长时期的全要素生产率源泉也趋于式微，必须更多地依靠技术创新和制度创新提高生产率。这个创新是高质量发展的终极源泉，其本质是创造性破坏。

营造创造性破坏的政策环境，需要打破传统观念。对中国最具有针对性的传统观念，是关于社会政策与生产率之间关系的两个认识误区：第一，在很多情况下，人们认为两者之间根本就风马牛不相及；第二，即便承认两者之间是有关的，往往错得更离谱，即认为两者之间是非此即彼或此消彼长的关系。从根本上，这种传统观念与另一个更一般的传统观念密切相关，后者认为公平与效率之间的关系终究是鱼和熊掌不可兼得。

在经济发展实践中，人们发现越来越多的经验表明社会政策托底与生产率提高之间具有相互依赖和有机统一的关系。利用这个关系的性质，恰恰是发挥创造性破坏作用的关键。在中国经济社会发展面临越来越多的风险与挑战的条件下，从强化社会政策托底功能出发，营造创造性破坏环境，既是解决生产率提高手段问题的当务之急，又是应对潜在需求侧冲击风险的必要之举，同时符合在发展中保障和改善民生的发展目标。

优胜劣汰中的"创造"与"破坏"

党的十九大提出推动质量、效率和动力三大变革任务。打好防范化解重大风险攻坚战，与供给侧结构性改革在逻辑上一脉相承、紧密相联。作为供给侧结构性改革取得明显成效的表现，近年来中国经济增长速度相对稳定，供给侧条件的变化发挥了重要作用。但是，中国经济面临的问题主要不是周期性的，所以也谈不上像一些分析人士认为的那样出现了一个"新周期"，而且包括过剩产能、落后产能和夕阳产能在内的传统产能的市场出清任务远未完成。

建设现代化经济体系，既需要贯彻新发展理念，也需要掌握全新的经济工作方法论。习近平新时代中国特色社会主义经济思想中包含的认识论和方法论，要求我们提高运用辩证唯物主义和历史唯物主义分析解决问题的本领。为此，借用古人韩愈的说法，毛泽东同志倡导的"不破不立，不塞不流，不止不行"这样一种辩证思维应该成为深化供给侧结构性改革，着力在市场出清方面打一场攻坚战的认识方法。

培育增长新动能需要借助创造性破坏机制。中国经济高速增长阶段与特定的人口转变期是重合的，借助于劳动力的充分供给、人力资本改善迅速、高储蓄率和投资回报率，以及劳动力重新配置带来的生产率提高，中国经济充分利用了这个时期的人口机会窗口，实现了同期世界上最快的增长速度。随着2010年以后劳动年龄人口减少、人口抚养比提高，支撑高速增长的人口红利迅速消失，要素投入对经济增长的驱动力减弱，这时亟待转换经济增长动能。一般来说，全要素生产率应该且能够成为长期可持续增长的主要动能。然而，新的增长源泉的获得并非唾手可得。

现实中，随着中国与发达国家的技术差距缩小，生产率提高的后发优势减弱，农业剩余劳动力的减少导致资源重新配置空间缩小，都使全要素生产率提高速度相应放缓。因此，我们需要把转换增长动能的关注点放在如何提高全要素生产率上，为此需要更好地认识这一生产率的源泉究竟在哪里。

关于在理论上该如何认识全要素生产率，以及在现实中源泉何在的问题，经济学家众说纷纭，由此导致对于一个经济体现状和前景的判断不尽一致。例如，美国经济学家克鲁格曼和扬早在20世纪90年代初就唱衰"亚洲四小龙"的经济增长，依据就是看不到这些经济体的全要素生产率增长。

他们一直以来也否认中国高速经济增长时期的全要素生产率进步，并因此执着地否认这一增长的可持续性。"亚洲四小龙"先后进入高收入经济体行列，以及中国经济长达40年保持高达9.5%的年均增长率，并跻身中等偏上收入国家行列，不间断地向高收入国家行列迈进的事实，不仅打破了他们的"诅咒"，也证明他们对赶超型经济体全要素生产率进步的源泉具有不尽正确的认识。

摆脱新古典增长理论的束缚，以兼收并蓄的态度审视发展经济学的成果，汲取发展中经济体赶超成功的经验和不成功的教训，特别是深入分析中国在改革开放时期的经济增长历程，有助于我们更加准确地理解全要素生产率。从下面概括的几点特征化事实，我们可以把全要素生产率理解为一种资源配置效率。这里使用几位经济学家的名字称谓相应的生产率提高来源，是为了标注这些效应的理论渊源。

第一是"库兹涅茨效应"。通过分析大量时间序列和跨国数据，经济学家西蒙·库兹涅茨得出结论，伴随经济增长发生的产业结构变化是遵循着生产率提高的目标和顺序演进的过程。生产要素（特别是劳动力）从低生产率产业转向高生产率产业，提高了整体经济范围的资源配置效率。很多关于中国经济发展过程的计量分析也表明，在劳动生产率或全要素生产率的改善中，由产业结构变化实现的资源重新配置发挥了重要作用。

第二是"熊彼特效应"。经济学家熊彼特的突出贡献在于指出创新在经济发展中的重要意义。同时，他的创新理论强调创造性破坏，即通过经营者的自由进入与退出，让那些有竞争力的企业生存和扩大，让没有竞争力的企业萎缩和消失，从而提高整体经济的全要素生产率。一般来说，处在早期发展阶段的国家，更多地从产业之间资源重新配置获得生产率提高的源泉，而一个国家越是处于较高的发展阶段，越多地从企业之间资源重新配置获得生产率提高的源泉。

第三是"罗默效应"。企业都要通过提升人力资本、"干中学"和采用新技术等创新手段提高生产率，从而获得竞争地位，然而并不是每家企业都能成功创新，一个国家的整体技术进步也不表现为所有企业齐头并进。经济学家保罗·罗默把技术进步看作经济增长内生的过程，认为创新促进规模收益递增，企业能否扩大规模进而获得更多的生产要素等资源，终究取决于其创新能力而不是其他因素。这就意味着用非市场竞争的方法扩大企业规模或者人为挑选赢家，都是与提高全要素生产率的要求相背离的。

一般的说法是全要素生产率提高来自创新，包括技术创新和体制创新等。但是，这个创新的过程从来不是所有企业齐头并进，而是在创新成功的企业进入和生存、不能成功创新的企业退出和死亡这样一个动态变化中发生的。这就是经济学家熊彼特所说的"创造性破坏"。针对美国的经验研究显示，在发达国家，企业之间生产率竞争导致进入与退出、生存与死亡，对全要素生产率增长做出1/3~1/2 的贡献。[①]

新企业的进入和丧失竞争力的企业的退出，是传统增长动能逐渐消失条件下，全要素生产率提高必须发掘的源泉。因此，没有新企业的进入和生存，或者没有旧企业的退出和死亡，就丧失了全要素生产率提高的源泉，经济增长新动能也就不能形成。因此，市场退出与市场进入同等重要。新动能的形成应该既进且退、以退为进。

创造性破坏意味着必须处置僵尸企业、需要淘汰传统产能，甚至应该更新传统产业的就业岗位。创造必要的政策环境，让创造性破坏机制发挥作用，是实现增长动能转换的题中应有之义。因此，宏观经济政策、产业政策和社会保护政策都要着力于创造条件，让新创企业容易进入，并按照生产率原则优胜劣汰，给予没有竞争力的企业必需的市场压力，并为其营造易于退出的机制。

创造性破坏环境不健全，既表现为新成长企业的进入遇到诸多障碍，分别由人为和自然垄断、政策保护和过度规制等因素构成，

[①] Lucia Foster, John Haltiwanger, Chad Syverson. Reallocation, Firm Turnover, and Efficiency: Selection on Productivity or Profitability? [J]. American Economic Review, 2008, 98(1): 394-425.

也表现为经营失败的市场主体的退出路径不通畅。健全破产制度，实现市场主体有序退出，是新时代完善社会主义市场经济体制的重要任务，也应该是打通提高生产率的体制堵点的关键一举。

世界银行在全球范围内进行的营商环境评估发现，在营商环境最好与最差的两组国家（即经合组织中高收入国家与撒哈拉以南非洲国家）之间，"办理破产"这个评估指标的差异最为显著。同时，这个指标在营商环境具体表现的10个方面中，改善难度最大、进步最慢的领域。例如，世界银行报告中排列的这10个方面的相对容易程度依次为创办企业、获取建筑许可、获得电力、登记产权、获得贷款、缴纳税收、跨境贸易、保护弱势群体投资、执行合同和执行破产。

中国虽然在营商环境排位方面进步最为显著，但是在这个领域进步较慢，与全球最佳实践的差距也很大。据全国人大代表反映，近年来全国每年被吊销未注销的企业达数十万家，通过破产、清算程序规范有序退出的不到3万户；2019年全国法院系统受理各类破产、清算案件共计25 854件，其中进入破产程序的仅8 436件，比例为32.6%。这造成僵尸企业累积，造成市场风险的同时，也阻碍了创造性破坏机制的作用。

政策托底与生产率提高

但是，创造性破坏并不意味着"破坏"一切，劳动者和居民的基本生活必须始终受到保护。因此，旨在保障和改善民生的再分配政策力度需进一步加强，社会政策托底是形成创造性破坏环境的前提。经济合作与发展组织成员国的经验表明，政府用于保障民生的公共支出越多,劳动生产率提高效果越显著。只有在社会层面对每个人都给予最终的保护,才不会让保护微观环节的低效率找到任何借口。

在"十四五"期间,中国将跨过世界银行划分的高收入国家门槛(12 535美元)。根据国际经验,在从中等偏上收入国家向高收入国家转变的过程中,会不可避免地遭遇一些成长中的烦恼,值得吸取教训,从政策层面上未雨绸缪地予以应对。特别是,大多数国家在这个阶段的经济增长趋于减速。这固然是符合发展阶段变化规律的现象,但是由于应对减速的政策办法及其效果不同,相应形成国家之间在经济增长表现上明显分化。

在增长减速致使做大蛋糕效应减弱的情况下,如何分好蛋糕更为重要。也恰恰由于蛋糕不再做大,各利益群体付出更多的努力去重新分配蛋糕。既得利益群体往往具有更多的话语权、更优的谈判地位,容易获得更多的蛋糕份额,已经不均等的分配格局更容易被强化。此时,应对不当的话,便会形成收入和财富向少数群体集中的趋势,进一步拉大收入差距。

从世界范围看,中等收入国家乃至少数刚刚跨过高收入门槛的国家,收入分配状况大多集中在基尼系数超过0.4的收入不均等区间。经济增长速度下降的情况下,收入分配状况恶化,会降低居民的获得感和幸福感,弱化社会凝聚力,反过来影响经济增长表现。可见,"中等收入陷阱"与收入不均等之间常常存在相伴相随的关系。

从跨国数据来看,低收入国家的基尼系数平均为0.404,中等收入国家为0.393(其中人均GDP在6 000~10 000美元之间的国家为0.415),高收入国家为0.321。从中低收入阶段较大的收入差距到高收入阶段较为合理的收入分配状况，并不是像库兹涅茨曲线暗示的那样，是一个自然而然的结果，而应该归功于更大力度的再分配政策。

例如，从经济合作与发展组织成员国的情况来看，剔除其中收入分配不均等的智利和墨西哥后，基尼系数的平均水平为 0.306。然而，这个较合理的收入分配结果其实是在基尼系数为 0.473 的初次分配基础上，通过税收和转移性支付得到的，这两种再分配手段对基尼系数改善的作用高达 35.3%。

就中国来说，在迈向高收入国家行列的发展时期，将不可避免地遭遇发展中的问题和成长中的烦恼，既有与其他中等收入国家的相似之处，也有诸多与国情相关的特殊之处。这些因素都构成政府在新发展阶段需要加大实施再分配政策力度的理由。

应该看到，劳动力市场的初次分配对于改善收入分配的效应具有递减的性质。在通过改革开放使劳动力资源得到重新配置的过程中，城乡居民先是从非农就业机会扩大中增加收入，分享了高速增长的成果；随后，在出现劳动力短缺现象的情况下，非熟练劳动者和低收入家庭又受益于工资的上涨，收入得以在一段时间里增长更快，在 2008 年前后逆转了城乡收入比率和基尼系数等收入分配指标恶化的势头。

可以说，在此前的发展阶段，中国经济发展的整体分享性在较大程度上依靠的是劳动力市场的初次分配功能。然而，随着经济发展阶段和人口转变阶段的变化，劳动力市场机制等初次分配机制改善收入分配的效应必然趋于减弱。

首先，农村可供转移的劳动力已经显著减少，就业扩大的分配效应减弱。从 2014 年开始，农村 16~19 岁这个年龄组人口（初中和高中毕业生）已经进入负增长阶段，相应导致农村外出务工人数减少，降低了农村居民住户中工资性收入的增速。例如，离开本乡镇外出农民工人数的年均增长率已经从2000—2009年的7.1%降低到2010—2019年的1.5%。

其次，虽然由于人口的变化致使劳动力供给的减少成为长期趋势，但是企业层面的技术进步并推动机器替代劳动力的进程逐渐加快，以提高工资吸引员工来应对招工难和用工荒已不再是一种常态手段。与此同时，在变化了的发展阶段，改善收入分配的重要性和紧迫性空前强烈，亟待以再分配政策填补市场机制的功能缺口。

再次，保持和促进社会性（纵向）流动需付出更大的努力。在收获人口红利的高速增长时期，教育发展和就业扩大促进了居民的横向和纵向流动。得益于普及九年制义务教育、高校扩招、城乡教育均等化水平提高，以及制造业扩张和劳动力市场发育，劳动力对非农产业的参与率大幅度提高，为社会性流动创造了较大空间。特别是，通过打破传统体制的樊篱，居民在劳动力横向流动的基础上，也实现了职业、收入和社会身份意义上的社会纵向流动。

例如，2000—2010年，25~29岁年龄组人口的平均受教育年限提高了15.9%，相应地，他们在工作中成为专业技术人员的机会增加了50.1%；30~35岁年龄组人口这两个比例的提高幅度分别为15.2%和70.0%。这种基于劳动者整体人力资本水平提高、就业机会增加以及工作岗位升级之间匹配关系的社会性流动具有"帕累托改进"的性质，即一部分人群的职业、收入和社会身份的改善并不减少其他群体的改善机会。

作为发展阶段变化的结果，中国的经济增长、人力资本改善和外出农民工增加速度都减缓了，制造业占GDP的比重也于2006年开始下降。这些变化相应改变了社会性流动的性质，使其具有了零和博弈的特点，一些群体沿着社会性阶梯向上流动，可能伴随着另一些群体的下滑，以往的同向流动可能会变成双向流动。这同时产生一个社会流动的"合成悖论"：每个家庭都力争上游，处于更高职业位置的群体力图保持既有格局，而处于较低职业位置的群体希望打破现状，但总体上社会流动性可能没有显著提高。

社会流动的这种零和博弈性质会潜在地制造出一些社会不和谐现象。为了避免这种结果的出现，政府需要以实施社会政策的方式介入其中，除了做出必要的制度安排促进社会性流动，还应设计更多以基本公共服务供给为主要手段的再分配政策，以加强对脆弱群体的托底保障。

最后，创新创业的成果分享需要更好地发挥政府作用。在改革开放后的高速增长阶段，中国经济发展主要得益于后发优势，即通过国有企业改革和发展、民营经济的扩大以及外资企业的进入，引进、借鉴和学习了发达国家的先进技术及管理经验，实现了创新和创业及较快的技术赶超。进入高质量发展阶段后，中国与发达国家的技术差距大大缩小，建设现代化经济体系也需要加大自主创新的力度。为了回应新发展阶段的挑战，越来越多的大型科技创新企业应运而生，成为拥抱新技术革命的领头羊，帮助中国不断走近世界科技前沿。

在新的科技革命条件下，报酬递增导致垄断的规律没有发生变化，相反，具有更突出的报酬递增性质的新技术革命必然产生前所未有的垄断倾向，造成不利于发展成果分享的倾向。其一，垄断必然产生强化资本收益、抑制劳动收益的结果；其二，对于迅猛发展的大型科技企业，普惠效应并不能由其本性自然而然地产生；其三，企业不受限制地集中将不可避免地侵害普通消费者的利益，企业缺乏财务纪律的后果则由公共投资者承担；其四，垄断经营阻碍竞争者进入，减少全社会的创业活动和就业创造。

实现技术变革和成果分享是贯彻新发展理念的两个缺一不可的目标。克服两者之间的冲突，实现两者之间的有机统一，需要政府在再分配方面更好地发挥作用，在效率与公平关系上，在理论上要突破两者之间处于非此即彼关系的认识误区，在政策中要破除鱼和熊掌不可兼得的"取舍悖论"。也就是说，在保持充分竞争性的同时，政府要最大限度地减小技术进步和企业扩大对竞争的阻碍，以及对普通劳动者的不利影响，特别是通过社会保障体系建设，确保民生不因就业和收入的冲击受到影响。

数字经济必须具有分享性

迄今为止人类社会出现过的科技革命都或迟或早地引起了以相关突破性技术应用为特点的产业革命，相应地，科技革命便赋予产业发展崭新的驱动力。世界经济论坛主席克劳斯·施瓦布认为，正在到来的新一轮技术变革必然导致第四次工业革命，其特点是互联网无处不在地得到运用，移动性大幅提升；传感器体积越来越小，性能却越来越强大，成本日益低廉；人工智能和机器学习方兴未艾。

也就是说，数字经济将是新科技革命导致的产业革命结果和主要体现。无论是从这种革命性变化本身着眼，还是从"十四五"乃至更长时期贯彻落实中央部署出发，经济学和其他相关学科都应该加强对数字经济的研究。技术进步的包容性或者说全体人民如何共享技术进步的问题，在理论研究中进行过旷日持久的讨论，但是关键性的问题迄今尚未在主流经济学圈中得到完美的回答。

在一些科技领先的西方发达国家，这方面占主导地位的经济学理念是"涓流经济学"，认为虽然科技进步的成果首先为创新企业家获得，但是终究会以一种滴流的方式惠及普通劳动者和家庭。但是，不仅历史上技术成果分享的问题从未得到良好解决，例如，工业革命初期机器的使用对就业的冲击，导致了"卢德运动"的兴起并使相关思潮流传至今，而且事实上过去几十年的技术发展在很多国家造成了劳动力市场两极化、收入差距扩大和中产阶级萎缩的后果。

因此，在美国等位居科技前沿的国家，技术进步反而助长了民族主义思潮和民粹主义政策，进而演变为单边主义、贸易保护主义和去全球化趋势。这样的结果最终也会反过来影响国内政策，政策遭到大资本和跨国公司的俘获，终将阻碍创新潜力的发挥和科技的健康发展。

中国的改革开放坚持以人民为中心的发展思想，使最广大的人民群众分享到科技进步和生产率提高的成果。作为新发展理念之一的共享发展理念本身，也摒弃了涓流经济学的虚幻假设。然而，技术创新还在进行，改革也不能停止。正如历史上所有的颠覆性技术革命一样，数字经济的发展自身不能解决广泛分享的问题，会不可避免地产生阻碍创新、排斥分享和扩大差距等一系列问题。

面对诸多具有挑战性的问题，我们需要从理论上给予令人信服的解答，在政策上做出必要的安排，在机制上做出顶层设计，同时加强相关制度的建设。以下几个方面的问题对中国的发展具有直接的针对性，亟待从理论研究和政策制定的角度予以关注。

第一，数字经济必然加快自动化技术对人力的替代。从理论上说，在数字产业化和产业数字化的过程中，新的、更高质量的岗位也会被相应地创造出来。但是，被技术替代的劳动者与有能力获得新岗位的劳动者常常并不是同一人群。最新的证据显示，在各国遭遇新冠肺炎疫情冲击的情况下，为保持社交距离而流行的网上远距离办公再次把劳动者分化成不平等的人群，造成新的劳动力市场两极化现象。可见，如何有效匹配数字经济创造的就业机会与劳动者的就业能力及技能，在理论上和实践中都是不能回避的挑战。

第二，数字经济自身一如既往地解决不了垄断的问题。新科技革命的特点使科技公司具有更庞大的体量、更坚厚的进入障碍、更严重的信息不对称等性质，不仅从传统定义角度来说都是强化垄断性的因素，还产生了"赢者通吃"的新现象，即出现胜出者更容易遏制乃至扼杀竞争对手、可以更肆无忌惮地滥用消费者数字信息等新问题。因此，从促进竞争和创新以及保护消费者权益等方面的必要性出发，防止和打破垄断的任务不容掉以轻心。

第三，从数字经济的性质看，这一领域具有造成各种数字鸿沟的自然倾向。例如，由于在研发水平、科技人员禀赋以及投资支持等方面存在差异，大企业与中小微企业之间存在应用数字技术的机会鸿沟；由于在家庭经济地位和人口特征方面存在差异，高收入与低收入人群之间、不同年龄段人群之间也存在生产和生活中应用数字技术的能力鸿沟。此外，由于人力资本与技术应用之间存在不匹配，在公共服务机构或企业推进数字化的过程中，还出现了直接操作人员技能与数字化系统之间的不匹配情形。

第四，数字经济发展也造成了劳动者权益保障的难题。数字经济本身是新科技的应用，既创造出对人力资本有更高要求的高质量就业岗位,也创造出大量适宜采用灵活性就业模式的非熟练劳动岗位,造成劳动力市场非正规程度的提高。相应地,灵活就业人员参与基本养老保险、基本医疗保险、失业保险、工伤保险等社会保障的程度趋于降低,通过劳动力市场制度保障自身权益的难度增大,都给数字经济发展成果的分享带来新的挑战。

既然数字经济时代出现的新业态和新就业模式都与相关的技术特点相关联,这类技术本身存在解决这些社会保障和劳动权益问题的方案,关键在于要确立以人为中心的技术和产业发展导向。然而,不存在自然而然的涓流效应这个道理,在这里再次显示出来。

爱之深,责之切。正如对待新科技条件下经营模式和业态的创新一样,加强监管也是支持发展的重要部分,或者说,越是希望加快数字经济的健康发展,越是需要解决好数字经济发展中可能遭遇的上述及其他各种问题。从关注数字经济共享发展这个重要的理念出发,我把诸如此类的视角称作数字经济发展的人文维度。推进和拥抱数字经济发展这个大趋势,必须坚持分享性这个基本出发点。

着手建立中国特色福利国家

党的十八大以来,党和政府切实落实各项民生措施,抓好精准实施,下大力气解决好人民群众的切身利益问题。从表现形式来看,民生工作常常是老百姓身边的琐事和小事,对提高人民的幸福感却是大事,从中国共产党人的执政理念来看,更是天字号的重要事情,唯此为大。

因此,民生工作有赖于全面部署就业、教育、社会保障、医药卫生、食品安全、安全生产、社会治安、住房市场调控等各方面工作，与民生相关的政策措施需要事无巨细、精准到位。对于保障和改善民生的工作成效，最终评价权在老百姓的心中，让人民拥护、赞成、高兴和答应是衡量一切工作得失的根本标准。

随着中国开启全面建设社会主义现代化国家的新征程，着眼和立足于促进全体人民共同富裕，民生事业也需要进入一个更高的境界，即从顶层设计出发全面统筹社会保障、社会救助、劳动力市场制度以及其他基本公共服务供给，把全体人民无一遗漏地纳入社会福利和安全网。鉴于世界上主要的现代化国家都或早或晚地建立起福利国家制度，也鉴于我们的现代化将具有诸多中国特色，我把面临的这一重要任务叫作"建立中国特色福利国家"。

从国际经验来看，建立与现代化相适应的福利国家是一个必然的要求，具有一定的规律性。对中国以全体人民共同富裕为目标，以共享发展为理念的现代化过程来说，这既是在更高发展阶段体现现代化本意的最高目标，也是在现代化的最后冲刺阶段，为了加强社会保护以避免遗漏任何一个群体的最后手段。

一个值得参考的有益经验是，经济史上，当英国和美国在经济发展遭遇陷入困境的危险时，正是由于分别建立起福利国家，这两个当时最重要的经济体的发展才得以持续。可以说是福利国家挽救了它们。

1937年和1938年，经济学家凯恩斯和阿尔文·汉森分别在英国和美国各做了一个演讲，同时警告停滞的人口增长将导致经济衰退的灾难性后果，即导致"长期停滞"。他们也不约而同地指出，改善收入分配、实施再分配、扩大公共支出以及增加社会福利项目等措施或许可以使经济避免预期的恶果，但他们两人虽然分别是英国和美国的政府高级顾问，却对两个国家实行此类政策在经济上和政治上的可行性没有信心。

在这两个重要演讲之后,凯恩斯主义经济理论开始盛行,相关的经济社会政策也获得美国和英国决策者的青睐。最具标志性的历史事件分别是美国从 20 世纪 30 年代开始实施的罗斯福新政,特别是其中建立社会保障体系的内容,以及英国在战火中诞生的《贝弗里奇报告》,英国作为一个福利国家便是依此而建立。

在提交的《贝弗里奇报告》前言下面,作者印制了这样一段话:"据估计,准备这份报告总共花了 4 625 英镑,其中,大约 3 150 英镑用于印刷、发行此报告及各有关单位备忘录的合订本。"① 虽然那个时代的 4 000 多英镑也不能算是所费不訾,但是以该报告的历史作用而论,确为物有所值。

在这个案例中,美国的经验具有意义更为重大的典型性,其效果和变化也更具戏剧性。第二次世界大战之后,社会福利的扩大、工会作用的增强、各种职业阶级壁垒的拆除、更多人获得教育机会等一系列再分配政策措施造就了庞大的中产阶级,遏止了收入分配状况恶化,凯恩斯和汉森所担忧的长期停滞现象并没有出现。

按照时间序列随后发生的事件也从反面提供了惨痛的教训。建立福利国家的倾向从 20 世纪 80 年代初开始在英美两国都被改变,已经确立的诸多政策也遭到大幅度的削弱。美国总统里根和英国首相撒切尔上台后,接受了新自由主义经济学的教义,实施了一系列私有化和去福利化的改革,中产阶级的黄金时代从此去而不返,其恶劣影响一直延续至今。

正面的经验和负面的教训都说明,建设一个现代化国家,既

---

① 劳动和社会保障部社会保险研究所. 贝弗里奇报告——社会保险和相关服务 [M]. 北京:中国劳动社会保障出版社,2004.

要以分享性的经济发展模式进行过程的保障，也需要政府积极推进现代福利国家的建设，达到最终的目标。如图13-1所示，我们以政府提供产品和服务相关活动的现金支出占GDP的比重作为一个国家社会福利水平的代理指标，观察其与人均GDP（即经济发展水平）之间的关系。从图13-1中可以看到显著的正相关关系，即随着人均收入的提高，社会福利水平也趋于提高。

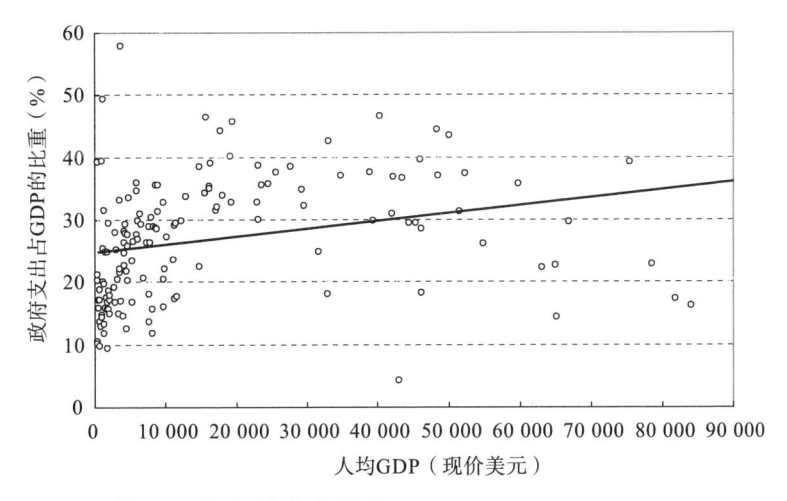

图13-1　人均GDP与政府支出的相关性
资料来源：世界银行数据库 https://data.worldbank.org，2021年3月1日下载。

更有针对性地来看，在人均GDP从10 000美元到2 3000美元期间，恰好也是中国从目前的发展阶段到2035年所要达到的发展阶段期间，社会福利水平提高最为迅速，并总体达到了应有的高度。在拥有极高人均收入的国家，社会福利水平可以说已经达到饱和，不再有必要继续提高。在此之外，应该说大画面的相关性是规律，至于那些异常值，即形成与发展阶段不相符的社会福利水平的情形，其中许多就是值得记取的教训了。

未来的中国将在新一轮科技革命、更高版本的经济全球化以及人口老龄化的背景下发展，这些变化着的过程无论是有利于经济增长（如科技进步和全球化），还是不利于经济增长（如老龄化），都不具有自然而然地解决收入分配和基本公共服务覆盖全部人群的涓流效应。相反，法国经济学家托马斯·皮凯蒂以其著名公式 $r>g$ 所揭示的资本收益增长始终快于经济增长（从而快于劳动报酬增长）这一现象，反倒被长期的历史数据一再证明。

因此，必须从国家治理的层面出发建成中国特色福利国家，以相关的制度安排作为实现共享发展的根本保障，以及作为潜在脆弱群体面临风险的最后屏障。新冠肺炎疫情的全球大流行及其造成的经济社会影响，再次证明未来各种风险将成为中国置身其中的发展常态。无论是在正常的发展过程中，还是在遭遇各种预料到和难以预料的冲击时，对社会所有群体的基本保障都是必需的，而无须讨论是否符合效率原则。

应对传统类型的经济周期带来的冲击，人们理所当然地认为是宏观经济政策（特别是货币政策和财政政策）的责任。然而，宏观经济政策手段更擅长进行的是逆周期调节，在宏观层面和取向上把握更佳；在社会层面对个人进行完美保护，唯有依靠社会福利制度的功能。

此外，经济衰退、金融危机和其他周期性冲击一旦发生，则不能轻易予以浪费。也就是说，经济衰退同时是创造性破坏这一机制的"破坏"和"创造"同时发生的过程。只有允许前者发生，如同消除肌体中的痼疾一样，去除经济系统中的不健康因素，才会形成生产要素的重新组合，方能有凤凰涅槃般的创新产生。可见，既要进行逆经济周期调节，又要让创造性破坏发挥作用，必须有牢固的社会安全网兜底。

综上所述，在推动建设福利国家问题上，我们需要遵循两个原则：其一，由于这种要求是全社会覆盖的，所以不再适合以过于碎片化的方式进行建造，传统基本公共服务的供给方式也要相应调整；其二，为了避免像一些国家发生过的那样，在福利国家形成的过程中，各利益主体之间无尽地讨价还价，社会交易费用过高，并且权力之间的冲突还导致风险。因此，中国特色的福利制度应该是政府主导的，通过顶层设计形成清晰的路线，稳步向前推进。

根据党的十九大报告提出的"在幼有所育、学有所教、劳有所得、病有所医、老有所养、住有所居、弱有所扶上不断取得新进展"的总体要求，我们对中国特色福利国家应该具有的"四梁八柱"框架做一个粗线条的描画，同时提出建立健全的路径建议。

首先，建立健全包括各种社会保险以及最低生活保障制度等社会救助在内的统一的社会保障制度体系，充分体现社会共济性，不断提高普惠性。每项保障制度终究需要独立地经过自身的建立健全过程，这也确是走向整合的必要前提，但是单项制度形成和完善的过程中也会产生排斥整合的倾向。要避免出现这种现象，解决好单项制度的发育与最终整合之间的矛盾，从一开始就要着眼于增强每类制度形式的普惠性，以便最终在这个共同基础上按照效率原则实现整合。

例如，目前中国有9.7亿人被基本养老保险制度覆盖，其中55.0%参加城乡居民养老保险，主要是农村居民、城镇没有工作居民和农民工。其他45.0%由城镇职工基本养老保险所覆盖，其中大约87.2%为企业职工，其余部分为行政事业单位职工。在不同类型的基本养老保险之间，目前存在明显的待遇差别，特别是城乡居民养老保险待遇大大低于城镇职工基本养老保险。

鉴于城乡居民养老保险系自愿参加、低缴费率加上各级政府补贴，因此，从这个模式入手提高养老保险的普惠性是在扩大覆盖率基础上逐步提高保障水平的可选路径。包括社会养老保险在内的社会保险覆盖率问题，无论在发展中国家还是在发达国家都始终是一个难题。一些研究者和实践者越来越强调，社会福利的普惠性是解决这个难题的必由之路。我们且不谈"全民基本收入"这样的提议和试验，关于养老保障的"社会养老金制度"更接近中国的城乡居民养老保险制度，强调不与缴费挂钩的受益性质，具有彻底解决养老全覆盖的潜质。

其次，建立和规范各种劳动法规确定的有关劳动者权益和劳资关系的社会机制，即劳动力市场制度，使其充分体现劳动力要素与其他生产要素相比的特殊性，是把人本身作为保护对象的关键。劳动是一种以人为载体的特殊生产要素，因此，工资水平、工作待遇和劳动条件等的决定并不仅仅遵循劳动力市场的供求关系规律，还要发挥最低工资、集体协商、劳动合同等相关劳动力市场制度的作用。

再次，国家提供各种基本公共服务，实现人群的全覆盖和服务内容的不断扩展，包括延伸到学前教育阶段和高中教育阶段的义务教育、面向全体城乡居民的公共卫生和医疗服务、旨在降低生育、养育和教育孩子成本的相关公共服务，特别是托幼服务、包括职介和培训在内的公共就业服务，以及保障性住房等方面服务的全面保障。

最后，作为国家提供各种社会福利的有益补充，慈善事业需要形成合理的体系和有效的运营机制。从一些国家的经验来看，慈善事业往往是政府救助等社会服务不足时的补充，有时还会形成与公共服务之间此消彼长、此起彼伏的替代关系。然而，从作用范围和终极功效上看，慈善活动永远不能与国家福利体系同日而语。因此，其发展方向和作用机制应该着眼于同社会福利体系的有效衔接，作为后者的有益补充。

2021年4月20日，国家发展和改革委员会等21个部门发布了《国家基本公共服务标准（2021年版）》，从前述七个"有所"以及优军服务保障、文体服务保障九个方面，明确了国家基本公共服务具体保障范围和质量要求，再次宣示了享有基本公共服务是公民的基本权利，保障人人享有基本公共服务是政府的重要职责。这个文件要求各级政府对照所列的服务内容，确保实际中的落实、对所有人群的充分覆盖和供给的可持续，其颁布实施是建设中国特色福利国家的一个重要步骤。

第十四章
培育和扩大中等收入群体

党的十九届五中全会提出在"十四五"规划期间"着力提高低收入群体收入,扩大中等收入群体",以及到2035年"中等收入群体显著扩大"的要求。这是从解决发展不平衡、不充分的问题出发,以提高人民收入水平、缩小收入分配和基本公共服务差距为导向,通过促进更加公平的发展,实现全体人民共同富裕取得更为明显的实质性进展目标的重要部署。

在任何社会的任何发展阶段,中等收入群体为主体都是收入分配良好的状态。因此,不断扩大中等收入群体规模、提高该群体人口比重的过程就是不断改善收入分配的过程,是国家的经济社会不断走向均衡的过程,也是促进安定团结、提高社会凝聚力的重要途径。

在全面建成小康社会后,开启全面建设社会主义现代化国家新征程的新发展阶段,扩大中等收入群体是一项把发展的目的和手段有机统一的重要要求,是改善收入分配的有效途径和实现全体人民共同富裕的必由之路,也有助于把一系列与民生相关的改革和发展举措协同起来，同步、配套地予以推进，有效扩大居民消费，从需求侧保障潜在增长率以实现中长期发展目标。

定义中等收入群体

美国自由撰稿人韦德·谢泼德在中国一些地区调查之后，于 2015 年出版了《中国的鬼城》一书，描述了中国一些城市大规模兴建中高档住宅区却无人问津，并称之为"鬼城"。在外国记者眼中，"鬼城"的规模如此之大，他们原以为这些新楼盘会长期空置，但是令其大跌眼镜的现实是，在中国高速增长中迅速成长且规模日益庞大的中等收入群体有能力将这些中高档住宅区逐一填满。

随后的调查发现确实让谢泼德惊异不已，他亲眼看到这些中高档住宅区无一不是很快因大量中等收入家庭的购买和入住被填满。参加在达沃斯举行的 2017 年世界经济论坛时，我以这个案例作为开场白，与中外与会者一起讨论了中国中等收入群体及其强大的消费力对中国甚至世界所具有的不容低估的影响。对中高档住宅的强大需求，只是印证中等收入家庭消费力的诸多事例之一。

这个案例显示，中国人口中实际上存在不同类型的中间群体，分别面临不尽相同的需求，既有追求更舒适、更高质量生活的群体，也有追求更多的就业机会以便超越基本生活需求收入的群体。这也是每逢学者谈到中等收入群体时通常会引起一番舆论风波的原因，毕竟对号入座总会造成一些人的游离感甚至失落感。

换句话说，在把中间群体这个概念应用于不同人口群体时，其具有的内涵与外延并不一致，对应的人群也有不尽相同的生活感受和政策诉求。如果不能精准、统一地观察中间群体作为劳动者的功能与作为消费者的功能，甚至将两者分割开，中等收入群体为主的橄榄型社会功能也不能得以充分发挥。

关于中间群体，或中等收入群体，或者国际上所称中产阶级的人数和比例的估计，其实从来都只是一个定义的问题。使用不同的定义进行数量估计，通常导致大相径庭的结果。

从学术界来看，有人尝试依据人口的主观感受定义中等收入者，更多学者则按照客观收入或消费水平定义中等收入者，后者之中又有以相对水平定义的中等收入者概念，以及以绝对收入水平定义的中等收入者概念。应该说，不同的定义分别来自不同的理论假说和研究框架，有不尽相同的学术意图和政策指向，当然也就对应着不同的数字估计。从与之相关的人口学、社会学和经济学角度全面审视，把上述这些定义完整地结合起来，有助于准确认识中国特色中等收入群体。

无论以何种定义或估算，作为人均收入长期高速增长以及收入差距自2009年以来持续缩小的符合逻辑的结果，中国的中间群体正在迅速扩大，对应中国庞大的人口总规模，中等收入群体的绝对数量必然也是引人注目的，对世界和中国都具有显著的意义。说到这里，我们不妨偏离一下主题，澄清一个对基尼系数的估算误区，对于我们增进对中等收入群体的认识不无助益。

2014年我到新西兰参加一个研讨会，美国教授沈大伟声称中国的收入分配状况已经达到危险的水平，基尼系数超过0.6。这的确是一个危险的水平，甚至在拉丁美洲和非洲国家，这个水平的基尼系数也不多见。并且，沈大伟引用的是一位中国学者的估算。我在会上指出，引用这个数据，表明对方既没有弄明白基尼系数的估算特点，也不了解中国的实际情况。

得出这种结论的此类研究大多着眼于挖掘人群分组中处于两个尾部的极端值，即特别富裕和特别贫困的情况。这种研究固然对分析问题不无裨益，但是并不适宜进行国际比较，因为在各国的住户收入统计中均存在遗漏两端信息的问题。特别是，极端值的存在并不能否定中间人群收入迅速增加，以及中等收入群体迅速扩大的事实。由此，可以得出一个结论：用中等收入群体规模和比重来描述收入分配状况或发展的包容程度，可能比基尼系数更恰当。

在各种官方的表述中，都说中国有 4 亿多中等收入者。但是，对于如何得出这个数字、标准是如何确定的，并没有为一般读者所知的说明。我所看到的研究中，与这个结论基本吻合且发表在国家统计局刊物上的一项研究可以作为对官方数字的有益注解。①

这个项目依据的数据来自"中国家庭追踪调查项目"，样本具有全国代表性。估算的收入采用家庭人均可任意支配收入，即可支配收入中剔除购买生活必需品的支出和其他固定支出后的部分。按照这个口径，作者以年收入 4 000~31 000 元作为中等收入群体的界定区间标准，采用核密度方法估算得出中等收入家庭占全部住户的 33.2%。假设人口分布与家庭分布相同，则可以得出中国的中等收入者数量为 4.65 亿。

当然，在以收入界定中等收入群体时，假设了与此相关的其他条件。也就是说，定义中等收入群体的核心就是我们俗话说的"有恒产者有恒心"，当然，这里的"有恒产"并不一定是说要有不动产，而是有稳定的就业，获得稳定的合理性收入，享受较充分的社会保障及公共服务，拥有适度的财产收入，还有较充分的社会流

---

① 刘渝琳，许新哲. 我国中等收入群体的界定标准与测度 [J]. 统计研究，2017，34（11）：79-85.

动性，或者说不仅有从农村到城市的横向流动，还要能得到城市户口，实现不断改变自身收入地位的纵向流动。

居民收入增长与经济增长同步

随着中国人均 GDP 的继续提高，很快即会超过世界平均水平，及至在 2025 年之前达到高收入国家的门槛水平。但是，仅人均 GDP 增长还不够，因为人均 GDP 不尽等于居民收入水平，只有 GDP 的增长速度和居民收入的提高速度保持同步或者基本同步，才能在中国进入高收入国家行列的同时，人民生活也相应达到高收入国家居民的水平。

党的十九大报告指出：坚持在经济增长的同时实现居民收入同步增长、在劳动生产率提高的同时实现劳动报酬同步提高。既讲"同步"也讲"同时"，十九大报告的表述丰富了以前"两个同步"的含义，也就是明确强调既要防止收入增长跟不上经济增长、劳动报酬提高滞后于劳动生产率提高的情形，也要避免相反的情形，即收入增长过度超前于经济增长、劳动报酬提高脱离劳动生产率提高的情形，不致使收入增长和劳动报酬提高成为无源之水、无米之炊，缺乏可持续性。

在整个改革开放时期，伴随着经济的高速增长，城乡居民收入也以前所未有的速度增长，并且得到劳动生产率提高的支撑。1978—2019 年，中国 GDP 总量实际增长了 38.1 倍，人均 GDP 增长了 25.8 倍。与此同时，城乡居民消费水平提高了 25.8 倍，而劳动生产率（每个劳动力平均创造的 GDP）提高了 19.7 倍。不过，在不同时期，劳动生产率提高与工资提高以及收入增长之间的关系不尽相同，相应导致了不一样的收入分配结果。

例如，从20世纪90年代开始到21世纪前十年，工资提高和居民收入增长相对滞后于劳动生产率的提高，其中农村居民收入增长的滞后程度更为明显，造成这一时期城乡收入差距扩大、居民收入基尼系数上升，以及劳动报酬占国民收入的份额下降等不利于收入分配改善的结果。1990—2009年，按照不变价格计算的城乡收入差距（以农民收入为1）从1.64扩大为2.67，居民收入基尼系数从0.349提高到0.490。

在此之后，城乡居民收入增长实现了与劳动生产率提高的同步，甚至一些群体的收入增长速度还略快于劳动生产率的提高速度，相应地，收入分配状况开始得到改善。2016年，城乡收入差距缩小到2.36，基尼系数下降为0.465。此后，收入差距的缩小趋势就不再明显，处于基本稳定的局面。打赢脱贫攻坚战的最后冲刺，主要不是靠初次分配的效应，而是在中央和地方政府的努力下，贫困家庭和低收入农户的转移性收入显著增加的结果。

在开启全面建设社会主义现代化国家，进入新发展阶段的新形势下，坚持在"同步"和"同时"中提高人民收入水平，既是更加注重协调发展和共享发展理念的题中应有之义，也是扩大内需以保持经济可持续增长的现实要求。

首先，扩大由居民消费水平支撑的国内需求。与经济增长同时且同步的收入稳定增长，加之社会保障的不断完善，是持续改善人民生活水平，扩大居民消费需求的基本保障。一方面，有利于培育新的需求对经济增长的牵引动力，使供给和需求在更高水平上实现动态平衡；另一方面，有利于发挥居民消费的基础性作用，降低经济增长对出口需求和投资需求的过度依赖，实现需求"三套车"的内部良性平衡。

其次，助力中国经济从高速增长阶段向高质量发展阶段转变。依靠不断提高收入形成和保障的消费需求，可以为提高供给体系质量、扩大优质增长供给提供市场信号和牵引动力。建设现代化经济体系，要让市场在资源配置中发挥决定性作用，而随着人民收入水平提高形成的丰富多样的消费需求，也需要通过具体的价格等市场信号才能得到反映，进而转化为供给侧产业结构调整和产品质量提高的市场动力。

最后，把收入增长和劳动报酬提高建立在更加牢固坚实和可持续的基础上。单位劳动成本是反映一个国家产业竞争力的指标之一，其与工资水平成正比，与劳动生产率成反比。就是说，如果工资上涨过快，超过了劳动生产率的支撑，就会导致单位劳动成本上升，降低产业的国际竞争力，结果会因经济增长过快下行和就业机会的减少，反过来制约工资上涨，使收入增长的势头难以为继。

一度由于非熟练劳动力工资上涨过快，超过了劳动生产率的提高速度，使得2011—2014年中国制造业的单位劳动成本上升了25.8%。同期，其他主要制造业大国（如德国、日本、美国和韩国）的单位劳动成本则没有明显的变化，这就导致中国制造业比较优势的相对降低，也是制造业比重下降的主要原因。

我们可以通过计算中国制造业的显示性比较优势指数来看这种变化。一般来说，比较优势很难直接观察和度量，所以人们有时使用一个国家特定部门的出口比重与世界贸易中同一比重之间的比率，观察该部门的显示性比较优势，该指标也被称为"巴拉萨指数"。2012—2018年，中国制造业的显示性比较优势指数从高点的1.51下降到1.38，制造业增加值占GDP的比重相应从高点的

36.3% 下降到 27.0%。这个趋势不利于经济增长和收入增长的可持续，妨碍中等收入群体的扩大。

缩小收入差距：初次分配与再分配

收入的提高就是做大蛋糕，蛋糕做大以后如何更好地分配至关重要。特别是当我们进入中等偏上收入阶段后，临近高收入国家门槛的时候，面临"中等收入陷阱"的挑战，一个重要表现就是收入差距过大会阻碍进一步稳定发展。按照国际一般标准，基尼系数超过 0.4 意味着收入差距较大，分配状况不好，目前中国的基尼系数还在 0.4 的水平之上，在做大蛋糕的同时必须下更大的决心分好它。

总体来说，中国的改革开放带来分享式的经济增长，所有群体的收入都是增长的，特别是低收入群体也是不断改善的，让所有人都分享到了经济发展的成果，这同时也是使社会能够承受 0.4 以上的基尼系数的重要原因。在今后的发展阶段，经济增长虽然逐渐减速，蛋糕还在做大，但做大的速度会放缓。这个时候，如果不能分好蛋糕，就会产生不能共享的结果。

过去更多是靠初次分配，是依靠劳动力市场机制解决分享的问题，现在看，把收入差距缩小到更合理的水平，仅靠初次分配的机制是不够的，必须有收入分配政策的转变，即需要有收入分配体制的改革和更大的再分配力度，才能把收入差距真正地缩小到社会可承受、与发展阶段相符的水平。

继续深化收入分配制度改革，调节收入分配，要求政府通过法律手段和改革措施着眼于保护合法收入，规范隐性收入，遏制以权力、行政垄断等非市场因素获取收入，取缔非法收入。这是社会公平正义之源。持续改善收入分配，要在劳动生产率不断提高的基础上，提高劳动者的工资水平。有些人对劳动力市场的认识存在误区，以为劳动者工资能否提高是由市场决定的，如果人为干预则意味着让劳动力配置成为市场经济的例外。其实并非如此。

总体来说，劳动力市场把劳动者配置到不同的地区和产业，对人力资本做出激励，工资总体水平也要根据要素的相对稀缺性决定。但是，劳动力市场的确具有与其他生产要素不尽相同的性质。劳动力是一种以人为载体的特殊生产要素，在将其作为生产要素使用的同时，也产生或提升或削弱民生的效果。因此，在大多数市场经济国家，工资水平都不仅仅依靠劳动力市场的供求关系决定，包括劳动法规、最低工资、集体谈判、劳动合同等在内的劳动力市场制度都发挥着积极的作用。

就改善收入分配状况来说，一方面，仍然存在诸多可以通过改革促进收入分配的体制空间；另一方面，劳动力市场的初次分配机制的确不足以缩小现存的收入差距，还需要完善政府主导的再分配机制，加大再分配政策力度，同时利用税收、社保、转移支付等手段合理调节收入。

总体而言，随着中国经济发展进入新常态，疾风暴雨式的劳动参与率扩大和收入增长的阶段已经过去，提高居民生活质量、扩大中等收入群体更多地要靠再分配政策，把人口意义上的中间群体转化为经济社会意义上的中等收入群体，以增强经济发展的共享性，提高基本公共服务的均等化供给，改善收入分配状况。国际上在这方面有很多教训，在那些忽视再分配政策、任由劳动力市场制度退化的国家，收入分配恶化，经济社会意义上的中等收入群体反而减少，这也正是欧美一些国家给民粹主义政府上台机会的原因。

再分配政策首先应该是一个独立的政策取向，是任何时候都需要的。此外，随着人均收入水平的提高，收入再分配政策应与时俱进，力度不断地相应加大，社会保护体系更加完善，政府政策在收入分配格局形成中的作用增强，是一个具有规律性的政策演变趋势，是形成和巩固中等收入群体的关键。

这里所说的再分配政策，同时包括狭义和广义的社会政策概念。首先是指对收入进行再分配的狭义再分配政策，如具有累进性质的税收政策。经验表明，世界上收入差距较小的国家，无一不是通过再分配手段达到的预期结果。从税收制度改革入手进一步有效调节过高的收入，既符合国际惯例，在中国也有巨大的调整空间，预期可以取得更显著的缩小收入差距的效果。

更重要的是，广义再分配政策包括保护财产权的措施，旨在调动每个群体参与经济活动积极性的政策措施，推进有利于改善收入分配的体制改革，实施基本公共服务均等化的政策，加快构建中国特色的劳动力市场制度，以及形成针对各个特殊人群的扶助政策体系。这类政策的共同特点是具有较强的外部性，看似不能从市场上得到直接的回报，然而如果从社会回报而非私人回报角度着眼，即不是从单个的参与者或局部着眼，而是从中国经济和社会整体来看，政策效应十分显著。

实施这些政策可以产生的结果直接服务于发展的目的，是以人民为中心发展思想的体现。正如一个国家的发展水平不能仅仅用GDP度量一样，一个家庭的幸福感也不单纯表现在收入水平上。以政府为主体提供的公共产品，特别是基本公共产品，可以同时在社会整体和个体两个层面增进公平公正及经济和社会安全感，拓展惠及每个家庭和个人的发展空间,是实现全面建成小康社会伟大目标中体现"全面"的关键。理论和实践都表明,这类政策的实施,最终都能分别从供给侧和需求侧获得实实在在的改革红利。

基本公共服务:缩小差距与扩大供给

提供更好更公平的基本公共服务,需要实现从实施各分项政策到健全制度体系的转变,强调覆盖全民与关注重点人群的有机统一,并良好把握尽力而为和量力而行的平衡。

在改革开放发展过程中,党和国家制定实施了一系列保障和改善民生的政策,基本公共服务的供给水平和均等化水平明显提升,特别是在幼有所育、学有所教、劳有所得、病有所医、老有所养、住有所居、弱有所扶等基本保障方面,有了根本的和极大的改善。党的十九届四中全会把这七个"有所"作为国家基本公共服务制度体系的基本内容,要求做到尽力而为,量力而行。这标志着民生政策和基本公共服务制度从分别实施和逐一完善进入形成制度体系的新阶段。

主要领域的基础性制度体系是国家治理体系和治理能力现代化的基础。因此,统筹城乡的民生保障制度的成熟与完善,也是实现国家治理体系和治理能力现代化的重要内容和基本标志之一。下面,我们从四个方面阐述了这一制度体系,尝试涵盖保障民生的全部七个"有所"的内容。

第一,健全有利于更充分、更高质量就业的促进机制。就业是民生之本,近年来,中国实施就业优先战略和更加积极的就业政策,成绩可圈可点,也得之不易。在世界新一轮科技革命方兴未艾、经济全球化遭遇逆风,以及国内发展方式转变、产业结构调整和增长动能转换加快的新形势下,实现更高质量和更充分就业的任务十分严峻,要求政策上付出长期不懈的努力。

在技术飞速进步和产业结构急剧变革的条件下,劳动者技能跟不上变化的节奏,出现结构性失业和技能性就业困难的现象愈加普遍。此外,在不确定性增强的国内国际环境中,各种对宏观经济造成冲击的事件也经常发生。根据国际经验,每次衰退或危机之后,由于劳动力市场上结构性问题突显,自然失业率都会有所提高。强调健全机制和加强制度建设,就是为实施就业优先战略和更加积极的就业政策提供更根本、更有效、更常态化、更可持续的保障。

第二,构建服务于全民终身学习的教育体系。这是把坚持和实施教育优先发展战略制度化的重要表述。全面建设社会主义现代化强国需要培养全面发展的建设者和接班人,应对人口老龄化需要提高老年人口的劳动参与率,应对数字经济、人工智能等新技术革命挑战需要提高各级各类教育质量,适应产业结构调整和参与全球化竞争需要培养大国工匠、提升劳动者就业能力和劳动技能,阻断贫困代际传递需要从城乡义务教育和学前教育抓起。这些方面的挑战都需要通过创新教育和学习方式、完善教育体系、健全教育机制,以及调动各方面办学和学习的积极性予以有效应对。

第三,完善覆盖全民的社会保障体系。包括各项基本社会保险制度、社会救助和社会福利制度、解决相对贫困的长效机制、住房制度,以及针对各类重点群体的扶助政策在内的城乡社会保障体系已经逐步建立健全,进一步完善的重要抓手就是立足于覆盖全民这一要求,形成充分覆盖、城乡统筹、有效衔接的制度体系。

中国已经进入以贯彻新发展理念为特征的高质量发展阶段,一方面，这种发展模式更加突出以人民为中心，经济发展成果最大限度和最大范围地为全民分享；另一方面，这种发展模式更依赖生产率的提高，需要优胜劣汰的竞争机制。在这个过程中，作为生产要素的劳动力需要奖惩机制予以激励，但是作为劳动力载体的人本身则始终要获得社会保障网的托底保护。

第四，强化提高人民健康水平的制度保障。提高健康水平是人民美好生活需要的重要内容之一，也是为适应高质量发展积累人力资本的重要途径。中国在医疗卫生体制改革、健全基本医疗卫生制度、提高公共卫生服务、医疗服务、医疗保障、药品供应等方面已经取得长足的进步。形成全生命周期和健康全过程的国民健康政策，还需要加强制度建设，使各方面政策和机制更加系统衔接。特别是在人口老龄化的条件下，积极应对的主要抓手就包括关注这个群体的健康水平、提高人口的健康预期寿命，并围绕这一要求形成符合国情的养老保障、服务和护理体系。

完善覆盖全民的社会保障体系是统筹城乡的民生保障制度的一个重要组成部分，覆盖全民的目标要求也同统筹城乡的战略部署相对应和衔接。强调健全国家基本公共服务制度体系，意味着要注重加强普惠性、基础性、兜底性民生建设，保障人民群众的基本生活。

同时，应该特别强调对重点人群的关注和扶助，如针对缺乏就业能力的人员和遭遇意外冲击的家庭进行托底救助，在促进创业和就业方面特别需要加强对就业困难人员的特别帮扶，在教育发展方面不能忘记特殊教育，在社会保障和扶助方面突出完善农村留守儿童和妇女、老年人关爱体系，健全残疾人帮扶制度，在提高人民健康水平方面强调积极应对人口老龄化，等等。

完善覆盖全民的社会保障体系与强调关注重点人群，特别是困难群众，是在发展中保障和改善民生工作的辩证方法论，两个方面既缺一不可又相互补充。建立并完善全面覆盖的社会保障网络，包括社会保障项目齐全完整、对城乡居民的充分覆盖，以及随着中国综合国力的提升而提高保障水平和均等化水平等内容和要求。按照这样的要求做好此项制度建设工作，就能在整体意义上落实以人民为中心的发展思想，让广大人民群众分享改革开放的发展成果。

而且，人民群众又是由不同的社会群体构成的，从个体层面，可谓具有诸多差异性，既包括因地理位置和人口特征处于不利境况的脆弱群体，也包括由于不可预见的自然灾害和市场波动等冲击性因素而遭遇生产生活困难的人群，都必须给予特别的关注和帮扶。

在消除了农村绝对贫困现象之后，社会政策仍要毫无遗漏地关注每个具体的人口群体，才可能真正实现社会保障体系覆盖全民的目标，全面建设社会主义现代化途中一个人也不掉队。民生无小事，枝叶总关情。真正抓住人民最关心、最直接、最现实的利益问题，让人民有更多、更直接、更实在的获得感、幸福感和安全感，才能在延续中国经济发展奇迹的同时，继续创造社会稳定、人民安全的奇迹。

增进人民福祉、促进人的全面发展，要充分发挥中国的制度优势，坚持和完善统筹城乡的民生保障制度，健全各项保障的实施机制，满足人民日益增长的美好生活需要。从中国现阶段的国情出发，做到这个要求，需要在理念上正确认识效率和公平之间的关系，同时在制度建设和工作推动中把握好尽力而为和量力而行的良性平衡。

从经济学理论和国际经验教训来看，处理效率和公平之间的关系，在理论上并没有得到合理的阐述，始终是各国面临的一个旷日持久且至今未能破题的两难，在把握尽力而为和量力而行的平衡方面也鲜有成功的案例。西方经济学从理论出发点上就为解决这个问题设置了难以逾越的观念上的障碍，西方经济学的主流观点就是把效率和公平看作非此即彼或此消彼长的对立取舍关系。

例如，美国经济学家阿瑟·奥肯在其广为流传的著作中把效率和公平描述为一种只能进行"大取舍"的关系。按照这一关于效率与公平关系的传统思路，对创业和就业的激励与对社会各群体的社会保障，似乎构成鱼和熊掌不可兼得的"取舍"关系。因此，无论是在发达国家还是在发展中国家，许多国家的政府在政策制定和实施中经常处于忽左忽右、摇摆不定的状态。

例如，很多国家在过去几十年中受新自由主义"涓流经济学"的影响，坚信市场机制可以自动解决收入分配问题，因而忽视对普通劳动者权益的保护和对低收入家庭的社会保障，最终造成贫富两极分化和中产阶级的萎缩。由于没有认识到或者不愿意承认问题产生的根源，一些政治家为了争取选票，把自身的问题归咎于经济全球化以及其他国家发展的影响，以致近年来各种版本的保护主义和民粹主义思潮在许多国家纷纷涌现，相应的政策措施终究也只能产生南辕北辙的效果。这些现象都证明在理念上把效率与公平看作对立的必然导致实践中的两难抉择，无法形成尽力而为和量力而行的良性平衡。

中国特色社会主义制度，特别是作为其支撑的社会主义基本经济制度和统筹城乡的民生保障制度等重要制度，为在中国形成效率与公平的有机统一，以及尽力而为和量力而行之间的良性平衡，提供了根本的制度保障，赋予中国以特有的制度优势。这种制度优势有助于在一系列与重要民生相关的关系中形成有机统一,并体现在诸多方面。

例如,培育劳动力市场与构建和谐劳动关系的统一,覆盖全民的社会保障体系与帮扶重点人群的工作机制的统一,按生产要素贡献进行初次分配与更加注重公平的再分配的统一,提高劳动生产率与实现劳动报酬同步提高的统一,鼓励勤劳守法致富与扩大中等收入群体、调节过高收入的统一,深化医疗卫生体制改革与毫不动摇地坚持医疗卫生事业公益性的统一,等等。

中等收入群体"倍增计划"

宏观层面的数字像是森林,每个个人或家庭则像是树木。研究收入问题,关注的应该是人本身及其在改革开放发展中的获得感,所以不能只见森林、不见树木。严格来说,前述按照不同定义所做的各种估计中的人群,主要还是人口学意义上的中间群体。从我们意图培育的、能够帮助形成橄榄型社会结构的中等收入群体来看,就业的安全性、收入水平与经济发展的同步性、享受基本公共服务的均等化程度、生育意愿与生育政策的一致性、对消费升级换代的支撑能力等维度,需要给予特别的关注。

换句话说,人口学意义上的中间群体,如果不能真正转化为经济社会意义上的中等收入群体,一方面尚不能发挥橄榄型社会的功能,另一方面随着人口老龄化,其中一些群体还会重新成为新的贫困人口。中国有三个重要的群体,需要政策做出持续的努力以在进一步发展中培育为中等收入群体,既可以成为未来最靠谱的经济发展引擎,也是人民生活品质提高的重点领域,同时是各类市场主体从事创新创业的投资机会。

首先,培养农村脱贫人口迈向中等收入行列。中国在 2020 年年底前已经实现全部农村贫困人口脱贫,脱贫的标准是人均年可支配收入 4 000 元。那么,怎么能马上进入中等收入行列呢?这里说的是要培育他们。因为这部分人群很庞大,党的十八大以来,我们有接近 1 亿农村绝对贫困人口脱贫。不进则退,如果不能建立起解决相对贫困的机制,还会有重新返贫的情况发生。无论是脱贫人口徘徊在低收入水平,还是出现返贫现象,都是我们要竭力避免的情形。

把扩大中等收入群体同巩固和拓展脱贫成果结合起来,就意味着在消除现行标准下农村绝对贫困人口存量之后,既要阻止和随时消除新的贫困人口增量,又要转向逐渐减少低收入群体存量,扩大从低收入向中等收入转变的人口增量。主要通过三种途径来实现。

第一,建立起防止绝对贫困再发生的动态监测机制,用社会政策兜底的方式,随时阻止返贫和新发生贫困现象。发展中的问题和成长中的烦恼,本意就包含了新的贫困风险的存在。这类风险包括两个方面,需要高度关注。

一方面是要密切关注和积极应对人口老龄化带来的新致贫风险。目前,农村老龄化程度显著高于城市。根据 2015 年 1% 人口抽样调查数据,农村的老龄化率比城市高 31.2%。随着老龄化程度的加深,农村高龄老年人口和失能人口的规模将呈现扩大的趋势,造成的家庭劳动力短缺问题将成为新发生贫困现象的重要诱因。

另一方面是要防范和应对各种风险冲击型致贫因素。2019 年,在农民家庭可支配收入构成中,工资性收入占 41.1%,经营净收入占 36.0%,合计占到全部可支配收入的 77.1%。在发生不可抗外力导致冲击性事件的情况下,无论是市场因素还是自然因素,对这两个收入组成部分的冲击都会严重影响农户收入和基本生活。新冠肺炎疫情就属于这种冲击型风险,既有"灰犀牛"事件那样长期内终究要发生的大概率特点,也有"黑天鹅"事件那样难以预见和不确定的性质,造成对处于相对脆弱地位的农村地区、低收入农户和人口的冲击。

第二,把巩固拓展脱贫成果与实施乡村振兴战略有效衔接,纳入新发展格局,使之成为支撑国内国际双循环比例关系的保障因素。在促进农业和农村产业兴旺、畅通流通渠道和解除后顾之忧等方面,持续增加农民收入,提高农村居民社会保障水平,促进农村家庭消费,畅通城乡之间的经济循环。

农业和农村的基础设施仍然是现代化的短板。从供给侧来看,相关领域的投资可以成为产业发展机会;从需求侧来看,完善县乡村三级农村物流体系、改造提升农村寄递物流基础设施、电子商务软硬件等方面的投资,还会显著改善农村消费环境。

第三,建立和完善解决农村相对贫困问题的长效机制。关于农村相对贫困,可以从两个参照系来认识。

一是根据中国的发展阶段,借鉴世界银行的新贫困标准。世界银行从2017年开始尝试为人均收入分组中的低收入国家、中等偏下收入国家、中等偏上收入国家和高收入国家制定并推荐了依次提高的贫困标准,分别为按购买力平价计算的1.9美元、3.2美元、5.5美元和21.7美元。

二是借鉴国际上通行的相对贫困标准。以经济合作与发展组织成员国确定的相对贫困标准为例,它们通常把社会的中位收入(即正好在中间的那个收入水平)的50%作为相对贫困线,如果一个人的收入还没有达到中位收入的50%水平，就表明他处于相对贫困状态。

中国农村人均可支配收入被统计部门分成五个组，每组包括20%的家庭，分别为高收入组、中等偏上组、中等收入组、中等偏下组和低收入组。2019年农村人均年可支配收入的中位数是14 389元，它的50%就是约7 195元。然而，处于低收入组的20%家庭人均年收入只有4 263元，可以说还远远没有达到这个相对贫困线。也就是说，我们要以这些人群为对象，致力于解决他们的相对贫困问题，使其不断向中等收入靠近。这就能保证居民收入不断增长，消费持续增加。

其次，农民工只有实现市民化才能成为中等收入群体。城镇化是经济发展的规律，转移就业是长期趋势。目前农民工转移出来后，在城市待的时间比较长，对城市发展也做出了贡献，但是大多数农民工都没有得到城镇户口。我们目前的城镇化率是60.6%，就是说这个比例的人口稳定地居住在城市，但全部人口中具有城市户口的只有44.4%，这两者之间差16.2个百分点。

没有城市户口并不是一个抽象的概念，现实中居住在城市却没有本地户口的人，就业岗位的稳定性不足，未能均等地获得基本公共服务，例如孩子上学就有困难，自己的养老问题也不能得到很好的保障。因此，即便这些人的收入达到了某个标准，也不会放心去消费，因为他们的后顾之忧太多。因此，要通过户籍制度改革让农民工真正落户。

我把户籍制度改革的预期效果形容为"一石三鸟"。从供给侧，改革可以增加劳动力供给，同时促进劳动力的持续流动，通过改善资源配置效率提高生产率，因而有利于提高潜在增长能力。从需求侧，改革可以通过让农民工取得城市户口，得到基本公共服务的更好保障，从而解除消费的后顾之忧，在其他条件不变的情况下，他们的消费一下子就可以提高27%。当然，其他条件不变是计量经济学的假设。实际上，获得城市户口本身就可以带来诸多具有实质意义的变化。

农民工这个群体的规模庞大。2019年，全国有1.17亿人转移出农业但没离开本乡镇，叫作本地农民工；有1.74亿离开了自己的户籍所在乡镇，叫作外出农民工，其中稳定在城市的是1.35亿人。总的来看，全中国有超过2.9亿农民工，相当于所有高收入国家劳动力总数的46.3%，如果能通过户籍制度改革使这些人逐步成为中等收入群体，就会创造出巨大的新的消费需求。

最后，让老年人过上中等收入水平的生活。中国目前60岁及以上人口有2.6亿，其中65岁及以上人口1.9亿，都是一个庞大的数字。如果能让这部分人成为中等收入群体，人民整体生活品质的改善和居民消费的增长会十分显著。相反，如果这些老年人中的一些人处于低收入状态，不仅不符合以人民为中心的发展思想，也会从需求侧影响中国经济的长期可持续性。

让老年人成为中等收入群体的根本，首先是通过改善人力资本提高老年人的劳动参与率，重要的是创造良好的条件消除技术鸿沟，提供更好的培训；其次是提供更好的社会保障，使老年人的生活水平不断提高，为了不让他们有消费的后顾之忧，还要保障好他们的子女。如果整个社会的社会保障不好，老年人不仅要帮着孩子解决问题，还要帮助孩子的下一代解决住房等问题，他们的消费意愿就不可能提高。

巩固拓展脱贫成果是一段时期的重要任务，以人为核心的新型城镇化也是符合发展规律的现代化进程。既然老龄化是个不可逆转的发展趋势，我们就必须学会与之共舞。因此，应对老龄化带来的供给侧和需求侧冲击，必须用改革的办法。在这个过程中，我们必须关注那些重点人群，也要充分发掘这些人带来的机会。在积极应对人口老龄化的实践中，我们既要有长期的预期，也要有未雨绸缪的应对风险的预案。

第十五章
积极应对人口老龄化

党的十九届五中全会提出,实施积极应对人口老龄化国家战略。人口长期均衡发展是关系中华民族生存与发展的大问题。人口因素对经济社会发展的路径和成效具有重要影响,因此人口均衡发展也是实现中华民族伟大复兴的中国梦的必要保障。在"十四五"时期末,中国的65岁及以上人口将接近3亿,与人口老龄化相关的问题将成为人民群众最关心、最直接、最现实的利益问题。

在"十四五"时期乃至更长的一段时间里,中国发展面临一系列需要克服的风险与挑战,存在于劳动力数量和素质、增长速度合理区间、养老保险可持续性、居民消费潜力、涉老产业发展等与人口均衡状况相关的众多领域。从以人民为中心的发展思想出发,结合中国人口发展的阶段特点,解决一系列经济社会发展问题的着眼点和着力点,都可以统一在积极应对人口老龄化这个大战略框架内。

在把这一国家战略转化为实施行动中,抓住"一老一小"是关键点所在,这个重点在于突出了孩子的生育、养育和教育,以及老年人的利用、赡养和照护。不过，从这些关键点展开，在生命周期的每个阶段，在社会经济的几乎所有领域，同样需要无遗漏地部署应对人口老龄化的举措，使政策在每个实施环节都取得激励相容、效果同向和措施配套的效果。

与人口老龄化共舞

中国的总和生育率在20世纪50年代和60年代平均为5.8，在70年代和80年代平均为3.2，到90年代初下降到2.0，已经低于生育更替水平。随后生育率继续下降，自90年代后期以来，总体稳定在1.5左右的水平。在前期高生育率下实现高人口增长率之后，生育率下降导致人口增长率降低，相应形成了有利于经济增长的人口转变格局。

这个人口转变过程的内在规律是，早期的"婴儿潮"在生育率下降后产生第一次人口回声，形成一个"青年波"。按照这样的逻辑和相同的趋势，下一次人口回声必然表现为一个"老龄峰"，即老年人口占比达到很高且越来越高的程度。这整个过程也就是人口红利从酝酿到形成，达到高峰再到消失的过程。

如果中国的生育率下降是计划生育政策独自促成的，则意味着当前的生育水平并不符合家庭生育意愿。于是，只要放宽生育政策，生育率便必然回归到与生育意愿相符的水平。事实上，从2014年开始，全国已经实行夫妻一方为独生子女的可生育二孩的政策；从2016年开始，全面实行了一对夫妻可以生育二孩的政策。然而，人们并没有看到预期的生育率回升现象。

虽然目前没有关于总和生育率变化的数据，但是我们仍然可以根据人口出生率及自然增长率最近的变化做出一个趋势判断。1978年以来，人口死亡率始终保持稳定的低水平，大体在6‰~7‰之间。人口出生率从1987年的峰值（23.3‰）迅速下滑，带动人口自然增长率以相同的幅度下降，并于进入21世纪后稳定在低水平。特别是2003年以来，人口自然增长率年平均仅为5‰。即便在2014年之后计划生育政策进行了30余年来最大的调整，出生率和自然增长率也仅仅在2016年小幅回升，随即再次进入降低的轨道，每年都创出新低。

值得注意的是，进入21世纪以来中国的人口死亡率有所上升，已经从2003年的6.4‰提高到2018年和2019年的7.1‰。在预期寿命持续大幅度提高的情况下，死亡率的上升无疑是人口年龄结构变化（即老龄化程度提高）的结果。并且，随着老龄化进程的深化，高龄老年人比重提高，死亡率还会继续提高，成为另一个负面影响人口自然增长的因素。

由此判断，中国的生育率下降趋势其实主要是受经济社会发展的影响。不过，随着生育政策的进一步调整，以及一系列有助于降低子女生育、养育和教育费用的公共服务更充分地供给，仍然有望提高家庭的生育意愿，提高总和生育率或者延缓其降低趋势。

但是，从长期趋势来看，并且就可能改变的程度而言，指望回到甚至接近生育更替水平的生育率上，无疑是不现实的。因此，第二次人口红利绝不意味着通过生育率的回升可以重现人口转变的回声过程，甚至在其中的特定时期再次形成劳动力无限供给特征。开启第二次人口红利的立足点和着力点，必须建立在承认人口老龄化是一个不可逆的长期趋势这一认识基础上。

人口老龄化是一个世界性的趋势。根据联合国人口预测，在

2020—2050年的30年里，不论处在经济发展的哪个阶段，各国都将经历老龄化程度提高的过程，其中发达国家处于老龄化的后期，老龄化程度高但提高速度减慢，发展中国家在老龄化提高速度上则方兴未艾，而最不发达国家的老龄化也在迅速赶超。

例如，从60岁及以上人口占全部人口比重来看，未来30年，发达国家将以年均0.79%的速度提高，从不包括最不发达国家的发展中国家来看，年平均增长率为2.11%，而最不发达国家的这一增长率也高达1.80%。中国的老龄化正处于提速最快的时期，以中等偏上收入国家地位作为起点的中国，在同一期间老年人口比重的年平均增长速度将高达2.48%。

实际上，即便把对人口老龄化的预测区间加以延伸，到2050—2100年，全球以及各组别国家的老龄化水平也将继续提高。也就是说，在目前可以预见的情形下，人口老龄化的进程不会停止。对中国来说，这个趋势具有诸多重要的政策含义。

首先，中国生育水平下降和老龄化程度提高的趋势说明，着眼于人口数量控制的传统计划生育政策思路已经到了需要根本性转变的时候。无论是作为经济社会发展的结果，还是作为政策效应的体现，中国的生育率下降必然具有不可逆转的性质。

也就是说，我们既不需要担心进一步放宽生育政策造成人口数量失控，导致出生人口堆积的局面，也不应期待政策调整会实质性地增加新生儿数量的结果。尽快实施家庭自主生育政策无疑是必要的，然而真正能够在一定程度上有助于提高家庭生育意愿的政策手段，更应该从各种有利于降低生养孩子成本的公共政策中寻找。

其次，未来中国的经济社会发展必然始终伴随着人口老龄化。因此，公共政策不能回避这个客观事实，而必须学会与老龄化共舞，从各方面适应这个崭新的背景，主动规避其负面影响，利用其有利于经济社会发展的积极因素。这方面涉及一个应对人口老龄化关注点的转变，即从单纯把老龄化作为负担，关注如何转移社会资源用于赡养老年人，转向把老年人作为一种经济社会资源，使其为进一步发展做出贡献，也为构建自身美好生活做出贡献。这就是人们通常谈到的开启第二次人口红利的应有含义。

最后，第二次人口红利的核心是基于人口老龄化这一不可更改的现实，利用老年人口规模庞大且日益扩大的人力资源优势，对经济发展做出特有的贡献。以老年人口比重衡量的老龄化水平提高，分别缘于分母和分子两种效应：一方面，青少年和劳动年龄人口数量减少，使老年人口比重相对提高；另一方面，老年人更加长寿，提高了该人群占总人口的比重。同时，老年人预期寿命提高也意味着其健康预期寿命的延长。

因此，如果仍然以老年人口抚养比作为人口年龄结构是否具有生产性的指标，那么在这个人口变化趋势不可改变的情况下，唯有重新定义劳动年龄人口与老年人口，调整两个人口群体的划分界线。

当然，这里所讲的对两类人口进行重新定义和划分实际上只是象征性的说法，并不是说武断地重新划分两个人口群体的年龄界线便可了事，而是需要创造诸多必要的条件，使以往被界定为老年人口的越来越大的部分不再表现依赖型人口的特征，而是更具生产性。因此，改变对老龄化的认识，创新应对老龄化社会的理念，必然要求进行实践创新，即转变政策方向，着眼于发挥老年人口对于经济增长的积极作用。

阻断老龄化的递减曲线

对大多数国家来说，人口老龄化都是一个客观的现实存在和不可回避的趋势。研究者、政策制定者和社会舆论关注老龄化，是因为人口转变到达这个阶段后，的确日益显现出不利于经济增长的特征。具体来说，我们可以从以往观察到的事实，将其概括为老龄化形成三条递减曲线。

第一条是人力资本随年龄递减曲线。人力资本是由劳动力的平均受教育程度衡量的。对教育发展迅速却起步较晚的中国来说，劳动年龄人口的受教育程度呈现出随年龄增大而降低的特征。从中国劳动年龄人口的受教育程度看，在 18 岁人口组，受教育程度在初中及以下的约占 40%；在 25 岁组，该比例提高到 61%；在 40 岁组，该比例进一步提高到 77%；一旦超过 50 岁，该比例高达 84%。

人力资本是技能、效率和劳动力市场适应能力的基础，因而也是就业的保障因素。"年龄越大，受教育程度越低"这个特点使一部分年龄偏大的劳动者在就业市场上处于劣势地位，就业能力和劳动技能均难以适应新科技革命和产业结构优化升级的要求。

第二条是劳动参与率随年龄递减曲线。劳动参与率是指劳动年龄人口中有就业意愿人口的比重。一些年龄偏大的人虽然属于劳动年龄人口，但由于认知能力和技能通常难以适应产业结构变化的要求，随着旧的技能逐渐被替代，他们很容易遭遇结构性就业困难或受到劳动力市场的冲击，因而很多人尚未到退休年龄便实际退出就业市场，也使延迟退休的政策难以推行。

有一些调查发现，中国劳动年龄人口的劳动参与率从 45 岁就开始显著下降，使得实际退休年龄远远低于 60 岁这个法定退休年龄。当然，这种劳动参与率的下降有时只是一个表象，实际上是人们失去以前的稳定岗位，同时却可能在不稳定的岗位就业的情形。劳动参与率下降或者不稳定会加剧劳动力短缺的趋势，加大养老金支付压力，也降低老年人的收入水平。

第三条是消费能力随年龄递减曲线。老年人口劳动收入减少，以及享受的社会养老保险水平不够高，相应地弱化了这个人口群体的消费能力。中国人口的收入水平随年龄增长实际上呈现一个倒 U 形曲线，即从 20 岁开始有劳动收入，随后劳动收入迅速增加，在一定年龄达到峰值后便逐渐下降，到 60 岁以后便基本消失。与此对应的是，一个人的消费水平也随着年龄的增长而下降。

这不仅意味着加速老龄化可能产生新的致贫因素，也妨碍中国利用庞大人口数量发挥超大规模的市场优势，难以充分挖掘居民消费潜力。当然，有挑战即有机遇。老龄化既是人口年龄结构变化的结果，也是预期寿命以及健康寿命延长的结果。老年人健康长寿水平的不断提高，便可以从供给和需求双侧对中国长期发展做出贡献。

老年人力资源，包括作为劳动力及其拥有的人力资本禀赋，都是中国经济中越来越稀缺的生产要素，应该得到充分的挖掘和利用，进而使其为经济增长继续做贡献。如果老年人口中越来越多的部分能够成为有效的劳动力，中国整体劳动参与率相应提高，就可以从劳动力数量、人力资本、储蓄率、资本回报率、资源重新配置效率等方面提高潜在增长率。同时，收入水平更高的老年人可以提高消费水平，在扩大国内需求方面有利于经济增长。

赢得老年人口红利

老龄化时代也存在人口红利，或者可以称之为"老年人口红利"，也就是说有利于经济增长的人口因素也存在于老龄化的人口特征中，或者说存在于老年人口本身。当人们讨论第二次人口红利时，就应该立足于老龄化现实本身，而不是试图阻止老龄化过程。在一个老龄化社会，把老年人作为经济增长的贡献因素，开启第二次人口红利，既包括供给侧效应，譬如老年人作为劳动力、人力资本和创新主体的作用，也包括需求侧效应，譬如他们作为消费者群体产生的需求拉动作用。

目前经济合作与发展组织成员国普遍提高了退休年龄，大体上平均法定退休年龄为65岁，设想如果把中国的退休年龄从60岁提高到65岁，涉及的劳动年龄人口扩大规模可达8 000余万，增加幅度为9.1%。目前，从一个时点截面上看，中国劳动年龄人口的劳动参与率有下降的趋势，并且与年龄密切相关。至少从表象上看，实际退休年龄远低于60岁，所以可供挖掘的潜力非常大。

我们在其他部分已经讨论过扩大老年人就业从供给侧对经济增长的贡献。这个群体收入水平的提高，相应地使其成为越来越重要的消费群体，可以起到拉动国内消费需求的作用。在经济全球化逆流涌动、中美贸易摩擦、供应链脱钩，以及中国制造业比较优势下降等因素作用下，净出口作为外需将趋于疲软；随着基础设施条件的改善，从长期看，投资需求将进入一个常规增长的周期。因此，消费需求将成为拉动经济增长的主要支柱，老年人的消费需求应该得到进一步挖掘，使之在其中发挥更大的作用。

在培育更加成熟的消费细分市场的过程中，应该关注老年群休的消费，研究其重要且具有独特性的消费特点。我们对城镇住户的调查数据显示，老年家庭与年轻家庭相比，在与工作相关消费和教育消费大幅度减少（分别下降 34.8% 和 80.8%）的同时，食品消费增加 21.4%，医疗保健消费更是大幅度增加，提高幅度高达 213%。

政府通过制定相应的政策引导市场，促进与老年人消费相关的产业发展，可以培育新的消费增长点。为此，一方面，需要进一步扩大市场准入，通过竞争细化消费市场；另一方面，由于中国老年人收入偏低的状况是计划经济的历史遗产，所以应该承认这个消费市场的发育具有准公共品的性质，政策上应该有所扶持。此外，政府还应该通过在相关领域购买服务，发挥市场需求指南的作用。

贯穿全生命周期的积极应对

虽然人口红利的消失是中国当前面临各种严峻挑战的原因，但是人口发展的规律本身有助于我们找到破解难题的路径。也就是说，开启第二次人口红利固然不应冀望于生育率回到以往的高水平，把人口转变过程重演一遍，但是人口发展过程的队列特征，或者说"婴儿潮"、"青年波"和"老龄峰"相继出现的回声效应，作为人口变化规律，以及老龄化不可逆转且长期相伴的现实，提示我们解决老龄化问题应该从所有年龄阶段着眼，结合中国老年人口的特殊性，从达到若干期望目标出发，实施必要的政策强化和调整。

积极应对人口老龄化战略涉及生育政策、退休制度、教育和培训体系、社会养老保险模式、收入分配格局、老年服务产业发展等一系列与民生相关的领域，事关人民日益增长的美好生活需要。党的十九届五中全会对此做出了全面部署，与之相联的改革和发展任务需要进行顶层设计、系统集成、协同推进。以下政策领域和制度建设任务，应该在"十四五"时期乃至更长时间里被赋予重要的政策优先序。

首先，按照优化生育政策、增强生育政策包容性的部署，推动人口生育率向更均衡水平靠拢，减缓人口增长率的下降趋势。按照一般规律，中国的总和生育率很难再回到2.1的生育更替水平，但是应尽可能与经济发展阶段相匹配，如回升到更接近1.8的水平，仍可产生有利于人口长期均衡发展的效果。

因此，"十四五"应稳妥推进生育政策改革，尽快实现家庭自主生育。与此同时，也要推进配套的公共服务体系建设，降低生育、养育和教育孩子的家庭成本，形成育儿友好型的社会环境，提高家庭生育意愿和养育子女的能力。

其次，从设计养老金支付方式和加强在职培训等方面入手，提高老年人的实际劳动参与率，出台延迟法定退休年龄的时间表路线图。根据中国人口老龄化的趋势和其他国家的经验，延迟退休年龄以增加劳动力供给这条路非走不可。然而，渐进式延迟退休政策的操作目标，应该是提高劳动参与率，而不是减少养老金发放，并且实施手段应着眼于提高实际退休年龄，而不是调整法定退休年龄。

养老金支付方式的设计重在增强老年人劳动参与的积极性和延迟退休的有利性，加强在职培训着眼于提高老年劳动力的劳动技能和就业能力。在从这两个方面提高实际劳动参与率的前提下，渐进式延迟（法定）退休年龄就更加人性化，最大限度地达到政策意图和个人意愿的激励相容。

再次,建立健全尊老敬老事业、养老产业和老年服务产业发展的政策扶助体系,动员全社会资源和调动各方面积极性,构建老年友好型社会。特定人口年龄结构的形成是以往所实施相关政策和发展路径的结果,因此,很多有助于应对老龄化的事业和产业均在一定程度上具有公共品的性质,社会效益大于私人效益,需要政府提供真金白银的政策扶持。例如,城市地价房价的高企与机构养老供给不足的矛盾在很大程度上反映了一个恶性循环:很多老年家庭承受不起机构养老的费用,服务供给者又无力进行必要的投资。打破这个恶性循环的根本出路还是要从顶层设计着手,把养老事业作为公共品或半公共品供给对待。

此外,既然人口老龄化是一个不可逆的趋势,未来的经济社会发展都应该立足于利用老年人力资源和满足老年人的需求,因此,相关涉老产业的发展作为老龄化社会的新经济增长点,应该成为产业政策的重点扶持领域,并结合这个产业的公益性质,大力增强政府的扶持力度。

最后,基本公共服务供给体系应充分考虑人口老龄化不断加速和加深的因素,做到供给的均等化和社会保障给付的可持续。社会养老保险资金应在缴费的基础上开辟更广泛的资金筹措来源,包括保持养老基金的保值增值、提高国有资产划拨充实社保基金的制度化和机制化水平,确保养老金在抚养比进一步提高的情况下可持续支付。尽快建立长期护理保险制度,切实做到老有所养、老有所护。加强执法力度消除就业市场的年龄歧视,提高有能力、有意愿工作的老年人的实际劳动参与率。

从创造必要的外部条件着手

中国古代文人在吟诗作赋和书法绘画时往往强调功夫在诗（画）外，在人口老龄化条件下开发新的人口红利，明确意欲达到的目标以及直击目标的手段固然重要，但是应对这种旷日持久的宏大课题，更需要历史的耐心和久久为功的韧性。具体来说，对于应对人口老龄化所要达到的众多目标，持之以恒地创造必要的外部条件才能保障部署和实施的举措取得实际效果。我们可以从生命周期的几个重要阶段看如何创造有利于长期可持续发展的人口因素。

从生育率的角度来看，也并非不再有提升的潜力，创造必要的外部条件是根本。观察世界各国的总和生育率，可以发现仍有极大的差异性。根据中国人口学家陈卫的介绍，国际学术界一般把低于生育更替水平（2.1）的总和生育率称为低生育率，低于1.5称为很低生育率，低于1.3则称为极低生育率。

按照这个说法，目前联合国已掌握数据的201个国家和地区中，有91个处于低生育水平，占45.3%；24个处于很低生育水平，占11.9%；8个处于极低生育水平，占4.0%。与此同时，也有多达62个国家和地区的总和生育率大于3，占30.9%。甚至生育率高于5的国家和地区尚有10个，占5.0%（见图15-1）。也就是说，各国的生育水平广泛分布在极高和极低之间。

颇有意味的是，联合国统计人员在世界各地进行生育意愿调查时发现，无论在高生育率国家和地区，还是在生育率处于生育更替水平、低水平或者极低水平的国家和地区，人们几乎异口同声地宣称，两个孩子是家庭认为的理想数目。换句话说，如果让人们不受任何心理的、文化的和物质的约束，2.1这个生育更替水平的总和

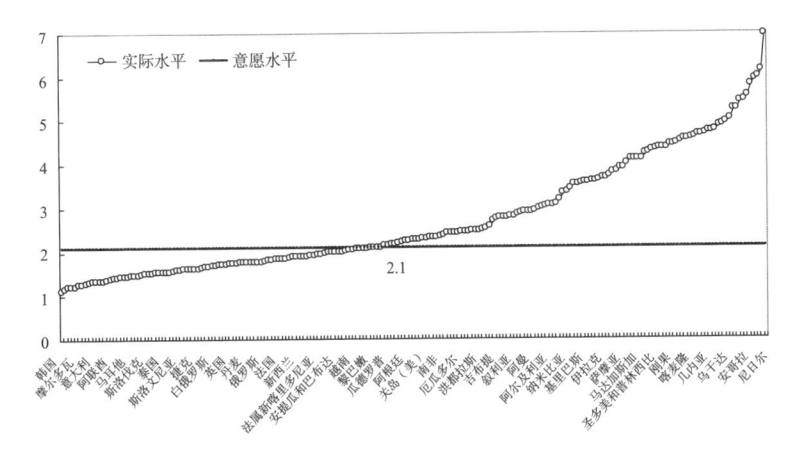

图 15-1　多个国家和地区的总和生育率

资料来源：联合国经济和社会事务部人口司网站 https://population.un.org/wpp/，2021 年 3 月 1 日下载。

生育率大体上也是一个普世的生育意愿水平。

那么，是什么因素使得各国实际生育率偏离生育更替水平，或者使家庭生育孩子数偏离生育意愿呢？这无异于回答"决定生育水平的因素是什么"这样一个人口学家和经济学家长期争论的学术问题，或者说决策者最为关注的政策问题。

最新的一项研究成果发表在顶级科学杂志《柳叶刀》上，这篇文章从对 195 个国家和地区的分析中得出结论：仅仅妇女的受教育程度和避孕手段的可获得性这两个变量，就足以解释 80% 以上的生育率下降。[1] 不言而喻，这两个因素都是社会进步的结果，是无

---

[1] Stein Emil Vollset, Emily Goren, Chun-Wei Yuan, Jackie Cao, Amanda E Smith, Thomas Hsiao, et al. Fertility, Mortality, Migration, and Population Scenarios for 195 Countries and Territories from 2017 to 2100: A Forecasting Analysis for the Global Burden of Disease Study[J]. The Lancet, 2020, 396(10258): 1285–1306.

法改变也不容逆转的。换句话说，我们不能阻止妇女受教育，也不能剥夺人们对生育节育的知情权和选择权。

看起来，我们只能另辟蹊径，到影响余下的 20% 的因素中寻找提高生育率的办法。不过，答案是这些因素似乎还不能全都为我所用。以资产管理人杰里米·格兰瑟姆和流行病学家莎娜斯旺为代表，许多研究者还揭示出生育率下降的另一类因素，即环境污染、不利的工作环境或许还有社会压力等因素，造成精子存活率下降和流产率提高，都以 50% 的幅度发生，导致不孕不育的现象成倍增加，即人类的生育能力下降了。这类现象尚未被科学界完全清楚地予以解释，而且也是很难扭转的趋势。看上去，留给我们的可以提高生育率的余地更小了。

不过，我们完全不必那么悲观。如图 15-1 所示，我们画出了一条呈水平状的生育率曲线，即 2.1 这个总和生育率，它既是统计意义上的生育更替水平，也是现实中各国的生育意愿水平，正是我们意欲达到的水平。将其作为参照系的话，当我们考察生育率下降的趋势时，实际上主要是指从很高的生育水平向这个水平趋近，当我们思考如何提高生育率时，也只是从下方提升，旨在尽可能接近生育更替水平。

如果这样看问题的话，优化生育政策的空间就可以大大地扩展，意思是既可以增加政策效果的幅度，也需要从更广泛的作用领域来施策。其实，研究者和政策制定者早已达成共识，抑制家庭按照意愿生育从而制约生育水平提高的关键因素是孩子成长过程中的家庭支出和机会成本过高。按照我们的政策说法，就是生育、养育和教育的负担太重，从此出发采取切实的对策，比单纯做出允许生育孩子数的决定更重要，难度也更大，但它是解决问题的必由之路。

提高生育率，归根结底还是寄希望于未来人口增长可以有所反弹，从而有助于达到人口发展的均衡水平。已经达到和近中期可能达到的老龄化程度是我们必须面对的现实挑战，这方面最大的难点在于如何切实提高老年劳动年龄人口的就业能力从而提高劳动参与率。

渐进延迟退休的政策并不受临近退休年龄职工的欢迎，其实施的难度在于这个群体年龄偏大、受教育程度低、身体并不处于最佳状态，因而就业能力不强，在劳动力市场中处于脆弱的地位。在这个背景并无改变的条件下，延迟退休只意味着加大他们的失业风险。

因此，推动该政策的实施，不能只是把法定退休年龄一提了之，而应该从增强特定劳动者群体的技能和就业能力入手。创造这个必要条件，需要把提高老年人劳动参与率的任务纳入积极就业政策的框架，特别是加大对技能培训的支持，消除就业领域的年龄歧视，通过提高老年人实际劳动参与率，降低提高法定退休年龄的实施难度。

此外，还要从养老金支付方式入手，设计有利于提高老年人延迟退休的激励机制。任何一项改革措施，都要考虑到当事人能否从中获益。诚然，我们总是可以强调个人的长远利益，或者强调社会的整体利益，但是改革要能实质性推进，从设计之初就不能回避激励相容的问题，要把长远利益转化为近期收益，把社会收益落实为个人激励。对相对弱势的群体来说，更是如此。

在不能做到激励相容的情况下，当事人自然会做出某种不正常的反应，以致提高政策成本，降低政策效率。英国经济研究机构凯投宏观在 2021 年 3 月 23 日的一份报告提要中指出，在经济合作与发展组织成员国中，除了两个国家外，平均退休年龄比 50 年前还降低了。这里说的是实际退休年龄，而不是法定退休年龄，对应的是实际劳动参与率，而与法定退休年龄无关。这种现象在中国实际上也是存在的。

在中国城镇地区，一方面，临近退休年龄的劳动者越来越处于不利的竞争地位，易陷入结构性失业或结构性就业困难；另一方面，领取养老金的人往往还会继续工作。（据调查，有 70% 的男性劳动者退休后仍然工作。）可见，渐进式延迟退休的政策要把重心放在提高实际劳动参与率上，而不要以减少养老金支付为目的。

至于刚刚参加工作的年轻劳动者，甚至尚未进入就业市场的劳动后备军，必须从存量的意义上提升他们的人力资本。利用人口回声效应，也是着眼未来提高人力资本的机会窗口。未来的劳动者数量和质量取决于今天每个在学年龄组人口的状况，这就是人口的回声效应。既然人口老龄化是未来的常态，应对老龄化是长期战略，把当今的教育发展纳入其中也是符合规律的。

如果说以往的劳动力市场竞争是劳动者之间的竞争或者人与机器的竞争，在新一轮科技革命时代，我们人类的竞争对手将是具有学习能力的人工智能。与它们竞争，优势绝不是体力，也不再是技能，甚至不再是认知能力。也就是说，由于机器人的介入，技术以前所未有的速度在过时、消失，职业也在不断更新、更迭，一些职业甚至只是昙花一现，未来这个趋势会越来越明显。

在青少年最好的年华里，我们应该教他们什么？今天龙还在，我们可以教他屠龙之技，但是几年后龙绝迹了，孩子们花了几年时间学到的"本事"却无所用其巧。我认为，我们要培养青少年的认知能力和非认知能力，认知能力是从基础教育得到的，主要不是从技术教育、职业教育得到的，而非认知能力是更基础的教育，甚至是在3岁之前培养形成的。

因此，作为科技革命时代人力资本培养的体系，我们的教育要构成一个长长的链条，往前延伸得越早越好，至少要抵达学前教育阶段，覆盖城乡所有的儿童，这是我们跟机器人竞争的唯一制胜法宝，往后的延伸则是为了延长劳动者的受教育年限和不断更新就业竞争力。为了应对未来的科技革命挑战，也为了应对不可逆转的人口老龄化，人力资本培养需要一个革命性的变化。